Madeleine Albright
mit Bill Woodward

FASCHISMUS
Eine Warnung

Madeleine Albright
mit Bill Woodward

FASCHISMUS
Eine Warnung

Aus dem Englischen
von Bernhard Jendricke
und Thomas Wollermann

DUMONT

Die amerikanische Originalausgabe erschien 2018 unter dem Titel
›Fascism. A Warning‹ bei HarperCollins Publishers, New York.
Published by arrangement with Harper, an imprint of HarperCollins Publishers, LLC
© Copyright 2018 by Madeleine Albright

Dritte Auflage 2018
© 2018 für die deutsche Ausgabe: DuMont Buchverlag, Köln
Alle Rechte vorbehalten
Übersetzung: Bernhard Jendricke, Thomas Wollermann, Kollektiv Druck-Reif
Lektorat: Thomas Tilcher
Umschlaggestaltung unter Verwendung der amerikanischen Ausgabe:
Lübekke Naumann Thoben, Köln
Satz: Angelika Kudella, Köln
Gesetzt aus der Adobe Garamond
Druck und Verarbeitung: CPI books GmbH, Leck
Gedruckt auf säurefreiem und chlorfrei gebleichtem Papier
Printed in Germany
ISBN 978-3-8321-8361-5

www.dumont-buchverlag.de

Den Opfern des Faschismus
damals und heute
und allen, die den Faschismus
der anderen
und ihren eigenen bekämpfen

Jedes Zeitalter hat seinen eigenen Faschismus.
Primo Levi

Inhalt

1

Eine Ideologie aus Angst und Schrecken

An dem Tag, als die Faschisten zum ersten Mal in mein Leben eingriffen, hatte ich gerade erst laufen gelernt. Es war der 15. März 1939. Verbände der deutschen Wehrmacht marschierten in das Land meiner Geburt, die Tschechoslowakei, ein, eskortierten Adolf Hitler auf den Hradschin und brachten Europa an die Schwelle eines zweiten Weltkriegs. Nachdem meine Eltern sich mit mir zehn Tage lang versteckt hatten, gelang uns die Flucht nach London. Dort trafen wir auf Exilanten aus ganz Europa, die wie meine Eltern die alliierten Kriegsanstrengungen unterstützten, während wir voller Sorge auf das Ende unserer Marter warteten.

Als die Nazis nach sechs zermürbenden Jahren kapitulierten, kehrten wir hoffnungsfroh in unsere Heimat zurück und machten uns voll Eifer daran, uns ein neues Leben in einem freien Land aufzubauen. Mein Vater nahm seine Tätigkeit im tschechoslowakischen Außenministerium wieder auf, und eine Zeit lang schien alles gut. Dann, im Jahr 1948, fiel unser Land in die Hände der Kommunisten. Mit der Demokratie war es auf einen Schlag vorbei, und meine Familie wurde erneut ins Exil getrieben. Auf den Tag genau drei Jahre nach dem Ende des Zweiten Weltkriegs trafen wir in den Vereinigten Staaten ein, wo man uns unter dem wachsamen Blick der Freiheitsstatue als Flüchtlinge willkommen hieß. Um mich, meine Schwester Kathy und meinen Bruder John zu schonen und unser Leben möglichst normal erscheinen zu lassen, erzählten uns unsere Eltern nicht, was wir erst Jahrzehnte später erfahren sollten: dass drei unserer Großeltern und zahlreiche Tanten, Onkel sowie Cousinen und Cousins zu den Millionen Juden gehörten, die durch das Verbrechen, in dem der Faschismus gipfelte, den Holocaust, umgekommen waren.

Ich war elf Jahre alt, als ich in die Vereinigten Staaten kam, und hatte keinen größeren Ehrgeiz, als ein typischer amerikanischer Teenager zu werden. Ich legte meinen europäischen Akzent ab, las stapelweise Comichefte, hing ständig mit dem Ohr am Transistorradio und wurde süchtig nach Kaugummi. Ich tat alles, um mich anzupassen, aber irgendwo tief in mir war auch stets der Gedanke, dass wir in einer Zeit leben, in der in weiter Ferne getroffene Entscheidungen Tod oder Leben bedeuten konnten. Später, in der Schule, gründete ich einen Klub für Außenpolitik, ernannte mich selbst zu dessen Präsidentin und regte zu Diskussionen über alle möglichen Themen an, vom Titoismus bis hin zu Gandhis Grundhaltung der *Satyagraha* (»Die Kraft, geboren aus Wahrheit und Liebe«).[1]

Meine Eltern genossen die Freiheiten, die wir in unserer Wahlheimat vorfanden. Mein Vater, der schon bald eine Stellung als Professor an der Universität von Denver erhielt, schrieb Bücher über die Gefahr der Tyrannei und machte sich Sorgen, die Amerikaner könnten sich so sehr an die Freiheit gewöhnt haben – sich »allzu frei« fühlen, wie er schrieb –, dass sie die Demokratie womöglich als selbstverständlich betrachteten. Nachdem ich selbst eine Familie gegründet hatte, rief mich meine Mutter jedes Jahr am 4. Juli an, um nachzuprüfen, ob ihre Enkelkinder auch wirklich patriotische Lieder sangen und an der Parade teilgenommen hatten.

Viele Menschen in den Vereinigten Staaten neigen dazu, die ersten Jahre nach dem Zweiten Weltkrieg zu romantisieren – sich eine Periode himmelblauer Unschuld auszumalen, in der sich alle einig waren, dass Amerika ein großartiges Land sei, dass jede Familie einen verlässlichen Ernährer hatte und die neuesten Haushaltsgeräte besaß, dass die Kinder alle Erwartungen übertrafen und die Lebensperspektive einfach nur rosig war. In Wahrheit jedoch herrschte in der Zeit des Kalten Kriegs ständig Angst, nicht nur vor dem immer noch bedrohlichen

Schatten des Faschismus. Als ich im Teenageralter war, entdeckte man in den Zähnen von Babys eine gegenüber dem natürlichen Normalwert fünfzigmal höhere Konzentration des radioaktiven Elements Strontium 90 – eine Folge der Atomtests. Praktisch jede Stadt verfügte über eine Zivilschutzleitung, die auf den Bau von privaten Atomschutzbunkern drängte, bevorratet mit Dosengemüse, einem Monopoly-Spiel und Zigaretten. Die Kinder in den Großstädten erhielten Metallmarken mit ihrem eingeprägten Namen, damit man sie identifizieren konnte, sollte das Schlimmste eintreten.

Als ich älter wurde, trat ich in die Fußstapfen meines Vaters und wurde Professorin. Zu meinen Spezialgebieten gehörte Osteuropa, deren Staaten als Satelliten einer totalitären Sonne abgetan wurden. Es galt als abgemacht, dass dort niemals etwas Interessantes geschehen und sich nie etwas Bedeutendes ändern würde. Marx' Traum vom Arbeiterparadies war zu einem orwellschen Albtraum verkümmert; Konformität galt als höchstes Gut, Spitzel beobachteten mit Argusaugen jeden Wohnblock, ganze Länder lebten hinter Stacheldraht und Regierungen behaupteten, Unten sei Oben, Schwarz sei Weiß.

Als sich dann schließlich doch etwas veränderte, erfolgte dies in einem Tempo, das staunen ließ. Im Juni 1989 führten in Polen die jahrzehntelang erhobenen Forderungen von Werftarbeitern und das Wirken eines in Wadowice geborenen Papstes eine demokratische Regierung herbei. Im Oktober desselben Jahres wurde in Ungarn eine demokratische Republik proklamiert, und am 9. November fiel die Berliner Mauer. In diesen wundersamen Tagen meldeten unsere Fernsehsender jeden Morgen Dinge, die lange unmöglich erschienen waren. Unvergesslich sind mir die großen Momente der Samtenen Revolution in meinem Geburtsland, der Tschechoslowakei – einer Revolution, die diese Bezeichnung erhielt, weil sie weitgehend ohne Waffengewalt und Blutvergießen verlief. Es war an einem frostig kalten Nachmittag Ende November. Auf dem historischen Wenzelsplatz in Prag ließen 300 000 Demonstranten ihre Schlüssel klingen, gleichsam als Glocken, die das

Ende der kommunistischen Herrschaft einläuteten. Auf einem Balkon über der Menge stand Václav Havel, der mutige Dramatiker, der sechs Monate zuvor als politischer Häftling eingekerkert gewesen war und fünf Wochen später den Amtseid als Präsident einer freien Tschechoslowakei ablegen sollte.

In jenem Moment gehörte ich zu den vielen Menschen, die spürten, dass die Demokratie ihre härteste Prüfung bestanden hatte. Die einst mächtige UdSSR, mürbe geworden durch wirtschaftliche Schwäche und ideologische Fadenscheinigkeit, zerbarst wie eine umgestürzte Vase auf dem harten Steinboden, wodurch die Ukraine, der Kaukasus, die baltischen Staaten und Zentralasien die Freiheit gewannen. Das nukleare Wettrüsten endete, ohne dass jemand pulverisiert wurde. Im fernen Osten schüttelten Südkorea, die Philippinen und Indonesien ihre langjährigen Diktatoren ab. Im Westen machten die lateinamerikanischen Militärherrscher den Weg für gewählte Präsidenten frei. In Afrika befeuerte die Freilassung Nelson Mandelas – auch ein politischer Häftling, der später Präsident seines Landes wurde – die Hoffnung auf eine Wiederauferstehung der ganzen Region. Weltweit gesehen wuchs die Zahl der Länder, die die Bezeichnung »Demokratie« verdienten; Ende der Achtzigerjahre waren es nur 35, doch nur zwei Jahre später waren es mehr als 100 Staaten.

Im Januar 1991 verkündete George H. W. Bush vor dem US-Kongress, das Ende des Kalten Kriegs sei »ein Sieg für die gesamte Menschheit«; Amerikas Führerschaft habe »auf entscheidende Weise dazu beigetragen, dies möglich zu machen«.[2] Auf der anderen Seite des Atlantiks ergänzte Havel: »Europa strebt danach, eine historisch gesehen neue Ordnung zu erschaffen durch den Prozess der Vereinigung … ein Europa, in dem der Mächtigere nicht länger in der Lage sein wird, den weniger Mächtigen zu unterdrücken, in dem es nicht mehr möglich sein wird, Konflikte gewaltsam zu lösen.«[3]

Heute, mehr als ein Vierteljahrhundert später, müssen wir uns fragen, was aus jener hehren Vision geworden ist; warum scheint sie immer mehr zu verblassen, anstatt klarer zu werden? Warum ist die Demokratie heute »Angriffen ausgesetzt und auf dem Rückzug«, wie die NGO Freedom House konstatiert?[4] Warum versuchen viele Menschen in Machtpositionen, das öffentliche Vertrauen in Wahlen, in die Justiz, in die Medien und – was die grundlegenden Fragen zur Zukunft unseres Planeten angeht – in die Wissenschaft zu untergraben? Warum ließ man zu, dass sich gefährliche Spaltungen entwickelten wie die zwischen Reich und Arm, Stadt und Land, Gebildeten und Ungebildeten? Warum haben die Vereinigten Staaten – zumindest vorläufig – ihre globale Führungsrolle aufgegeben? Und warum müssen wir sogar jetzt noch, im 21. Jahrhundert, erneut über Faschismus sprechen?

Ein Grund dafür ist, offen gesagt, Donald Trump. Wenn wir uns den Faschismus als eine alte, fast verheilte Wunde vorstellen, bedeutete Trumps Amtsantritt im Weißen Haus, den Verband herunterzureißen und am Schorf zu kratzen.

Für die politische Klasse Washingtons – Republikaner, Demokraten und Unabhängige gleichermaßen – war die Wahl Trumps derart bestürzend, dass ein Komiker in einem alten Stummfilm in einem solchen Fall seinen Hut mit den Händen gepackt und ihn sich über beide Ohren gezogen hätte, wonach er abrupt hochgesprungen und geradewegs auf dem Hintern gelandet wäre. Die Vereinigten Staaten hatten auch früher schon Präsidenten mit Fehlern; genau genommen hatten wir nie andere, aber wir hatten in neuerer Zeit noch nie einen Regierungschef, dessen Äußerungen und Handlungen so sehr allen demokratischen Idealen spotteten.

Von Beginn seines Wahlkampfs an bis zum Einzug ins Oval Office hat sich Donald Trump verächtlich über die Institutionen und Prinzipien geäußert, die die Grundlage einer offenen, transparenten Regierung darstellen. Dabei würdigte er den politischen Diskurs in den Vereinigten Staaten systematisch herab, offenbarte eine erstaunliche Missachtung von Fakten, beleidigte seine Amtsvorgänger und drohte damit, seine Gegenkandidatin »einsperren« zu lassen. Er schikanierte Mitglieder seiner eigenen Regierung, verunglimpfte Journalisten angesehener Medien als »Feinde des amerikanischen Volkes«, verbreitete Unwahrheiten über die Zuverlässigkeit des Wahlverfahrens in den USA, propagierte gedankenlos eine nationalistische Wirtschafts- und Handelspolitik, diffamierte Einwanderer und deren Herkunftsländer und zeigte gegenüber den Anhängern einer der Weltreligionen eine paranoide Borniertheit.[5]

Für Regierungsvertreter anderer Länder mit autokratischen Tendenzen sind diese Exzesse ein gefundenes Fressen. Anstatt antidemokratische Kräfte in die Schranken zu weisen, macht Trump es ihnen leicht – sie können sich auf ihn berufen. Bei meinen Reisen höre ich immerzu dieselben Fragen: Wenn der Präsident der Vereinigten Staaten sagt, die Presse würde stets lügen, wie kann man dann Wladimir Putin vorwerfen, dass er dasselbe behauptet? Wenn Trump behauptet, Richter seien voreingenommen, und die amerikanische Justiz als »Lachnummer«[6] verhöhnt, wie ließe sich dann verhindern, dass ein autokratischer Staatschef wie Duterte von den Philippinen sein eigenes Rechtswesen diskreditiert? Wenn Trump Oppositionspolitiker des Hochverrats bezichtigt, bloß weil sie ihm nicht applaudieren, welche Möglichkeit haben dann noch die USA, gegen die Inhaftierung politischer Häftlinge in anderen Ländern zu protestieren? Wenn der Führer des mächtigsten Landes das Leben als einen Kampf aller gegen alle ansieht, in dem jeder Vorteil auf Kosten anderer errungen wird, wer wird dann das Banner der internationalen Zusammenarbeit hochhalten, wenn sie zur Lösung der drängendsten Probleme gebraucht wird?

Staatslenker haben die Pflicht, den Interessen ihres Landes auf beste Weise zu dienen – im Grunde eine Binsenweisheit. Wenn Donald Trump also »America first« als Parole ausgibt, konstatiert er nur eine Selbstverständlichkeit. Kein ernsthafter Politiker hat jemals vorgeschlagen, Amerika auf den zweiten Rang zu verweisen. Nicht dieses Ziel ist problematisch. Was Trump von allen Präsidenten seit dem kläglichen

Trio Harding, Coolidge und Hoover unterscheidet, ist seine Auffassung davon, wie Amerikas Interessen am besten zu verwirklichen seien. Er betrachtet die Welt als ein Schlachtfeld, auf dem jedes Land die Absicht verfolgt, alle anderen zu dominieren, auf dem die Staaten gegeneinander konkurrieren wie Projektentwickler auf dem Immobiliensektor mit dem Ziel, die Rivalen zu ruinieren und aus jedem Deal noch den letzten Cent an Profit herauszuholen.

Trumps Werdegang mag solches Denken erklären, und sicherlich gibt es in der internationalen Diplomatie und den internationalen Handelsbeziehungen Fälle, in denen eine klare Unterscheidung zwischen Gewinnern und Verlierern möglich ist. Doch zumindest seit dem Ende des Zweiten Weltkriegs haben die Vereinigten Staaten die Haltung vertreten, dass durch ein gemeinsames Vorgehen Siege leichter zu erringen und dauerhafter sind, als wenn jedes Land für sich allein handelt.

Die Generation von Franklin D. Roosevelt und Harry S. Truman war der Ansicht, dass Staaten am besten gediehen, wenn sie gemeinsame Sicherheit, gemeinsamen Wohlstand und gemeinsame Freiheit anstrebten. Beispielsweise gründete der Marshallplan von 1947 auf der Erkenntnis, dass die amerikanische Wirtschaft stagnieren würde, wenn die europäischen Märkte nicht in der Lage wären, das zu kaufen, was die Farmer und Industrieproduzenten in den USA anzubieten hatten. »America first« hieß in diesem Fall, unseren europäischen (und asiatischen) Partnern bei der Aufgabe zu helfen, ihre Volkswirtschaften zu entwickeln. Dasselbe Denken stand hinter Trumans Point-IV-Programm, mit dem die Vereinigten Staaten in Lateinamerika, Afrika und im Nahen Osten wirtschaftliche Aufbauhilfe leisteten. Eine vergleichbare Herangehensweise im Sicherheitsbereich war uns ebenso dienlich. Präsidenten von Roosevelt bis Obama versuchten, Verbündeten zu helfen, sich selbst zu schützen und eine kollektive Verteidigung gegen gemeinsame Gefahren zu schaffen. Wir taten das nicht aus Wohltätigkeit, sondern weil wir am eigenen Leib erfahren hatten, dass es über kurz oder lang uns selbst gefährlich werden konnte, die Probleme anderer Länder unbeachtet zu lassen.

Eine globale Führungsrolle ist keine Aufgabe, aus der man sich irgendwann zurückziehen kann. Alte Gefahren verschwinden kaum jemals vollständig, und neue ziehen mit jeder Morgendämmerung herauf. Sich mit ihnen effektiv auseinanderzusetzen war nie einfach nur eine Frage von Geld und Macht. Länder und Völker müssen dafür ihre Kräfte bündeln, und das geschieht nicht von allein. Auch wenn die Vereinigten Staaten im Lauf ihrer ereignisreichen Geschichte viele Fehler gemacht haben, so haben sie doch ihre Fähigkeit bewahrt, andere zu mobilisieren, weil sie sich für Ziele engagieren, die auch die meisten anderen anstreben – Freiheit, Gerechtigkeit und Frieden. Die heutige Frage lautet, ob Amerika unter einem Präsidenten, der weder der internationalen Zusammenarbeit noch demokratischen Werten großes Gewicht beizumessen scheint, diese Art von Führungsrolle noch innehaben kann.

Als ich vor Kurzem einem Freund erzählte, dass ich an einem neuen Buch arbeite, fragte er nach dem Thema. »Fascism«, antwortete ich. Er sah mich erstaunt an. »Fashion?«, fragte er nach. Mein Freund lag gar nicht so falsch, denn der Faschismus ist tatsächlich in Mode gekommen und schleicht sich wie eine Schlingpflanze in den gesellschaftlichen und politischen Diskurs ein. Bist du mit jemandem nicht einer Meinung? Schimpfe ihn einen Faschisten und entlaste dich damit von der Notwendigkeit, dein Argument mit Fakten zu belegen. 2016 war das Wort »Fascism« auf der Website des Wörterbuchs Merriam-Webster der am zweithäufigsten aufgerufene Begriff nach »surreal«, einem Wort, das nach der Präsidentenwahl im November plötzlich einen massiven Anstieg verzeichnete.

Wer den Begriff »Faschist« benutzt, offenbart sich selbst. Für Anhänger der extremen Linken passt diese Bezeichnung vermutlich auf jeden Wirtschaftsboss. Für die noch nicht Ultrarechten ist Barack Obama ein

Faschist – außerdem ein Sozialist und heimlich auch ein Moslem. Ein widerspenstiger Teenager hält vielleicht jedes von den Eltern verhängte Handyverbot für Faschismus. Wenn Menschen ihren alltäglichen Frustrationen Luft verschaffen, wird das Wort millionenfach verwendet: Lehrer werden als Faschisten verunglimpft, ebenso Feministinnen, Machos, Yogalehrerinnen, Polizeibeamte, Vegetarier und Veganer, Bürokraten, Blogger, Radfahrer, Redakteure, Leute, die kürzlich das Rauchen aufgegeben haben, und sogar die Hersteller kindersicherer Verpackungen. Wenn wir uns weiterhin diesem Reflex hingeben, werden wir uns auch bald für berechtigt halten, alles Störende und jeden, der uns ärgert, als faschistisch oder als Faschisten zu bezeichnen – und dadurch diesen Begriff, der etwas Wichtiges aussagen sollte, verwässern und verharmlosen.

Was nun ist Faschismus wirklich, und woran erkennt man einen Faschisten? Diese Frage stellte ich Doktoranden an der Georgetown University – zwei Dutzend Studierende, die mit Papptellern, aus denen ihnen Lasagne auf die Kleidung suppte, auf dem Boden meines Wohnzimmers im Kreis saßen. Die Frage war schwerer zu beantworten als erwartet, weil es keine allgemeingültige oder rundum zufriedenstellende Definition gibt, auch wenn sich bereits zahllose Experten daran versucht haben. Es scheint so zu sein: Wann immer ein Fachmann »Heureka!« ruft und behauptet, eine stichhaltige Begriffsbestimmung gefunden zu haben, widersprechen ihm Kollegen entrüstet.

Trotz der Komplexität der Materie brannten meine Studenten darauf, es zu versuchen. Sie begannen von Grund auf, indem sie die Charakteristika benannten, die ihrer Ansicht nach am engsten mit diesem Begriff verbunden sind. »Eine Mentalität des ›wir gegen sie‹«, schlug jemand vor. Jemand anderer ergänzte »nationalistisch, autoritär, antidemokratisch«. Ein Dritter hob den Gewaltaspekt hervor. Ein Vierter überlegte laut, warum Faschismus fast immer als rechtsgerichtet betrachtet wird, und meinte: »Stalin war ebenso sehr Faschist wie Hitler.«

Eine Studentin meinte, Faschismus hänge oft mit Leuten zusammen, die einer bestimmten ethnischen Gruppe angehören, wirtschaftlich unter Druck stehen und das Gefühl haben, man würde ihnen etwas vorenthalten. »Es geht nicht so sehr darum, was die Leute haben«, sagte sie, »sondern darum, was sie ihrer Ansicht nach haben *sollten* – und wovor sie Angst haben.« Die Angst ist der Grund, warum der Faschismus emotional alle gesellschaftlichen Ebenen durchdringen kann. Eine politische Bewegung kann nicht ohne Unterstützung aus der Bevölkerung heranwachsen, aber der Faschismus ist von den Reichen und Mächtigen ebenso abhängig wie von dem Mann oder der Frau auf der Straße – von jenen, die viel zu verlieren haben, und jenen, die überhaupt nichts haben.

Diese Erkenntnis führte uns zu dem Gedanken, den Faschismus vielleicht weniger als politische Ideologie zu betrachten, sondern eher als Mittel zur Erringung von Macht und deren Erhalt. Zum Beispiel gab es in Italien in den Zwanzigerjahren des letzten Jahrhunderts selbst ernannte Faschisten auf der Linken (die für eine Diktatur der Enteigneten eintraten), auf der Rechten (die einen autoritären korporatistischen Staat anstrebten) und in der politischen Mitte (die eine Rückkehr zur absoluten Monarchie forderten). Die Nationalsozialistische Deutsche Arbeiterpartei (NSDAP) vertrat anfänglich Forderungen, die antisemitisch, xenophob und antikapitalistisch ausgerichtet waren, aber ebenso höhere Bezüge für Rentner, eine bessere Schulbildung für die arme Bevölkerung, ein Ende der Kinderarbeit und eine bessere Gesundheitsversorgung für Mütter mit einschloss. Die Nazis waren gleichzeitig Rassisten und, so sahen sie sich jedenfalls selbst, Sozialreformer.

Wenn der Faschismus weniger auf eine bestimmte Politik abzielt und es ihm mehr um die Erringung der Macht geht, wie steht es dann um die Taktiken der Führerschaft? Meine Studenten meinten, die faschistischen Führungsgestalten, die uns am stärksten im Gedächtnis geblieben sind, hätten sich durch ihr Charisma ausgezeichnet. Auf die eine oder andere Weise hätten alle eine emotionale Verbindung zu den

Massen hergestellt und wie ein Sektenführer tiefe und oft hässliche Gefühle an die Oberfläche gebracht. Auf diese Weise dringen die Tentakel des Faschismus ins Innere einer Demokratie ein. Im Unterschied zu einer Monarchie oder einer Militärdiktatur, die der Gesellschaft von oben auferlegt wird, beziehe der Faschismus Energie aus dem Unmut von Männern und Frauen beispielsweise über die Niederlage im Krieg oder die hohe Arbeitslosigkeit, weil sie sich erniedrigt fühlen oder ihr Land in einem dramatischen Niedergang wähnen. Je schmerzhafter die Ursache des Unmuts, desto leichter gewinne ein faschistischer Führer Anhänger, indem er die Aussicht auf Erneuerung vorgaukelt oder zurückzuholen verspricht, was angeblich gestohlen wurde.

Wie die Initiatoren harmloserer Bewegungen beuteten diese säkularen Prediger den fast universellen menschlichen Wunsch nach Teilhabe an einer sinnvollen Aufgabe aus. Die geschickteren unter ihnen bewiesen ein Talent für Spektakel – für die Veranstaltung von Massenaufzügen mit martialischer Musik, aufpeitschender Rhetorik, lautem Jubel und zum Gruß erhobenen Armen. Treuen Anhängern boten sie als Lohn die Mitgliedschaft in einer Gemeinschaft an, von der andere, die oft der Lächerlichkeit preisgegeben werden, ausgeschlossen sind. Um den Eifer der Massen anzustacheln, gebärdeten sich Faschisten gern aggressiv, militaristisch und – wenn die Umstände es erlauben – expansionistisch. Zur Sicherung der Zukunft wandelten sie Schulen zu Brutstätten für wahre Gläubige um, da sie danach strebten, »neue Männer« und »neue Frauen« zu erschaffen, die prompt gehorchen und keine Fragen stellen. Und, wie einer meiner Studenten bemerkte, »ein Faschist, der erst einmal ins Amt gewählt wurde, kann sich auf eine Legitimität berufen, die andere nicht haben«.

Was folgt nach der Erringung einer Machtposition? Wie festigt ein Faschist seine Herrschaft? Hierzu meldeten sich verschiedene Studenten zu Wort: »Indem er die Informationen kontrolliert«, sagte einer. »Und deshalb haben wir allen Grund, uns heute Sorgen zu machen«, ergänzte ein anderer. Die meisten Menschen versprachen sich von der

IT-Revolution in erster Linie, dass sie die verschiedenen sozialen Schichten miteinander in Verbindung bringt, ihnen hilft, Gedanken auszutauschen und ein tieferes Verständnis dafür zu entwickeln, warum Menschen so handeln, wie sie handeln – anders gesagt: unseren Sinn für Wahrheit zu schärfen. Diese Hoffnung ist noch nicht ganz gestorben, aber heute sind wir uns dessen nicht mehr so sicher. Es gibt die Besorgnis, dass wir aufgrund der riesigen Menge persönlicher Daten, die in die sozialen Medien hochgeladen werden, längst Big Brother ausgeliefert sind. Wenn ein Unternehmen diese Informationen nutzen kann, um seine Werbung gezielt auf die individuellen Interessen der Konsumenten auszurichten, was könnte dann eine faschistische Regierung daran hindern, dasselbe zu tun? »Angenommen, ich gehe auf eine Demonstration, etwa zum Women's March«, sagte eine Studentin, »und poste davon ein Foto in den sozialen Medien. So gerät mein Name auf eine Liste, und diese Liste kann überallhin gelangen. Wie können wir uns vor so etwas schützen?«

Noch beunruhigender ist die Möglichkeit, auf gefälschten Websites und Facebook Lügen zu verbreiten, was manche Unrechtsregime und ihre Handlanger bereits praktiziert haben. Außerdem erlaubt die Technologie extremistischen Organisationen, Echoräume zur Verbreitung von Verschwörungstheorien, falschen Behauptungen und dummen Ansichten über Religion und ethnische Gruppen zu nutzen. Die erste Regel der Täuschung lautet: Oft genug wiederholt, klingt fast jede Behauptung, Geschichte oder Verleumdung glaubwürdig. Das Internet sollte ein Verbündeter der Freiheit und eine Pforte zum Wissen sein; oft genug ist es weder das eine noch das andere.

Der Historiker Robert Paxton beginnt eines seiner Bücher mit der Feststellung: »Faschismus war die bedeutendste politische Innovation des 20. Jahrhunderts und die Ursache vieler seiner Leiden.«[7] Im Lauf der Jahre haben Paxton und andere Forscher viele zentrale Elemente des Faschismus aufgelistet. Am Ende unserer Diskussion versuchte mein Seminar, etwas Vergleichbares zu erarbeiten.

Die meisten meiner Studenten waren sich darin einig, dass der Faschismus eine extreme Form autoritärer Herrschaft sei. Er verlangt von den Bürgern, genau das zu tun, was er von ihnen fordert, nicht mehr und nicht weniger. Die Ideologie gründet auf einem fanatischen Nationalismus. Außerdem stellt sie den traditionellen Gesellschaftsvertrag auf den Kopf. Anstatt dass die Bürger dem Staat Macht übertragen, damit er ihre Rechte schützt, geht im Faschismus alle Macht vom Führer aus, und die Bürger sind rechtlos. Unter dem Faschismus haben die Bürger zu dienen, und die Regierung hat zu herrschen.

Spricht man über dieses Thema, entsteht oft Verwirrung über den Unterschied zwischen Faschismus und verwandten Begriffen wie Totalitarismus, Diktatur, Despotismus, Tyrannei, Autokratie usw. Als Wissenschaftlerin könnte es mich reizen, dieses Dickicht zu lichten, aber als ehemalige Diplomatin interessieren mich vor allem die konkreten Handlungen und nicht irgendwelche Bezeichnungen. Für mich ist ein Faschist jemand, der sich stark mit einer gesamten Nation oder Gruppe identifiziert und den Anspruch erhebt, in deren Namen zu sprechen, jemand, den die Rechte anderer nicht kümmern und der gewillt ist, zur Erreichung seiner Ziele jedes Mittel zu ergreifen, einschließlich Gewalt. Diesem Konzept zufolge wird ein Faschist wahrscheinlich ein Tyrann sein, aber ein Tyrann muss nicht zwangsläufig ein Faschist sein.

Oft kann man den Unterschied daran erkennen, wie mit Waffengewalt umgegangen wird. Als sich im Europa des 17. Jahrhunderts der katholische und der protestantische Adel 30 Jahre lang über die Auslegung der Bibel bekriegten, herrschte die Übereinkunft, das Volk nicht zu bewaffnen; man hielt es für sicherer, mit Söldnerheeren Krieg zu führen. Heutige Diktatoren neigen ebenso dazu, ihren Bürgern zu misstrauen; deshalb stellen sie Leibgarden und andere Elitetruppen zum Schutz ihrer Person auf. Ein Faschist jedoch erwartet, dass das Volk hinter ihm steht. Während Könige versuchen, das Volk ruhig zu halten, wiegeln Faschisten es auf, damit beim Ausbruch der Kämpfe ihre Soldaten den Willen und die Feuerkraft besitzen, als Erste zuzuschlagen.

Der Faschismus entstand zu Beginn des 20. Jahrhunderts, in einer Zeit des geistigen Umbruchs und eines von Enttäuschung über den repräsentativen Parlamentarismus beflügelten, neu erwachten Nationalismus. Gelehrte wie Thomas Malthus, Herbert Spencer, Charles Darwin und Francis Galton hatten im 19. Jahrhundert die Ansicht populär gemacht, das Leben sei ein fortwährender Kampf um Anpassung, mit wenig Platz für Gefühle und ohne Garantie für Fortschritt. Einflussreiche Denker von Friedrich Nietzsche bis Sigmund Freud sannen über die Folgen für eine Welt nach, die anscheinend ihre traditionelle Verankerung verloren hatte. Suffragetten propagierten die revolutionäre Vorstellung, dass auch Frauen Rechte haben. Meinungsführer in Politik und Kunst räsonierten offen über die Möglichkeit, die menschliche Spezies durch gezielte Züchtung zu verbessern.

Erstaunliche Neuerungen wie die Elektrifizierung, das Telefon, die pferdelose Kutsche und das Dampfschiff brachten die Menschen in aller Welt einander näher, doch genau diese Innovationen kosteten Millionen Bauern und Handwerkern ihre Arbeit. Überall setzten sich Menschen in Bewegung – die Landbevölkerung drängte in die bereits dicht bevölkerten Städte, und Millionen Europäer ließen alles hinter sich und überquerten den Ozean.

Vielen, die blieben, waren die Verheißungen der Aufklärung und der Revolutionen in Frankreich und in den 13 Neuengland-Kolonien bedeutungslos geworden. Große Teile der Bevölkerung fanden keine Arbeit; jene, die Arbeit hatten, wurden oft ausgebeutet oder später in dem blutigen Schachspiel des Ersten Weltkriegs auf den Schlachtfeldern geopfert. Winston Churchill schrieb über diese Tragödie: »Der Struktur der menschlichen Gesellschaft wurden Verletzungen zugefügt, die in einem Jahrhundert noch nicht verheilt sein werden.« Nachdem sich die Monarchien disqualifiziert hatten, die Religion kritisch beäugt wurde und alte politische Strukturen wie das Osmanische Reich und die österreichisch-ungarische Doppelmonarchie zusammengebrochen waren, konnte die Suche nach Antworten nicht warten. Der vom amerikanischen Präsidenten Woodrow Wilson propagierte demokratische Idealismus machte öffentlich Aufsehen. Noch bevor die Vereinigten Staaten in den Krieg eintraten, verkündete er das Prinzip, wonach »jedes Volk das Recht hat, sich die Staatsgewalt zu wählen, unter der es leben möchte«.[8] Diese Doktrin der Selbstbestimmung half einer Handvoll mehrheitlich kleiner europäischer Länder, sich nach dem Krieg die Unabhängigkeit zu bewahren, und Wilsons Plan einer Weltorganisation mündete in die Gründung des Völkerbunds. Wilson war jedoch politisch naiv und in seinen letzten Jahren gesundheitlich stark angeschlagen; seine globale Vision hatte über seine Präsidentschaft hinaus keinen Bestand. Unter seinen Nachfolgern kehrten die Vereinigten Staaten dem Völkerbund den Rücken und wiesen jede Verantwortung für die Entwicklungen in Europa von sich, zu einer Zeit, als sich der Kontinent nur mühsam von den Folgen des Krieges erholte.

Viele Regierungen, die nach dem Krieg eine liberale Politik eingeleitet hatten, sahen sich mit explosiven sozialen Spannungen konfrontiert, die ihnen repressive Maßnahmen nötig zu machen schienen. Von Polen und Österreich bis Rumänien und Griechenland kam es zu demokratischen Gehversuchen, die alsbald scheiterten. Im Osten gaben grimmige sowjetische Ideologen vor, für die Arbeiter weltweit zu sprechen, und bereiteten dadurch britischen Bankiers, französischen Ministern und spanischen Priestern Albträume. In der Mitte Europas kämpfte ein verbittertes Deutschland darum, wieder eine Stellung in der Welt zu erlangen. Und in Italien erhob ein Schreckgespenst, dessen Stunde noch kommen sollte, zum ersten Mal sein Haupt.

2

Das größte Spektakel auf Erden

Thomas Edison bejubelte ihn als »das größte Genie der Neuzeit«,[1] Gandhi als »Supermann«.[2] Winston Churchill versprach, an seiner Seite zu stehen in seinem »Kampf gegen die unmenschlichen Ambitionen des Bolschewismus«.[3] Zeitungen in Rom, Heimstatt des Vatikans, bezeichneten ihn als »Inkarnation Gottes«. Am Ende hängten Menschen, die ihn früher vergöttert hatten, seine Leiche an den Füßen neben der seiner Geliebten an einer Tankstelle in Mailand auf.

Benito Mussolini kam 1883 in Predappio zur Welt, einer bäuerlich geprägten Kleinstadt rund 100 Kilometer nordöstlich von Florenz. Sein Vater war Schmied und Sozialist, seine Mutter Lehrerin und tiefgläubig. Mussolini wuchs in einem Häuschen mit zwei Zimmern auf, das an das Schulhaus grenzte, in dessen einzigem Klassenzimmer seine Mutter Unterricht gab. Seine Familie lebte in auskömmlichen Verhältnissen, war aber nicht in der Lage, das volle Schulgeld für das von Geistlichen geleitete Internat aufzubringen, das er ab dem Alter von neun Jahren besuchte. Dort nahmen die Schüler aus wohlhabenderem Elternhaus an dem einen Tisch Platz, Benito und seine Kameraden an einem anderen – eine Erniedrigung, die in Mussolini einen lebenslangen Zorn gegen Ungerechtigkeit (sofern sie ihn selbst betraf) weckte. Er hatte oft Unfug im Kopf, stibitzte Obst von den Bauern und prügelte sich gern. Mit elf Jahren wurde er des Internats verwiesen, nachdem er einem Mitschüler mit dem Messer die Hand verletzt hatte, und mit 15 Jahren wurde er von einer anderen Schule zeitweilig ausgeschlossen, weil er einem anderen Mitschüler ins Gesäß gestochen hatte.

Benito las viel. Gern widmete er sich allein der Tageszeitung oder dem mehr als tausend Seiten dicken Wälzer *Die Elenden* von Victor Hugo. Von seinem Vater hatte er den Hang zum Draufgängertum geerbt; seine Mutter hingegen versuchte, ihm Geduld beizubringen – doch er geriet eher nach dem väterlichen Vorbild. Als im Internat die Schüler einmal über das harte alte Brot klagten, das ihnen ständig vorgesetzt wurde, ging Mussolini schnurstracks zum Rektor, um sich zu beschweren, was ihm die Anerkennung seiner Mitschüler eintrug. Der Rektor hatte ein Einsehen, und fortan gab es frisch gebackenes Brot.

Nach seiner Schulzeit erwarb Mussolini ein Lehrerdiplom, aber da es ihm im Unterricht an Disziplin mangelte, wurde ihm schon bald gekündigt. So ging er mit 19 Jahren in die Schweiz, wo er als Tagelöhner arbeitete, auf Packkisten schlief und wegen Landstreicherei ins Gefängnis kam – die erste vieler Inhaftierungen. Nach seiner Freilassung erhielt er Arbeit als Maurer und wurde bald darauf in der örtlichen Gewerkschaft aktiv. Zu dieser Zeit war die Gewerkschaftspolitik in Europa scharf nach links ausgerichtet; sozialistische Aufwiegler predigten den Hass auf Regierung und Kirche und riefen zur Militanz im Namen der Arbeiterrechte auf. Mussolini war kein origineller Kopf, besaß aber schauspielerisches Talent und konnte überzeugend eine Rolle ausfüllen. Privat stets tadellos gekleidet, trat er öffentlich oft unrasiert und mit wildem Haar auf. Vor seinen Reden studierte er sorgfältig ein, wie man spontan wirkt. Er wusste um den Wert, als volkstümlich zu gelten, und meist gelang es ihm, seine Zuhörer zu Begeisterungsstürmen hinzureißen. Es dauerte nicht lange, und er sah sich selbst als vom Schicksal berufen – ein neuer Napoleon oder vielleicht auch ein neuer Kaiser Augustus.

Die Schweizer Behörden jedoch ließen sich von dem Möchtegern-Cäsar nicht beeindrucken, sondern verwiesen ihn als unerwünschte Person des Landes. Unverdrossen kehrte er nach Italien zurück, wo er einen bei den Lesern beliebten Groschenroman über einen lüsternen Kardinal verfasste,[4] sozialistische Blätter herausgab und sich eine Anhängerschaft aufzubauen begann. In rauchgeschwängerten Sälen erklärte Mussolini den Arbeitern, die Eliten würden niemals kampflos ihre Privilegien aufgeben und kein Parlament würde sich jemals für ihre Sache gegen die Bourgeoisie auf ihre Seite stellen. Die alten Antworten, die die Religion lieferte oder die im Empfinden einer patriotischen Pflicht lägen, hätten sich als falsch erwiesen und sollten aufgegeben werden. Gerechtigkeit, sagte er, sei nur durch Kampf zu erreichen. Eine Revolution sei vonnöten. Dann aber spielte dies alles plötzlich keine Rolle mehr. Im Sommer 1914 stand Europa vor dem Krieg. Da verwandelte sich Mussolini im Handumdrehen von einer sozialistischen Raupe in einen patriotischen Schmetterling. Anstatt sich seinen Genossen anzuschließen, die, wie sie meinten, nichts mit einer von Schwachköpfen aus der Oberschicht herbeigeführten Katastrophe zu tun haben wollten, gründete er eine Zeitung namens *Il Popolo d'Italia* und forderte den Kriegseintritt Italiens. Diese Kehrtwende mag Ausdruck eines ernsthaften Gesinnungswandels gewesen sein, da Mussolini nie sehr stark an ideologischen Überzeugungen festhielt und der Pazifismus ihm wesensfremd war; aber es gibt auch noch andere Erklärungen hierfür. Französische Wirtschaftsvertreter suchten seine Unterstützung beim Versuch, Italien zum Kriegseintritt gegen Deutschland und Österreich-Ungarn zu bewegen, und versprachen im Erfolgsfall eine Belohnung. Die Herausgabe einer Zeitung ist eine kostspielige Angelegenheit; Waffenfabrikanten finanzierten *Il Popolo d'Italia* großzügig.

Am 24. Mai 1915 erfolgte Italiens Kriegseintritt an der Seite Großbritanniens und Frankreichs. Mussolini wurde zur Armee einberufen und diente 17 Monate lang an der Front; in dieser Zeit schrieb er nebenbei wöchentlich Artikel für seine Zeitung. Er wurde zum Korporal befördert und kam fast zu Tode, als während einer Übung ein Mörser explodierte, Dutzende Schrapnellkugeln seine Eingeweide durchlöcherten und ihn fast entzweirissen. Noch während er im Lazarett lag, erlitt die italienische Armee im Oktober 1917 ihre verheerendste Niederlage. In der Zwölften Isonzoschlacht wurden 10 000 Italiener getötet, 30 000 verwundet, und unter dem Trommelfeuer der feindlichen Artillerie ergaben sich mehr als eine Viertelmillion italienischer Soldaten.

Obwohl Italien schließlich zum siegreichen Bündnis gehörte, schmeckten dem Land und seinen Bewohnern die Früchte des Sieges bald bitter. Abgesehen von der immensen Zahl an Gefallenen und Verwundeten verweigerten die britischen und französischen Bündnispartner Italien die in Geheimabkommen zugesicherte territoriale Expansion. Sie versagten sogar Italiens Staatsoberhaupt, König Vittorio Emanuele III., die Teilnahme an der Friedenskonferenz. Diese Kränkungen stärkten Mussolinis frühere Genossen, die nun überzeugend behaupten konnten, dass sie mit ihrer Ablehnung des Krieges recht gehabt hatten. Die Sozialistische Partei erlebte einen starken Mitgliederzulauf, und bei den Parlamentswahlen 1919 errang sie mehr Stimmen als alle politischen Konkurrenten.

Beflügelt von diesem Erfolg, aber nach wie vor von der Regierungskoalition ausgeschlossen, wollten sich die Sozialisten nicht damit begnügen, ruhig im Parlament zu sitzen und an den Abstimmungen teilzunehmen. Die Demokratie hatte in den Reihen der Arbeiter das Selbstwertgefühl gestärkt und ein Bewusstsein für ihre Rechte geweckt. In den großen Fabriken, Ausdruck des technischen Fortschritts, schlossen sich die Industriearbeiter zusammen, wodurch die politischen Organisatoren leichter Unterstützung fanden und Agitatoren die Wut anstacheln konnten. Die Spannungen nahmen zu, als die Sozialisten, inspiriert durch die bolschewistische Revolution in Russland, den bewaffneten Kampf mit dem Ziel aufnahmen, für das Proletariat die Macht zu erobern und die Bourgeoisie kaltzustellen. Die Partei heuerte Bewaffnete an, um Streikbrecher einzuschüchtern, brachte zahlreiche Stadtregierungen in ihre Gewalt und hisste die rote Fahne über Fabriken in Mailand, Neapel, Turin und Genua. Auf dem Land forderten sozialistische Bauern das Land, das sie seit jeher bestellten, für sich. Zuweilen wurden mit Morden an Grundbesitzern persönliche Rechnungen beglichen.

Für die Industrie- und Agrarbarone waren die Proteste höchst beunruhigend. Es war eine Sache, wenn die Arbeiter einen etwas höheren Stundenlohn oder eine Absenkung der Arbeitszeit bei gleicher Bezahlung verlangten; eine andere Sache war es, wenn sie sich das Recht nahmen, die Bosse zu verjagen, eigenmächtig die Fabriken zu übernehmen und zu leiten, oder anfingen, das Ackerland zu besetzen und umzuverteilen. Die extremen Spannungen, der hohe Preis, um den es ging, und das vergossene Blut legten jenen Barrieren in den Weg, die nach einem Mittelweg suchten. Politiker, die vermitteln wollten, ernteten Misstrauen von beiden Seiten.

Die Streikwelle und die Konflikte wegen der Umverteilung des Landes zerrütteten die italienische Wirtschaft, sodass die Preise in schwindelerregende Höhen stiegen, während die Lebensmittel immer knapper wurden, die öffentlichen Einrichtungen kaum mehr funktionierten und die Eisenbahn aufgrund von Bummelstreiks praktisch lahmgelegt war. Währenddessen kehrten Zehntausende demobilisierte Veteranen nach Hause zurück, wo man sie eher anfeindete, als mit Ehren empfing, und wo sie keine Arbeit fanden, weil die Gewerkschaften die Stellen bereits vergeben hatten.

Italien stand kurz vor dem staatlichen Zerfall. Das Parlament galt selbst seinen Mitgliedern als korrupter Basar, auf dem Gefälligkeiten an jene verteilt wurden, die über politische und gesellschaftliche Beziehungen verfügten. König Vittorio Emanuele war schwach, ängstlich und unentschlossen. In den 22 Jahren seiner Regentschaft hatte er nicht weniger als 20 Premierminister kommen und gehen sehen. Die führenden Politiker lagen unablässig miteinander im Streit, hatten aber so gut wie jeden Kontakt zur Bevölkerung verloren. Vielen schien die Zeit reif für eine wirkliche Führungsperson, für einen Duce, der Italien wiedervereinigen und das Land erneut zum Mittelpunkt der Welt machen konnte.

Am 23. März 1919, einem regnerischen Sonntagmorgen, versammelten sich in Mailand einige Dutzend zornige Männer in einem von der Industriellenvereinigung Alleanza industriale e commerciale zur Verfügung gestellten, stickigen Versammlungsraum an der Piazza San Sepolcro. Nach stundenlangen Debatten erhoben sie sich, ergriffen einander an den Händen und schworen Bereitschaft, zur Verteidigung Italiens gegen alle Feinde »zu töten oder zu sterben«. Zur Verdeutlichung ihrer Einigkeit wählten sie als Emblem die *fasces,* ein Bündel aus Ulmenruten, in dem ein Beil steckt; im antiken Rom war es das Symbol für die Machtbefugnisse eines Konsuls gewesen. Ihr Manifest enthielt lediglich 54 Unterschriften, und ihre Teilnahme am Wahlkampf in jenem Herbst fand öffentlich kaum Beachtung. Doch innerhalb von zwei Jahren konnte die faschistische Bewegung mehr als 2000 Ortsverbände vorweisen, und ihr oberster Chef war Benito Mussolini.

Die faschistische Bewegung wuchs, weil Millionen Italiener der Verhältnisse in ihrem Land überdrüssig waren und sich ängstigten vor dem, was im bolschewistischen Russland der Welt vor Augen geführt wurde. In zahllosen Reden bot Mussolini seine Alternative feil. Er beschwor seine Landsleute, nicht nur den ausbeuterischen Kapitalisten eine Absage zu erteilen, sondern auch den Sozialisten, die ihnen ihr Leben zerrütten wollten, und ebenso den korrupten und rückgratlosen Politikern, die immer nur redeten, während ihre geliebte Heimat immer tiefer in den Abgrund sank. Anstatt zum Klassenkampf rief Mussolini zur Vereinigung aller Italiener – Arbeiter, Studenten, Soldaten, Geschäftsleute – und zur Bildung einer gemeinsamen Front gegen alle Feinde auf. Seinen Anhängern malte er eine Zukunft aus, in der sie stets füreinander eintreten würden, während die Parasiten, die angeblich das Land klein hielten – die Ausländer, die Schwachen, die politisch Unzuverlässigen –, sich um sich selbst zu kümmern hatten. Mussolini beschwor seine Gefolgsleute, an ein Italien zu glauben, das durch Autarkie zu Wohlstand gelangen und das man respektieren würde, weil man es fürchtete. So begann der Faschismus des 20. Jahrhunderts: mit einem charismatischen Führer, der eine weitverbreitete Unzufriedenheit seinen Zwecken dienstbar machte, indem er das Blaue vom Himmel versprach.

Anfang der Zwanzigerjahre waren die Sozialisten nach wie vor die stärkste Kraft im Parlament und auch im ganzen Land deutlich präsent. Um ihnen Paroli zu bieten, griffen die Faschisten auf die große Zahl arbeitsloser Veteranen zurück und organisierten mit ihnen eigene Milizen, die Fasci di Combattimento (Kampfbünde). Sie sollten Arbeiterführer niederschießen, Zeitungsredaktionen verwüsten und linke Arbeiter und Bauern verprügeln. Diese Trupps gingen meist ungestört zu Werke, weil viele Vertreter der Polizei Sympathie für sie hegten und bei Verbrechen, die die Faschisten an ihren politischen Gegnern begingen, einfach wegsahen. In nur wenigen Monaten hatten die Faschisten die Sozialisten aus den Groß- und Kleinstädten vertrieben, vor allem in den nördlichen Provinzen Italiens. Als Erkennungszeichen trugen sie ihre eigene Uniform – schwarzes Hemd, grau-grüne Hose und eine dunkle, an einen Fes erinnernde Kappe mit Quaste. Zwar waren die Sozialisten zahlenmäßig stärker, aber die Faschisten holten schnell auf und setzten ohne Skrupel Gewalt ein.

Mussolini hatte kein Drehbuch für seinen aufkeimenden Aufstand. Er war der unangefochtene Führer einer Bewegung, deren Zielrichtung nicht eindeutig feststand. Die Faschisten hatten lange Listen teils widersprüchlicher Ziele aufgestellt, aber sie verfügten über kein offizielles Manifest oder Programm. Für manche der leidenschaftlichen Anhänger war die aufstrebende Partei ein Instrument zur Rettung des Kapitalismus und des römischen Katholizismus vor den leninistischen Horden; anderen galt sie als Verteidigerin der Tradition und der Monarchie. Viele sahen in ihr die Chance, Italien den Ruhm zurückzubringen, und für etliche bedeutete sie ein festes Einkommen und die Gelegenheit, anderen den Schädel einzuschlagen.

Mussolini folgte einem Zickzackkurs. Von Großunternehmen und

Banken nahm er Geld entgegen, sprach aber die Sprache der Veteranen und Arbeiter. Mehrmals versuchte er, die Beziehungen zu den Sozialisten zu verbessern, musste aber feststellen, dass ihm seine früheren Genossen nicht über den Weg trauten; zudem kamen diese Annäherungsversuche beim fanatischeren Teil seiner Anhänger nicht gut an. Als sich die politischen Verhältnisse weiterhin verschlechterten, musste Mussolini immer militanter werden, einfach um mit den Truppen Schritt zu halten, die er vorgeblich kommandierte. Als ihn ein Journalist um eine Zusammenfassung seines Programms bat, antwortete Mussolini: »Es besteht darin, diesen Demokraten ... die Knochen zu brechen. Und zwar je eher, desto besser.«[5] Im Oktober 1922 beschloss er, die Regierung direkt herauszufordern, indem er Faschisten im ganzen Land mobilisierte. »Entweder man überlässt uns die Regierungsgewalt, oder wir marschieren nach Rom und holen sie uns selbst«, erklärte er in einer Ansprache vor den Schwarzhemden.[6]

Da die Politiker der Mitte gespalten und gelähmt waren, lastete die Verantwortung für die Abwehr von Mussolinis dreistem Schritt auf den schmalen Schultern König Vittorio Emanueles. Er musste die Wahl treffen zwischen den Sozialisten, die die Monarchie zerstören wollten, und den rauflustigen Faschisten, die – wie der König hoffte – sich vielleicht als beeinflussbar erweisen würden; einen Mittelweg gab es nicht. Die Armee und der Premierminister rieten ihm, den angekündigten Marsch der Faschisten zu verhindern, Mussolini zu inhaftieren und separat mit den Sozialisten zu verhandeln. Dies lehnte der König zunächst ab, besann sich jedoch anders, als die Faschisten begannen, Radiostationen und Regierungsgebäude zu besetzen. Am 28. Oktober um zwei Uhr morgens gab er den Befehl, die Faschisten aufzuhalten. Sieben Stunden später vollzog er erneut eine Kehrtwende, da er offenbar glaubte, die Faschisten seien der Armee im Kampf überlegen, was zu diesem Zeitpunkt so gut wie sicher nicht zutraf.

Nachdem das Militär abgezogen worden war und sich Zehntausende Schwarzhemden am Rand der Hauptstadt versammelt hatten, wählte

Vittorio den, wie er meinte, sichersten Weg. Er telegrafierte an Mussolini, der aus Vorsicht in Mailand wartete, bat ihn, nach Rom zu kommen und das Amt des Premierministers zu übernehmen, nachdem der bisherige Premier seine Mehrheit verloren hatte und nur mehr als eine Art Verwalter fungierte. So hatte sich Mussolinis Hasardspiel ausgezahlt. Im Lauf nur eines Wochenendes kletterte Mussolini so bis an die Spitze der politischen Leiter, und er erreichte sein Ziel, ohne eine Wahl gewinnen zu müssen oder die Verfassung zu brechen.

Am 31. Oktober war dann die letzte Etappe des Marsches auf Rom, der Einzug in die Hauptstadt – mehr eine Siegesparade als der Putsch, der er sein sollte. Das Ereignis lockte sehr unterschiedliche Teilnehmer an, die sämtlichen Klischees spotteten, wie ein Faschist aussehen oder sein sollte.[7] Unter den Marschierern waren Fischer aus Neapel, Seite an Seite mit Geistlichen, Geschäftsleuten in dunklen Westen und Pilotenkappen und Bauern aus der Toskana in Jagdjoppen. Einem 16-jährigen Gymnasiasten namens Giovanni Ruzzini hatte das Geld gefehlt, sich ein neues Hemd zu kaufen, deshalb hatte er ein altes schwarz gefärbt; auf dem Kopf trug er einen Militärhelm, den er auf der örtlichen Müllhalde gefunden hatte. Nicht wenige der Teilnehmer liefen barfuß, weil sie sich keine Schuhe leisten konnten. Ein Mann hatte 50 Abzeichen mit Hammer und Sichel dabei, die er, wie er behauptete, den Leichen von Kommunisten abgenommen hatte. Das Aufgebot aus Grosseto wurde von einem 80-jährigen Blinden angeführt, der mehr als ein halbes Jahrhundert zuvor unter Garibaldi, Italiens größtem General, gekämpft hatte. Manche in der lärmenden Menge hatten sich mit rostigen Flinten, Pistolen, alten Safarigewehren, Golfschlägern, Sensen, Tischbeinen und Dolchen ausgestattet; ein Mann hatte den Kieferknochen eines Ochsen mitgebracht, andere schleppten Riesenstücke getrockneten Stockfisch mit sich, um sie gegebenenfalls als Waffe zu verwenden. Die meisten gingen zu Fuß; ein wohlhabender junger Mann aus Ascoli Piceno jedoch begleitete die Menge in seinem Fiat, auf dem ein Maschinengewehr montiert war. Aus Foggia waren 50 Kavalleristen auf Ackergäulen gekommen. Unter jenen, die an diesem Tag die Faschisten willkommen hießen und »Viva Mussolini!« riefen, waren 200 Juden.

Trotz des eindrucksvollen Spektakels war die politische Stellung der Partei noch längst nicht gesichert. Mussolinis kometenhafter Aufstieg machte ihn anfällig für einen ebenso raschen Absturz. Das Parlament wurde nach wie vor von den Sozialisten und Liberalen dominiert, und die Konservativen trachteten nach nichts anderem, als den faschistischen Führer zu manipulieren, kaltzustellen und, wenn nötig, abzuservieren. Doch Mussolini, der schon bald als Il Duce bekannt wurde, hatte Talent für die große Bühne und wenig Respekt vor dem Mut seiner Gegner. Zwei Wochen nach seinem Amtsantritt hielt er seine erste Rede vor dem Parlament. Er betrat in gravitätischer Manier den Saal und erhob den Arm zum römischen Gruß.[8] Schweigend ließ er seinen Blick über den Rand des Saals gleiten, wo sich muskulöse Schwarzhemden aufgereiht hatten und ihre Dolche tätschelten. Die Fäuste in die Hüften gestemmt, erklärte Mussolini sodann: »Ich hätte aus diesem unfreundlichen, düsteren Saal einen Lagerplatz für meine Schwarzhemden machen können, und ich hätte das Parlament abschaffen können. Es stand in meiner Macht, das zu tun, aber es war nicht meine Absicht. Wenigstens vorerst noch nicht.«[9]

Mit dieser Warnung verlangte und erhielt Mussolini die Befugnis, all das zu tun, was er wollte; aber überraschenderweise war sein oberstes Ziel vorerst, gut zu regieren. Er wusste, dass die Bürger genug hatten von einer Bürokratie, die Jahr für Jahr größer und ineffektiver zu werden schien. Deshalb verfügte er tägliche Anwesenheitsappelle in den Büros der Ministerien und maßregelte Bedienstete, wenn sie zu spät zur Arbeit kamen oder lange Essenspausen einlegten. Er setzte eine Kampagne in Gang, um *drenare la palude* (»den Sumpf trockenzulegen«), indem er mehr als 35 000 Beamte entließ. Seinen faschistischen Banden übertrug er die neue Aufgabe, die Bahnfracht vor Dieben zu schützen. Er stellte Geld für den Bau von Brücken, Straßen, Fernsprechämtern und riesigen Aquädukten zur Verfügung, mit denen trockene Regionen mit Wasser versorgt werden sollten. Außerdem führte er in Italien den Achtstundentag ein, schuf einen Versicherungsschutz für Alte und Behinderte, finanzierte Kliniken zur Schwangerenfürsorge, gründete 1700 Sommerlager für Kinder und fügte der Mafia einen schweren Schlag zu, indem er das bisherige Geschworenensystem abschaffte und verkürzte Gerichtsverfahren einführte. Nachdem keine Geschworenen mehr eingeschüchtert werden konnten und die Richter direkt dem Staat gegenüber verantwortlich waren, wurden die Gerichte zwar praktisch unbestechlich, dafür aber der Regierung gegenüber gefügig. Entgegen der Legende schaffte es der Diktator aber nicht vollständig, dass die Züge pünktlich fuhren, doch allein für den Versuch erntete er große Anerkennung.

Von Anfang an genoss Mussolini es zu regieren. Zwar arbeitete er nie so hart, wie seine Propagandisten glauben machen wollten, aber er war auch kein Dilettant. Abgesehen von seiner unermüdlichen Schürzenjägerei und seiner Leidenschaft fürs Schwimmen und Fechten hatte er wenig andere Interessen. Er versuchte, gut zu regieren, glaubte dies aber ohne absolute Macht nicht tun zu können. Selbstzweifel waren ihm fremd, und sein Machthunger blieb unstillbar.

1924 peitschte Mussolini ein Wahlgesetz durch, das den Faschisten die Kontrolle des Parlaments ermöglichte. Als der Generalsekretär der Sozialistischen Partei Beweise für Wahlmanipulationen vorlegte, wurde er von Schergen entführt und ermordet. Bis Ende 1926 hatte der Duce alle konkurrierenden politischen Parteien ausgeschaltet, die Pressefreiheit abgeschafft, die Arbeiterbewegung entmachtet und sich das Recht gesichert, eigenhändig städtische Beamte zu ernennen. Zur Durchsetzung seiner Verordnungen übernahm er die Kontrolle über die nationale Polizei, stockte sie personell auf und erweiterte ihre Funktionen, sodass sie fortan auch für die Überwachung im Inneren zuständig war. Um den Einfluss der Monarchie zu beschneiden, verfügte er, dass die Ernennung eines Thronfolgers nur mit seiner Zustimmung erfolgen konnte. Um den Vatikan zu beschwichtigen, ließ er Bordelle schließen und die Priestergehälter deutlich erhöhen, wofür er von der Kirche das Vetorecht gegen die Ernennung von Bischöfen und Pfarrern erhielt. Mit Blick auf die Zukunft ließ er Schulen in Menschenfabriken umwandeln, in denen Jungen in schwarzen Hemden mit Gewehren exerzierten, die Aussicht auf den Heldentod feierten und das faschistische Credo skandierten: »Glaube! Gehorche! Kämpfe!«

Seiner Geliebten gestand Mussolini: »Ich möchte dieser Epoche meinen Stempel aufdrücken ... wie ein Löwe mit seiner Pranke.«[10] Um dieses zweifelhafte Ziel zu erreichen, hielt er die Italiener dazu an, romantische Vorstellungen über die Gleichheit der Menschen aufzugeben und stattdessen willkommen zu heißen, was er als »das Jahrhundert der Autorität, ein Jahrhundert, das nach ›rechts‹ tendiert, ein faschistisches Jahrhundert« bezeichnete. »Niemals zuvor«, sagte er, »haben die Völker mehr nach Autorität, Lenkung und Ordnung gedürstet als heute. Wenn jedes Zeitalter seinen eigenen Grundsatz hat, dann ... ist der Grundsatz unseres Zeitalters der Faschismus.«[11]

Doch auch ein fanatisiertes Volk kann nicht immerfort im Zustand der Mobilisierung leben, wenn es nicht das Gefühl verspürt, es gehe voran. Mussolini bediente dieses Gefühl mit seiner großspurigen Rhetorik, mit der er ein dominantes Italien heraufbeschwor, wiedergeboren mit mehr *spazio vitale* (Lebensraum) – ein Italien, das über den Mittelmeerraum herrschen würde. Der Weg zu diesem Paradies hieß Krieg, für den er von den Italienern Verzichtbereitschaft forderte. »Vivere pericolosamente«, gefährlich leben, lautete eine seiner häufig wiederholten Parolen, die er von Nietzsche entlehnt hatte.[12] Und er ließ seinen Worten Taten in Form einer aggressiven Außenpolitik folgen. Erst machte er aus Albanien faktisch ein italienisches Protektorat, danach fiel er in das nahezu wehrlose Äthiopien ein, das letzte unabhängige Königreich Afrikas. Zur Finanzierung der Kriegszüge spendeten die italienischen Frauen, animiert von Königin Elena, ihre Eheringe, die zu Goldbarren eingeschmolzen oder zu Geld gemacht wurden; auch die im Ausland lebenden Italienerinnen waren dazu aufgerufen, und Tausende folgten. Für Mussolini war der Feldzug in Äthiopien »der größte Kolonialkrieg der Geschichte«.[13] Als die Maschinengewehre und das Giftgas der Italiener Äthiopien zur Kapitulation zwangen, rief Mussolini sein Volk auf: »Schwenkt eure Fahnen, erhebt eure Arme, öffnet eure Herzen und begrüßt das Imperium, das sich nach 15 Jahrhunderten auf den schicksalsvollen Hügeln Roms wieder zeigt.«[14]

Mussolini war kein großer Menschenkenner, aber er glaubte, sicher zu wissen, was die Masse wollte: ein Spektakel. Er verglich das Volk mit einer hilflosen Frau (eines seiner Hirngespinste) an der Seite eines starken Mannes. Er posierte für Bilder in den von der Regierung kontrollierten Zeitungen, die ihn auf Fru Fru, seinem Schimmelhengst, zeigten, am Steuer seines Sportwagens, mit freiem Oberkörper in einem Weizenfeld oder in Uniform, mit glänzenden Stiefeln und die Brust voller Orden. Er schlug keine Einladung aus, sei es zu einer Hochzeit, zur Einweihung einer Fabrik oder zu einem patriotischen Anlass, sofern es sein Terminkalender erlaubte.

Wenn er eine Rede hielt, stellte er sich auf ein kleines Podest (wie ich es auch mache), um größer zu erscheinen. Manchmal, wenn kurz vor einer Rede die Sonne durch die Wolken brach, schrieb er sich dies als sein Verdienst zu (was ich *nicht* tue). Außer seinen unvermeidlichen Schwarzhemden bestand sein Publikum üblicherweise aus Soldaten in kakifarbenen Felduniformen, Bäuerinnen in Kleidern mit weißen Ärmeln und den *squadristi* mit rot-gelben Schärpen, den faschistischen Veteranen aus der Frühzeit der Bewegung. Seitlich stand vielleicht noch eine kleine Gruppe von Auslandskorrespondenten, über deren Anwesenheit die Vorredner bereits gespottet hatten und die sodann vom Publikum mit wütenden Pfiffen und Buhrufen begrüßt wurden. Wenn schließlich, in den Worten eines Zeitzeugen, »Signor Mussolini heraustrat, riss es die Menge von den Füßen, und Bajonette, Dolche, Mützen und Taschentücher wurden unter ohrenbetäubendem Geschrei geschwenkt«.[15] Auf dem Höhepunkt seiner Herrschaft prangte das Konterfei des Duce auf allerlei Produkten, von Haarwasser und Säuglingsnahrung bis zu Unterwäsche und Pasta. Als er bei einem Attentatsversuch im Gesicht verletzt wurde, begnügte er sich mit einem kleinen Verband und setzte unbeeindruckt sein Programm fort; erst Stunden später, bei einer Rede vor einer Konferenz von Chirurgen, erklärte er, dass er sich nun in ihre Hände begeben werde. Er ließ in den Straßen Transparente aufhängen mit dem Spruch: »Wenn ich vorangehe, so folgt mir; wenn ich zurückgehe, tötet mich; wenn ich sterbe, rächt mich.«[16] Er beauftragte Gießereien mit einer (nie vollendeten) Bronzestatue, einer 80 Meter hohen Figur mit dem Körper eines halb nackten Herkules und dem Antlitz des Duce, die auf die Kuppel des Petersdoms herabblicken sollte.

Ende der Dreißigerjahre nahmen die Vergötterung und der Personenkult um den Duce Züge einer Posse an. Besucher, die er in seinem Amtssitz empfing, mussten die 20 Meter zwischen der Tür und seinem Schreibtisch im Laufschritt zurücklegen und sodann mit erhobenem Arm den faschistischen Gruß entrichten und beim Hinausgehen diese Prozedur in umgekehrter Reihenfolge wiederholen.

Trotz seines Erfolgs als Politiker fühlte sich Mussolini als Diplomat nicht besonders sattelfest. Zu jener Zeit waren die internationalen Angelegenheiten in Westeuropa nach wie vor eine Domäne der Aristokraten, die stolz waren auf ihre maßgeschneiderten Anzüge, kultivierten Umgangsformen und ihre Fähigkeit, einander stundenlang mit Nichtigkeiten plagen zu können. Bevor Mussolini Ministerpräsident wurde, hatte er nie formelle Kleidung getragen. Auch hatte ihm niemand beigebracht, welchen Löffel oder welche Gabel man bei einem Gesellschaftsdiner benutzt. Händeschütteln hielt er für unhygienisch, er rauchte nicht und hatte für Alkohol nicht viel übrig, nicht einmal für die grandiosen italienischen Weine. Er war ein schlechter Zuhörer und mochte es nicht, wenn andere Leute redeten. Nur sehr ungern schlief er in einem anderen als seinem eigenen Bett, und die Zeit, die er für Mahlzeiten – entweder allein oder mit seiner Familie – zubrachte, betrug im Durchschnitt rund drei Minuten.

Mussolini versprach, Italien unvorstellbar reich zu machen, aber in der Wirtschaft leistete er wenig Glanzvolles. Seiner Meinung nach benötigte ein großes Land eine robuste Währung; deshalb koppelte er die Lira an den Dollar, wodurch die öffentliche Verschuldung abrupt stieg. Dieses Problem verschlimmerte sich noch dadurch, dass er nicht verstand, wie Zinssätze funktionierten. Er warb für die Idee der nationalen Autarkie, ohne zu erkennen, wie unrealistisch ein solches Vorhaben war. Darüber hinaus versuchte er, Arbeit und Kapital zu versöhnen, was aber nur dazu führte, dass ein planlos organisierter und ineffektiver Ständestaat entstand. Die Produktion von Weizen ließ er steigern, als dessen Preis niedrig lag, und vernachlässigte andere Feldfrüchte, die höhere Erträge erbracht hätten. Diese Fehler hätten sich vermeiden lassen, hätte er sich gute Berater gesucht und ihrer Expertise vertraut. Stattdessen schreckte er sein Kabinett davor ab, ihm irgendetwas vorzuschlagen, was ihn womöglich an seinen Instinkten hätte zweifeln lassen, die er, wie er betonte, für unfehlbar hielt. Von seiner parteieigenen Presse ließ er sich als überragenden, gottgleichen Tatmenschen feiern, »dessen schöpferische Kräfte weder zeitliche noch räumliche Grenzen« hätten.[17] Und zu einem Reporter sagte er: »Oft wünschte ich mir, unrecht zu haben, doch das ist bis jetzt noch nie vorgekommen …«[18]

Im Lauf der Dreißigerjahre begann das neue römische Imperium, das faschistische Reich, an Schwung zu verlieren. Als Zirkusdirektor war Mussolini nach wie vor unangefochten, aber Italien mangelte es zu sehr an Ressourcen – und ihm an strategischem Können –, um die politische Landkarte Europas zu verändern. Dies alles traf auf Adolf Hitler nicht zu.

3

»Ja, wir sind Barbaren. Wir *wollen* es sein«

Heidelberg: »Am Abend fiel mir im Gasthaus ein flachsblonder jun-
ger Mann am Nebentisch auf, der mich mit eisigem Blick fixierte. …
Plötzlich erhob er sich, kam schwankend herüber und sprach mich
mit spöttischem Lächeln an: ›So? Ein Engländer? Wunderbar!‹ Dann
verzerrten sich seine Züge zu einer Maske des Hasses. Warum wir den
Deutschen die Kolonien gestohlen hätten? Warum wir Deutschland
eine Flotte und eine anständige Armee verbieten wollten? Glaubte ich
etwa, Deutschland würde sich von einem Land etwas befehlen lassen,
das von Juden regiert wurde? Ein Katalog weiterer Anschuldigungen
folgte, nicht laut, aber klar und mit Nachdruck gesprochen. Er war so
nahe gekommen, dass unsere Gesichter sich beinahe berührten, und ich
roch den Schnaps in seinem Atem. ›Aber jetzt, mit Adolf Hitler, wird
alles anders‹, endete die Tirade. ›Den Namen kennen Sie ja wohl?‹«[1]
Aus dem Tagebuch eines britischen Reisenden, Dezember 1933

Am Morgen des 23. März 1933 erstreckte sich eine überdimensionale
Fahne quer über die Vorderfront der Krolloper unweit des Branden-
burger Tors. In der Mitte der Fahne prangte ein riesiges Hakenkreuz,
Symbol der Nazis.[2] Das Opernhaus diente als behelfsmäßiger Sitz
des Reichstags, des deutschen Parlaments, dessen gewohntes Domizil
vier Wochen zuvor durch Brandstiftung unbenutzbar geworden war.
Ans Rednerpult trat der neue deutsche Reichskanzler, ein gebürtiger
Österreicher, der am 30. Januar an die Macht gekommen war, nicht aufgrund einer Stimmenmehrheit bei den Wahlen, sondern weil er über
die brutalsten Schlägertrupps verfügte und Feind der Kommunisten

war. Das Gebäude, in dem er sogleich sprechen würde, wurde draußen von Heinrich Himmlers Geheimpolizei bewacht und drinnen von den Braunhemden der Sturmabteilung (SA), der paramilitärischen Kampforganisation, die bereits über mehr Männer verfügte als die Reichswehr. Adolf Hitler schlug zunächst einen ruhigen, beschwichtigenden Ton an. Der 43-jährige Mann mit dem markanten Schnurrbart appellierte an die Abgeordneten, ihm ihr Vertrauen zu schenken; er hoffte, damit zu erreichen, dass sie nicht zu genau darüber nachdachten, bevor sie ihrer eigenen Entmachtung zustimmten. Sein Ziel war die Billigung des Parlaments für ein Gesetz, das ihm ermöglichen würde, die Verfassung zu missachten, den Reichstag zu übergehen und mittels Verordnungen zu regieren. Seinen Zuhörern versicherte er, sie hätten nichts zu befürchten; seine Partei verfolge nicht die Absicht, die Institutionen zu untergraben. Sollten sie das Gesetz verabschieden, blieben das Parlament intakt, die Redefreiheit garantiert, die Rechte der Kirchen unangetastet, und die christlichen Werte würden wie stets in Ehren gehalten. Die vom »Gesetz zur Behebung der Not von Volk und Reich« erteilte Ermächtigung diene allein dazu, das Land vor seinen Feinden zu schützen. Es gebe keinen Grund zur Besorgnis: Die Abgeordneten könnten darauf vertrauen, dass die Nazis nach Treu und Glauben handelten.

Der Reichskanzler setzte sich, sodass auch die Sprecher der anderen Parteien zu Wort kamen. Die Katholiken, die Konservativen und die Zentrumspartei – eine Partei nach der anderen fügte sich und unterwarf sich Hitlers Ansinnen. Nur ein Redner, der Vorsitzende der Sozialdemokraten, widersprach und sagte, man könne ihnen Freiheit und Leben nehmen, die Ehre aber nicht. Daraufhin stürmte Hitler, jetzt nicht mehr den Versöhnler mimend, zurück auf die Rednertribüne. »Ich will auch gar nicht, dass Sie dafür stimmen!«, schrie er, an die Sozialdemokraten gewandt. »Meine Herren, der Stern Deutschlands wird aufgehen und Ihrer wird sinken ... auch Ihre Stunde hat geschlagen ...«[3]

Bei der Abstimmung erzielte das Ermächtigungsgesetz weit mehr als die erforderliche Mehrheit. Innerhalb weniger Wochen wurden die Parteien, die zugestimmt hatten, verboten und die Sozialdemokraten verhaftet. Das »Dritte Reich« hatte begonnen.

Adolf Hitler wurde am 20. April 1889 in Braunau am Inn an der Grenze zwischen Österreich und Bayern geboren. Der Sohn eines niederen Beamten und einer nachsichtigen Mutter war als Schüler mittelmäßig; einer seiner ehemaligen Lehrer beschrieb ihn als »widerborstig, eigenmächtig, rechthaberisch und jähzornig ... Er war auch nicht fleißig.«[4] Mit 16 Jahren verließ er die Schule ohne genaue Berufsvorstellungen. Er füllte Skizzenbücher mit architektonischen Zeichnungen, begeisterte sich für Wagner-Opern und bewarb sich erfolglos bei angesehenen Kunstschulen. Anfang 1910 zog Hitler in ein Männerwohnheim in Wien, verdingte sich als Gelegenheitsarbeiter, verkaufte für bescheidene Summen kleine Bilder und Aquarelle und las alles, was ihm in die Finger geriet. Seinem Erscheinungsbild nach war der junge Mann unattraktiv und unterernährt, er hatte weder eine akzeptable Unterkunft noch enge Freunde; in seinen eigenen Augen jedoch war Hitler ein Auserwählter, ein überlegenes Wesen. Seine Bekannten betrachteten ihn als realitätsfernen Fantasten, der sich leidenschaftlich für Politik interessierte und fast immer über die Dummheit anderer wütend war. Die Arbeiterklasse verachtete er, weil sie seiner Ansicht nach die Binsenweisheiten der Sozialisten und der Kirche geschluckt hatte. Auch für den Reichstag hatte er nur Geringschätzung übrig, da er angeblich nichts gegen die fatale Lage des Landes unternahm. Und er machte sich die damals weitverbreiteten Legenden über die Übeltaten und monströsen Verschwörungen der Juden zu eigen.

Hitler war 25 Jahre alt, als der Erste Weltkrieg begann. Voller Begeisterung meldete er sich als Freiwilliger bei der bayerischen Armee und nahm zuerst an der Flandernschlacht teil, wurde dann aber vier Jahre lang als Meldegänger zwischen dem Hauptquartier des Regiments und den Frontlinien eingesetzt. Im Unterschied zu vielen anderen Soldaten klagte er nicht über den Krieg, den er als Chance für das deutsche Volk ansah, seinen Heldenmut zu beweisen. Im Oktober 1916 wurde er am Bein verwundet, kehrte im Frühjahr darauf zum Dienst zurück und wurde zum Obergefreiten befördert. Im Sommer 1918 erblindete er vorübergehend durch einen Angriff mit Senfgas. Im November war seine Sehkraft wiederhergestellt, doch da folgte der Schock von Deutschlands Niederlage. Die Regierung in Berlin hatte bis zu jenem Herbst immer nur von Sieg gesprochen und von den großen Gewinnen, die nach Kriegsende zu erwarten seien. Stattdessen wurde das Schweigen der Kanonen von der Schmach der Kapitulation, den Kompensationsforderungen der Sieger, Gebietsverlusten und dem Ende der kaiserlichen Herrschaft begleitet. Für Hitler und viele andere Soldaten war dieser erschreckende und demütigende Ausgang nicht hinnehmbar. Der Krieg hatte die männliche Bevölkerung Deutschlands in der Altersspanne von 19 bis 22 Jahren um dramatische 35 Prozent dezimiert. Durch den Krieg und die Existenznot der Bevölkerung war das Land in seinen Grundfesten erschüttert. Nach Ansicht vieler aufgebrachter Überlebender hatte die schmachvolle Niederlage keine militärischen Ursachen: Deutschland sei vielmehr verraten worden, eine Verschwörung von raffgierigen Bürokraten, Bolschewiken, Bankiers und Juden habe der deutschen Armee hinterrücks einen tödlichen Dolchstoß versetzt.

Die Abdankung Wilhelms II. führte zur Errichtung einer Mehrparteiendemokratie; die erfolgte allerdings zu einem unheilvollen Zeitpunkt. Die junge Weimarer Republik mit ihrer entmutigten Bevölkerung sah sich einem misstrauischen Europa und einem gleichgültigen Amerika gegenüber. Als Regierung musste sie die Verantwortung für die harten Bedingungen des Versailler Vertrags tragen, unter denen Deutschland gezwungen war, die Kriegsschuld auf sich zu nehmen, umfänglich abzurüsten, Gebiete abzutreten und Reparationszahlungen zu leisten. Zudem wurden die Repräsentanten der Republik für die

Hyperinflation verantwortlich gemacht, die bald darauf einsetzte und die Ersparnisse der Mittelschicht weitgehend vernichtete. Wie in Italien mobilisierten nach Kriegsende die Gewerkschaften ihre Anhänger, es kam oftmals zu Streiks und Protesten, während Millionen Soldaten von der Front zurückkehrten, körperlich oder geistig versehrt, und um Arbeit bettelten, die es nicht gab. Das Gefühl der Entfremdung verstärkte sich noch durch das im 19. Jahrhundert von den Deutschen entwickelte Selbstbild als einer Nation mit göttlicher Mission und einem einzigartigen kulturellen Erbe. Sie waren doch die Überlegenen, oder etwa nicht? Aber jetzt hatten sie verloren.

Im Herbst 1919 trat Hitler der in Bayern agierenden Deutschen Arbeiterpartei bei, einer Gruppierung aufwieglerischer Nationalisten, die so klein war, dass Hitler sofort in den Führungskreis aufgenommen wurde. Obwohl in Wahrheit Mitglied Nummer 55, wurde er als »Parteigenosse Nummer 555« geführt, um eine höhere Mitgliederzahl vorzuspiegeln. Mit der Propaganda beauftragt, begann Hitler, öffentliche Versammlungen abzuhalten, und versuchte, neue Mitglieder mit einem Programm zu gewinnen, in dem die Aufhebung des Versailler Vertrags, die Vereinigung aller Deutschen, die Aberkennung der Staatsbürgerschaft von Juden und Umverteilungsmaßnahmen gefordert wurden, die sich gegen die Reichen richteten. Um auch für linksgerichtete Menschen attraktiv zu erscheinen, benannte sich die Bewegung in Nationalsozialistische Deutsche Arbeiterpartei um.

Schon früh schmiedete Hitler ein Bündnis mit dem Armeehauptmann Ernst Röhm, der der neuen Partei ehemalige Kriegsteilnehmer zuführte. Röhm bildete mit seinen Rekruten eine Miliz, die sogenannte Sturmabteilung, die vor allem als Schlägertruppe gegen linke Parteien in Erscheinung trat. Zudem bediente sich Röhm aus den Kassen der Armee und finanzierte mit den gestohlenen Geldern eine Zeitung. Das größte Ass der Partei jedoch war der Mann, den ihre Mitglieder als den »Trommler« bezeichneten, als ihre öffentliche Stimme.

Inzwischen Anfang dreißig, war Hitler zwar kein geschulter Redner, aber er konnte sein Publikum in Bann schlagen. Das Eiserne Kreuz, das ihm während des Krieges verliehen worden war, verschaffte ihm unerschütterliches Selbstvertrauen, und durch seine Zeit auf der Straße hatte er ein Gespür dafür entwickelt, wie man eine Zuhörerschaft fesselte – nicht durch abstrakte Theorien oder objektive Argumente. Er verwendete einfache Begriffe und scheute nicht davor zurück, Dinge auszusprechen, die er später als »frechste Lügen« bezeichnete.[5] Er versuchte, den Hass auf jene zu schüren, die er als Verräter ansah – die »Novemberverbrecher«, deren Verrat Deutschland den Sieg gekostet habe; und immerzu griff er das auf, was Nietzsche als die Weltanschauung der »Zu-kurz-Gekommenen«[6] bezeichnet hatte: den Antisemitismus.

Bei seinen Reden auf öffentlichen Plätzen, in Bierkellern und Zirkuszelten verwendete Hitler immer wieder dieselben Schlagworte – *zerschmettern, zerstören, vernichten, töten.* Typisch für seine Rhetorik war, dass er sich heftig mit den Armen fuchtelnd in Rage redete, den Feinden der Nation brüllend seinen Zorn verkündete, um sodann abrupt in ruhigem Ton eine neue Ära der deutschen Vormachtstellung auszumalen. Nach und nach wuchs die Mitgliederzahl der Partei, und auch das Spektakelhafte ihres Auftretens nahm zu. So übernahmen die Nazis den von den italienischen Faschisten eingeführten Gruß mit steif erhobenem Arm und begannen – als weitere Verneigung vor Mussolini –, braune Hemden zu tragen. Sie veranstalteten Massenkundgebungen, auf denen Röhms immer weiter anwachsenden Schlägertrupps eine Atmosphäre der Einschüchterung verbreiteten. Hitler selbst entwarf eine Fahne in den Farben der alten deutschen Republik. »Als nationale Sozialisten«, schrieb er, »sehen wir in unserer Flagge unser Programm. Im Rot sehen wir den sozialen Gedanken unserer Bewegung, im Weiß den nationalistischen, im Hakenkreuz die Mission des Kampfes für den Sieg des arischen Menschen …«[7] Diese Maßnahmen zahlten sich aus: Die NSDAP zeigte allmählich Präsenz, aber inmitten des Chaos der frühen Zwanzigerjahre nahmen nur wenige davon wirklich Notiz.

Im November 1923 gewann Hitlers Ungeduld die Oberhand über sein Urteilsvermögen, und so versuchte er, Mussolinis bereits legendären Marsch auf Rom zu kopieren. Es war ein närrischer Plan. Die Nazis hofften, einen deutschlandweiten Putsch zu initiieren, indem sie in Bayern die Regierungsgewalt an sich rissen. Damit dies gelingen konnte, benötigten sie jedoch die Unterstützung der Reichswehr, die sie nicht erhielten. Die Rädelsführer wurden verhaftet, womit der beabsichtigte Staatsstreich gescheitert war. Unter den Verschwörern war allein Hitler so dreist zu gestehen, dass er die Regierung hatte stürzen wollen. Bei seinem ersten Auftritt auf der nationalen Bühne forderte er eine nationale Erhebung zur Säuberung von ganz Deutschland und erklärte dem Gericht, er habe keine andere Wahl, als seiner Bestimmung zu folgen: Ein Mann, der »sich berufen fühlt, ein Volk zu regieren … hat die Pflicht, das zu tun«.[8] Hitler wurde zu fünf Jahren Festungshaft verurteilt, aber bereits nach 13 Monaten, die er produktiv nutzte, auf Bewährung entlassen. Der Titel des Manuskripts, das er beim Verlassen des Gefängnisses unter dem Arm trug, lautete *Viereinhalb Jahre Kampf gegen Lüge, Dummheit und Feigheit*, später von seinem Verleger umgetitelt zu Band eins von *Mein Kampf.*

Der gescheiterte Putsch befeuerte noch Hitlers Entschlossenheit, aber er ging von nun an vorsichtiger zu Werke und verlegte sich auf die »Taktik der Legalität«,[9] die ihm nunmehr zur Macht verhelfen sollte. Dies schloss die Anwendung von Gewalt nicht kategorisch aus, erforderte aber mehr: eine deutschlandweite politische Organisation. Somit machten sich die Nazis daran, ihre Basis zu verbreitern. Bereits 1929 verfügten sie über Tages- und Wochenzeitungen, und sie hatten eigene Parteiformationen für Jugendliche, Frauen, Lehrer, Rechtsanwälte und Ärzte. Um den Fanatismus seiner Anhänger anzustacheln, beschimpfte Hitler unablässig die Regierung, dass sie Kriegsreparationen zahle – in seinen Augen ein feiges Eingeständnis nationaler Schuld. Den Briten und Franzosen warf er vor, sie hätten sich verschworen, alles zu tun, damit Deutschland arm und schwach bleibe. Die führenden politischen Parteien beschuldigte er, sie würden die Nöte des gemeinen Volkes missachten. Und vor allem attackierte er aufs Heftigste die Kommunisten – eine Strategie, durch die er Freunde in der Finanzwelt gewann und die ihm eine vorteilhafte Berichterstattung in einigen der größten Zeitungen des Landes eintrug.

Doch als sich die Zwanzigerjahre ihrem turbulenten Ende entgegenneigten, waren die Nazis immer noch eine unbedeutende Partei und auf spektakuläre Geschehnisse angewiesen. Gute Nachrichten waren für sie schlechte Nachrichten. Die Wirtschaft begann, sich zu erholen, die Inflation war eingedämmt. Die Deutschen sahen nunmehr etwas optimistischer in die Zukunft und waren daher weniger an dem Allheilmittel interessiert, das Hitler ihnen verkaufen wollte.

Mit dem plötzlichen Ausbruch der Weltwirtschaftskrise geriet Deutschland jedoch ins Straucheln. Da alles überschüssige Kapital für Kriegsreparationen bereitgestellt werden musste, waren die nationalen Investitionen durch Schuldenaufnahme finanziert worden. Jetzt mussten die Kredite zurückgezahlt werden, und neue standen nicht mehr zur Verfügung. Die Weltmärkte brachen ein, und die Exporte schrumpften. Dadurch sank die Produktion, und die Arbeitslosenquote vervierfachte sich. Während Geschäfte schließen mussten, erlebten die Pfandhäuser eine Blüte. Die Repräsentanten der traditionellen politischen Parteien taten wenig, außer sich zu streiten, was den Reichstag lähmte. Daran änderte auch eine Reihe von Wahlen nichts. In dieser wuterfüllten Zeit fand ein wuterfüllter Mann, der künftige Führer, endlich sein Publikum. Als Deutschland wieder einmal am Boden lag, bot er sich als Megafon für dessen Elend an. Er drosch erneut auf die sogenannten Novemberverbrecher ein und verkündete, die Zeit sei gekommen für eine neue Generation furchtloser Deutscher, angeführt von einer Partei, die Deutschlands Bestimmung erfüllen, das Volk erheben und seine Feinde zerschmettern werde.

Im September 1930 gingen die unzufriedenen Wähler wieder einmal und mit großem Unmut zu den Urnen. Dieses Mal fiel das Ergebnis anders aus. Der Stimmenanteil für die Nazis stieg stark an, und die Zahl ihrer Reichstagsmandate erhöhte sich beträchtlich, nachdem Hitler vor allem bei Frauen, kleinen Geschäftsleuten, Bauern und jungen Wählern beeindruckende Gewinne erzielt hatte. Über Nacht war aus der neuntgrößten Partei die zweitgrößte geworden, hinter den Sozialdemokraten. Auch die Kommunisten schnitten gut ab, sodass die extremistischen Parteien die Bastionen der Demokratie von beiden Seiten bestürmten und die politische Mitte zu einer Insel schrumpfte, auf der sich nur noch gottesfürchtige Aristokraten und verunsicherte Liberale aufhielten.

Der mit seinem gravitätischen Erscheinungsbild Achtung gebietende Paul von Hindenburg, Präsident der Republik, war ein weithin verehrter früherer Kriegsheld, jedoch kein Freund demokratischer Verhältnisse. Der greise General war zum ersten Mal 1866 für sein Land in den Kampf gezogen, in einem längst vergessenen Krieg gegen Österreich-Ungarn. In seiner Glanzzeit galt er als Inbegriff der preußischen Offizierskaste, dem Kaiser und der Fahne treu ergeben, mit keinem höheren Trachten als der Pflichterfüllung und keiner größeren Furcht als der vor einem gesellschaftlichen und politischen Wandel. Als politische Figur in der Weimarer Republik schien er wie aus der Zeit gefallen, ohne die erforderliche politische Eignung und unfähig, die Tragweite aktueller Geschehnisse zu erkennen. Der Reichspräsident verfügte auch nicht über kompetente Berater; seine Mitarbeiter klammerten sich an ihre Posten wie an Rettungswesten und versuchten, einander im Kampf um die besten Plätze auf einem sinkenden Schiff auszustechen.

Zwei Jahre später, im Juli 1932, ließ sich der alte Mann überreden, noch einmal zur Wiederwahl anzutreten. Er gewann erwartungsgemäß gegen seinen Konkurrenten Hitler, aber da die Weltwirtschaftskrise das Land immer noch beutelte, legten die Nazis bei den Wahlen weiter zu und errangen 230 Sitze im Reichstag, 100 Sitze mehr als die zweitstärkste Partei, die SPD. Ein erschütterter Hindenburg forderte Hitler auf, einer Koalitionsregierung beizutreten, doch der Emporkömmling verlangte vollständige Exekutivgewalt, was der Reichspräsident entschieden ablehnte. Dadurch wurden ein weiteres Mal Neuwahlen nötig. Im November verloren die Nazis zwar Stimmen, gewannen aber dennoch genügend Sitze, um ihre Forderungen geltend zu machen. Da es außer Frage stand, die Kommunisten in eine Koalition einzubinden, sah Hindenburg sich vor die Entscheidung gestellt, entweder Hitler als Reichskanzler zu akzeptieren oder erneut Wahlen auszurufen, ohne große Hoffnung auf ein eindeutiges Ergebnis. Hindenburgs Berater waren uneins darüber, was zu tun sei, aber sein Sohn Oskar, ein Sympathisant der Nazis und ebenfalls korrupt, machte sich für den unbeherrschten Österreicher stark. So ernannte Hindenburg am 30. Januar 1933 Hitler zum Reichskanzler. Wie Mussolini ein Jahrzehnt zuvor, erhielt Hitler die Schlüssel zur Macht von einem alten Mann, der meinte, keine bessere Option zu haben – und wie der Duce erlangte er das mächtigste Staatsamt, ohne in einer Wahl die Mehrheit erzielt zu haben, aber dennoch auf verfassungsgemäße Weise. Der neue Reichskanzler feierte diesen historischen Einschnitt als »legale Revolution«.[10]

Das politische Establishment des Landes – die Wirtschaftselite, das Militär und die Kirche – hatte die Nazis ursprünglich als eine Bande großmäuliger Schläger abgetan, die niemals auf eine breite Zustimmung stoßen würde. Im Lauf der Zeit jedoch erschien ihnen die Partei als ein Bollwerk gegen den Kommunismus durchaus nützlich, mehr aber nicht. Was Hitler betraf, hegten sie längst nicht so große Befürchtungen, wie es angemessen gewesen wäre. Sie unterschätzten ihn aufgrund seiner mangelnden Bildung und ließen sich durch seine Versuche, charmant zu wirken, einnehmen. Er lächelte, wenn es nötig war, und beantwortete sorgsam ihre Fragen mit beruhigenden Lügen. Nach Ansicht der alten Garde war dieser politische Stümper seinen Aufgaben nicht gewachsen und würde sich vermutlich in der Bevölkerung nicht lange breiter Beliebtheit erfreuen. Sie schätzten Hitler völlig falsch ein; der neue Reichskanzler jedoch wusste genau, was er von ihnen zu halten hatte. »Die Reaktion glaubt, mich an die Kette gelegt zu haben«, vertraute er im Februar 1933 einem Gefolgsmann an. »Sie werden mir Fallen stellen, wo sie können ... Unsere Chance ist, dass wir schneller handeln als sie. Und wir kennen keine Rücksicht. Ich habe keine bürgerlichen Bedenken! ... Sie halten mich für ungebildet, für einen Barbaren. Ja, wir sind Barbaren. Wir *wollen* es sein. Es ist ein Ehrentitel.«[11]

Gestärkt durch das Ermächtigungsgesetz setzte Hitler einen politischen Blitzkrieg in Gang und vernichtete, was in Deutschland von der Demokratie noch übrig war. Den Anfang machten die Beschneidung des Versammlungsrechts und die Ersetzung der Ministerpräsidenten der Länder durch Nazis. Hitler schickte die SA-Schläger los, um politische Gegner zu terrorisieren und wenn nötig in die neu geschaffenen Konzentrationslager zu verschleppen. Er entledigte sich der Gewerkschaften, indem er den 1. Mai 1933 zum nationalen Feiertag erklärte und am 2. Mai sämtliche Gewerkschaftshäuser im Land besetzen ließ. Wer als Beamter nicht loyal zum Regime stand, verlor seine Stellung, und per Verordnung wurde Juden die Ausübung ihrer Berufe untersagt. Die Theater, das Musikwesen und der Rundfunk unterstanden von nun an der Kontrolle durch Joseph Goebbels, der auch dafür sorgte, dass nicht genehme Journalisten ihres Postens enthoben wurden. Zur Absicherung der neuen Ordnung ließ Hitler die politischen, geheimdienstlichen und polizeilichen Funktionen in einer neuen Behörde zusammenfassen, der Gestapo.

Die Revolution der Nazis fand in atemberaubendem Tempo statt, aber manchen Parteimitgliedern ging sie nicht schnell genug voran. Hunderttausende waren der Partei in der Erwartung beigetreten, dass es sich umgehend für sie bezahlt machte. In den Städten hieß das, Arbeit zu bekommen; auf dem Land erwartete man eine Bodenreform. Die auf eine riesige Zahl angewachsene SA brannte darauf, die Reichswehr als reguläre Armee zu ersetzen. Hitler jedoch sah sich nicht als Diener seiner Anhänger. Sein Ziel war die Wiederherstellung der nationalen Macht Deutschlands, und dafür benötigte er die Fähigkeiten und die Erfahrung von Menschen außerhalb der Partei. Er beabsichtigte keineswegs, große landwirtschaftliche Unternehmen zu zerschlagen, Schlüsselindustrien zu verstaatlichen oder sich auf einen Kampf mit der Militärführung einzulassen. Stattdessen versuchte er durch persönliche Diplomatie, soweit sie ihm zu Gebote stand, und durch das von ihm erzeugte Klima der Angst, die Disziplin innerhalb der Partei aufrechtzuerhalten. Im Allgemeinen gelang ihm das auch – bis auf eine bedeutende Ausnahme.

Die Nazis hatten die SA geschaffen, um über eine Kampftruppe zu verfügen, die ihnen die Hindernisse auf dem Weg zur Macht wegräumen sollte. Als nun die Ziellinie überschritten war, hatte die SA keine Aufgabenstellung mehr, und in der Parteiführung gab es Pläne, sie zu verkleinern. Anstatt dies hinzunehmen, begehrte der Stabschef der SA, Ernst Röhm, dagegen auf mit der Begründung, es gebe noch viel mehr verlockende Angriffsziele, darunter Unternehmen, den Großgrundbesitz und jedes Hab und Gut, auf das es die SA abgesehen hatte. Nach Röhms Auffassung benötigte eine revolutionäre Bewegung eine revolutionäre Armee, und diese würde alles an sich reißen, was ihr über den Weg liefe. Hitler versuchte, seinen alten Freund davon abzubringen, aber Röhm blieb unnachgiebig und stockte sogar noch seine Verbände in der Reichshauptstadt auf – eine unmissverständliche Drohgebärde.

Am 4. Juni 1934 trafen Hitler und Röhm erneut zusammen. Der Führer schlug äußerst einschmeichlerisch eine Beruhigungsfrist von einem Monat vor; in dieser Zeit sollte die gesamte SA in Urlaub gehen. Sämtliche endgültige Entscheidungen würden erst danach getroffen. Röhm, der es eigentlich besser hätte wissen sollen, stimmte zu und ließ seine Garde abziehen. Am 30. Juni verhaftete ihn die Gestapo, gemeinsam mit mehreren Hundert angeblichen Mitverschwörern. Röhm erhielt einen Revolver mit nur einer Kugel ausgehändigt, und man gab ihm zehn Minuten Zeit, Selbstmord zu verüben. Trotzig erwiderte er: »Wenn ich schon umgebracht werden soll, dann soll Adolf es selbst tun.«[12] Nach Ablauf der Frist erschossen zwei von Hitlers Handlangern den SA-Chef, der im Sterben angeblich »Mein Führer, mein Führer« röchelte.

Durch die Operation Kolibri, auch bekannt als die »Nacht der langen Messer«, war die SA als Gefahr für die Reichswehr ausgeschaltet. Dies sicherte Hitlers enge Verbindungen zur Militärführung und ebnete ihm den Weg als Nachfolger Hindenburgs, als der betagte Reichspräsident kurze Zeit später starb. Hitler ging aus der Krise als Regierungschef, Staatschef und Oberkommandierender der Reichswehr hervor. Die Armee musste nun den Treueeid nicht mehr auf das Land oder die Verfassung schwören, sondern auf den Führer persönlich.

Der Anspruch Hitlers auf seine Sonderstellung beruhte nicht auf der Einzigartigkeit seiner Absichten, sondern auf seiner außergewöhnlichen Entschlossenheit, krude Pläne Realität werden zu lassen. Wo andere zögerten oder sich von moralischen Skrupeln hemmen ließen, bevorzugte er zu handeln und betrachtete emotionale Härte als unabdingbar. Schon von Beginn seiner Karriere an verstand er sich sehr gut darauf, die Erwartungen eines Publikums zu erspüren und seine Botschaft entsprechend anzupassen. Gegenüber Leuten, die ihm nahestanden, gab er dies offen zu. Die meisten Menschen würden sich innig wünschen, an etwas zu glauben, sagte er, aber seien geistig nicht in der Lage, darüber nachzusinnen, was dieses Objekt des Glaubens sein könnte. Deshalb sei es die richtige Methode, Themen auf griffige Schlagworte zu reduzieren und die Zuhörer zu dem Gedanken zu verführen, dass hinter den vielen Ursachen ihrer Probleme ein einziger Feind stecke. »Es gibt … nur zwei Möglichkeiten«, erklärte er, »entweder den Sieg der arischen Seite oder deren Vernichtung und den Sieg der Juden.«

Hitlers Instinkte sagten ihm, dass seine Landsleute sich einen Mann wünschten, der ihrer Wut Ausdruck verlieh, ihre Ängste verstand und ihnen Teilhabe an einer mitreißenden und gerechten Sache bot. Er war erfreut und keineswegs bestürzt über die Entrüstung, die seine Reden im Ausland hervorriefen. Seine Anhänger wollten ihn als eine umstrittene Person sehen, so dachte er, weil sie darauf brannten, dass er seine Verachtung gegenüber jenen demonstrierte, die ihn zum Schweigen bringen wollten. Das Bild eines tapferen Streiters, der mächtigen Feinden die Stirn bietet, ist ungeheuer ansprechend. So konnte Hitler selbst seine gnadenlose Verfolgung wehrloser Menschen wie Selbstverteidigung aussehen lassen.

Das äußere Erscheinungsbild des Reichskanzlers mit seiner durchschnittlichen Körpergröße, dem dunklen Haar und der unsportlichen Figur – somit in Widerspruch zum arischen Ideal – mag zu seinem Rückhalt in der Bevölkerung noch beigetragen haben. Er bezeichnete sich selbst als wahren Vertreter des Volkes, als einen Arbeiter, einen Kriegsveteranen, ohne Bankkonto, Einkünfte aus Dividenden oder herrschaftliches Haus. »Meine Arbeiter!«, erklärte er. »Sie müssen in mir den Garanten sehen. Ich bin aus dem Volk hervorgegangen. Für dieses deutsche Volk habe ich zeit meines Lebens gekämpft ...«[13]

Die Menschen im »Dritten Reich« wurden ununterbrochen einer Propagandaflut ausgesetzt, sei es am Arbeitsplatz, auf öffentlichen Kundgebungen oder im sich rasch entwickelnden neuen Medium des Rundfunks. Hitler war der erste Diktator, der über die Möglichkeit verfügte, zeitgleich zu 80 Millionen Menschen zu sprechen. Das Radio war das Internet der Dreißigerjahre, aber als Kommunikationsmittel, das nur in die eine Richtung sendet, war es leichter zu kontrollieren. Nie zuvor hatte es ein so wirksames Werkzeug zur Manipulation des Denkens gegeben. Eine Zeit lang wurden Hitlers große Reden weltweit aufmerksam verfolgt. In den Schulen Nazi-Deutschlands galt *Mein Kampf* als heiliger Text. »Wir studierten das Buch wie eine Bibel. Hass war unser Glaubensbekenntnis«, erinnerte sich ein ehemaliger Schüler.[14]

Heutige Experten betonen, wie wichtig Authentizität in der Politik sei. Hitler verbreitete schamlos Lügen über sich und seine Feinde. Er überzeugte Millionen Frauen und Männer davon, dass er für sie sorge, während er sie in Wahrheit mit Freuden geopfert hätte. Sein mörderischer Ehrgeiz, sein erklärter Rassismus und seine extreme Unmoral verbargen sich hinter einer hauchdünnen Maske. Dennoch fühlten sich Millionen Deutsche von Hitler angezogen, eben weil er authentisch wirkte. Sie schrien freudigen Herzens »Sieg Heil!«, weil sie meinten, eine bessere Welt zu erschaffen. Und sie waren nicht die Einzigen, die sich täuschen ließen. 1935 schrieb Winston Churchill:

Wer Herrn Hitler persönlich bei einem geschäftlichen oder gesellschaftlichen Anlass kennengelernt hat, ist einem höchst kompetenten, ruhigen, gut informierten Funktionär mit angenehmen Umgangsformen und einem entwaffnenden Lächeln begegnet, und nur wenige blieben von seiner unterschwelligen persönlichen Anziehungskraft unberührt. Und dieser Eindruck beruht nicht nur auf der Blendwirkung der Macht. Er bediente sich ihrer gegenüber seinen Weggefährten in jeder Phase seines Kampfes, selbst wenn sein Glück ihn verlassen zu haben schien. Man mag Hitlers System ablehnen und dennoch seine patriotischen Leistungen bewundern. Sollte unser Land einmal daniederliegen, so hoffe ich, wir fänden einen derart unbeugsamen Verteidiger, der unseren Mut wieder aufrichtet und uns an unseren Platz im Reigen der Nationen zurückführt.[15]

Hitler war klug genug, die Wirtschaft unangetastet zu lassen. In den ersten beiden Jahren seiner Herrschaft begannen sich die negativen Folgen der Weltwirtschaftskrise abzuschwächen, und die Arbeitslosenrate sank auf die Hälfte. Durch den ökonomischen Aufschwung entstanden drei Millionen neue Stellen, wobei die Rüstungsindustrie den Ausschlag gab. Dieser Zeitpunkt war entscheidend, weil die deutsche Militärmacht sonst womöglich noch weiter geschrumpft wäre. Das Land verfügte praktisch über keine Luftwaffe und keine Marine, und der Armee mangelte es an zeitgemäßer Ausstattung. Worüber sie jedoch verfügte, war ein Oberbefehlshaber, dem die Notwendigkeit der Kriegsvorbereitung voll bewusst war, denn er war fest entschlossen, genau einen solchen Konflikt herbeizuführen. Während die Briten und Franzosen zögerten, für einen möglichen Krieg, den sie zu vermeiden hofften, Geld zu investieren, betrieb Deutschland halb im Verborgenen eine massive Aufrüstung. Jahrelang hatte Hitler beteuert, seine Absichten seien ausschließlich friedlicher Art und er wolle nur einen Ausgleich schaffen für die ungerechte Behandlung, die Deutschland erfahren habe. Wenn er aggressive Schritte unternahm, etwa bei der Remilitarisierung des Rheinlands 1936, betonte er, keine weitergehenden Absichten zu verfolgen, denn mit dieser Aktion sei Deutschlands Bedürfnis nach Gerechtigkeit zufriedengestellt. Doch es gab immer einen nächsten Schritt.

Hitler war nicht gewillt, sich aufhalten zu lassen. Er rief seine Anhänger dazu auf, zu erwachen und sich zu erheben, »dann wird ... jenes große Deutsche Reich erstehen, von dem einst ein Dichter träumte ...«.[16] Er hatte genügend philosophische Schriften gelesen, um sich die Idee zu eigen zu machen, dass weltgeschichtlich bedeutsame Persönlichkeiten, Herren des Schicksals und Übermenschen ein ganzes Zeitalter durch die majestätische Kraft ihres Willens zu formen imstande seien. Im Grunde seines Wesens war er überzeugt, einer von diesen zu sein, und in ganz Europa sah er nur einen, der ihm gleichkam.

4

»Herz verschließen gegen Mitleid«

1940 brachte Charlie Chaplin seinen ersten Tonfilm in die Kinos, *Der große Diktator.* Darin spielt der unvergleichliche Chaplin die Doppelrolle eines jüdischen Friseurs und des selbstherrlichen Anton Hynkel, Diktator eines fiktiven Landes in Mitteleuropa. Chaplin und Hitler, deren Geburtsdaten nur vier Tage auseinanderliegen, gehörten einmal zu den berühmtesten Personen weltweit und ähnelten sich in Körpergröße, Statur und der zahnbürstenartigen Form ihres Schnurbarts.[1] Im Film kommt Benzino Napoloni, der Diktator eines Nachbarlandes, zu Hynkel zu Besuch, um sich über Kriegspläne auszutauschen. Wie zwei Clowns sitzen sie in einem Friseurladen, Seite an Seite, und beide verändern ständig hektisch die Sitzhöhe ihres Sessels, um auf den anderen herabschauen zu können.

Hitler und Mussolini trafen mehr als ein Dutzend Mal zusammen. Beide hatten eine völlig irreale Vorstellung ihrer persönlichen historischen Bestimmung und eine unstillbare Wut auf die Welt, die vermeintlich in ihrer Jugend ihre Talente nicht gewürdigt hatte. Beiden waren gebildete und kultivierte Menschen zuwider, und beide waren Faschisten – Hitler in der spezifisch deutschen Ausprägung des Nationalsozialismus. Während seines politischen Aufstiegs betrachtete Hitler den Machthaber aus dem Süden als Wegbereiter, dem er nacheiferte. Der Duce seinerseits schenkte Hitler anfangs wenig Beachtung; als er ihn schließlich kennenlernte, hielt er ihn für einen potenziell nützlichen *buffone,* einen Hanswurst.[2]

Mussolini lehnte Hitlers Rassentheorien ab, die er im Privaten als »dumm, barbarisch und einer Nation unwürdig« bezeichnete.[3] Als

Italiener hatte er wenig Grund, vom Mythos einer nordischen Herren-
rasse zu schwärmen. Auch hatten ihn bereits zu Beginn seiner politischen Laufbahn jüdische Zeitungsverleger als einen der größten christ-
lichen Verteidiger ihres Volkes gepriesen. Das 20. Jahrhundert hätte einen völlig anderen Verlauf genommen,
hätte sich Italien auch im Zweiten Weltkrieg an die Seite Frankreichs
und Großbritanniens gestellt. Unglücklicherweise war Mussolini auf
die ehemaligen Bündnispartner aus dem Ersten Weltkrieg nicht gut zu
sprechen, die seiner Ansicht nach auf ihn wie auf einen ungehobelten
armen Verwandten hinabsahen. Der entscheidende Bruch fand 1935
statt, als der Völkerbund wegen der italienischen Invasion in Äthiopien
Wirtschaftssanktionen gegen Rom verhängte. Mussolini rechnete es den
führenden imperialen Mächten Europas als Heuchelei an, sein Land dafür zu bestrafen, dass es sich wie sie ein Imperium erschaffen wollte.

Hitler gefiel an Mussolini auch, dass er eine ähnlich machohafte
Rhetorik der Waghalsigkeit, des Nationalismus, des Antikommunismus und der Kriegsbegeisterung favorisierte. In *Mein Kampf* spricht
der Deutsche in höchsten Tönen von dem »großen Mann südlich der
Alpen, der in heißer Liebe zu seinem Volke mit den inneren Feinden
Italiens nicht paktierte«.[4] Viele Taktiken, zu denen Hitler zur Erlan-
gung und Festigung seiner Macht griff, hatte Mussolini schon vor
ihm erprobt: den Einsatz von Schlägertrupps, die Einschüchterung
des Parlaments, die Stärkung und den anschließenden Missbrauch der
Amtsbefugnisse, die Unterwerfung der Beamtenschaft, spektakelhafte
öffentliche Auftritte und das Beharren darauf, dass das Oberhaupt, sei
es der Führer oder der Duce, niemals irrt.

Hitler und Mussolini hatten Phasen echter Kollegialität, und Hitlers
Bewunderung für die frühen Triumphe des italienischen Diktators ließ
nie nach. Aber Chaplin hielt ihnen in seiner Satire den Spiegel der
Wahrheit vor. Die beiden Führer und die Länder, die sie repräsentierten,
passten nicht zusammen. Ein Scherzbold im diplomatischen Dienst
hätte das Drehbuch für den ersten Italienbesuch des Reichskanzlers in

Venedig im Juni 1934 nicht besser schreiben können. Die Unstimmigkeiten begannen bereits am Flughafen, wo Hitler, gehüllt in einen kakifarbenen Regenmantel, wie ein Handelsvertreter aus der Maschine stieg, während Mussolini ihn in schneidiger Uniform begrüßte. Zunächst versuchte Mussolini, ohne Dolmetscher auszukommen, und verstand daher vieles nicht von Hitlers schier endloser Suada. Am folgenden Morgen traf Mussolini zu einer Parade dreißig Minuten zu spät ein und hielt dann auf der Piazza San Marco eine Rede, in der er Hitlers Anwesenheit kaum der Erwähnung wert befand. Beim Mittagessen gab ein boshafter Koch Salz in den Kaffee des Führers. Dieser wiederum nutzte eine Bootstour am Nachmittag, um rassistisch über die Minderwertigkeit der Völker des Mittelmeers zu schwadronieren. Mitten im abendlichen Empfang verließ Mussolini die Gesellschaft und verglich später, bei einer gezielten Indiskretion gegenüber Journalisten, seinen deutschen Gast mit Dschingis Khan. Hitler wiederum bezeichnete den italienischen Monarchen Vittorio Emanuele als »König Nussknacker«.

Im Lauf der Zeit verbesserte sich das persönliche Verhältnis zwar, aber nicht grundlegend. Hitler war von Italien als Verbündetem enttäuscht, und Mussolini zeigte sich entnervt, wenn sein deutscher Partner bei Verhandlungen wie mit dem Maschinengewehr Statistiken herunterratterte und unfähig schien, auch nur einmal den Mund zu halten. Der Schwiegersohn des Duce notierte hierzu: »Hitler spricht und spricht und spricht. Mussolini, der gewöhnt ist, selber zu sprechen, und nun eigentlich die ganze Zeit über schweigen muss, leidet.«[5] Nach einem ihrer Treffen mussten die beiden in der Maschine des Führers nach Berlin fliegen. Sobald sie in der Luft waren, rächte sich Mussolini, indem er zu Hitlers blankem Entsetzen darauf bestand, das Flugzeug selbst zu steuern.

Am deutlichsten hatte der italienische Faschismus seine Fratze bereits vor der Machtübernahme der Partei gezeigt, als die bewaffneten *squadri* schätzungsweise 2000 linksgerichtete Gegner umbrachten, und in Äthiopien, wo die faschistischen Besatzungstruppen brutal und hemmungslos wüteten. Andererseits sah Mussolini, nachdem er Staatschef geworden war, keine Veranlassung für eine innerstaatliche Säuberung der Art, wie Hitler sie angeordnet hatte. Trotz all seiner martialischen Äußerungen konnte man selbst Mussolini schockieren. Als Hitler 1934 während des inszenierten sogenannten Röhm-Putsches die Ermordung von etwa hundert altgedienten Anhängern befahl, war Mussolini entgeistert über eine solche Grausamkeit gegenüber ehemaligen Freunden. Wenig später schoss ein Mordkommando der Nazis in Wien dem österreichischen Bundeskanzler Dollfuß in den Hals und sah drei Stunden lang zu, bis er auf einem Sofa verblutet war. Genau zu dieser Zeit hielt sich die Frau des Bundeskanzlers mit ihren beiden kleinen Kindern als Gast des Duce in einer Villa an der Adria auf, unweit Mussolinis eigenem Domizil. Der Duce ließ es sich nicht nehmen, der Witwe die traurige Nachricht vom Mord an ihrem Mann persönlich in gebrochenem Deutsch zu überbringen.

Mussolini hatte seinen Aufstieg bis an die Spitze der Macht zu einem guten Teil seinem Ego zu verdanken, aber ganz oben angekommen, ließ es ihn im Stich. Er vertraute seinen Instinkten so sehr und schenkte seinen eigenen Verlautbarungen derart Glauben, dass er es für überflüssig erachtete, sich soliden Rat zu suchen oder solchen zu beherzigen. Während seiner Herrschaft übernahm er lange Jahre die wichtigsten Kabinettsposten selbst, manchmal bis zu sechs Ministerien gleichzeitig. Anders als Hitler, der den Großteil der schwierigen Aufgaben anderen überließ, bildete sich Mussolini viel auf seine Regierungskünste ein. Sie waren allerdings viel geringer, als er glaubte.

Bezeichnend war vor allem sein Versagen bei der Vorbereitung auf künftige Entwicklungen. Nichts motivierte ihn mehr als die Erwartung, dass sich sein Land in einem Konflikt glorreich beweisen würde. »Der Krieg ist für den Mann, was die Mutterschaft für die Frau ist«, lautete eine seiner Lieblingsphrasen.[6] Mit hocherhobener Faust beschwor er seine Landsleute, es den edlen Römern gleichzutun: die Feinde zu hassen, sich für den Kampf zu stählen und das eigene Leben der Nation zum Opfer darzubieten.

In seiner selbst erwählten Rolle als Cäsar betrachtete er die Eroberung Äthiopiens als vielversprechenden Beginn; und im März 1938 gab er seiner Luftwaffe Befehl, zur Unterstützung von General Francisco Franco und dem rechtsgerichteten Militär im Spanischen Bürgerkrieg Barcelona zu bombardieren. Zwei schreckliche Tage lang gingen auf die unverteidigten Straßen der katalanischen Hauptstadt neu entwickelte Bomben mit hoher Explosivkraft nieder, zertrümmerten Straßenbahnen und Busse, legten Wohnhäuser in Schutt und Asche und rissen Menschen regelrecht in Stücke, sodass die Rettungskräfte die Körperteile, die sie auf den blutüberströmten Straßen auflasen, nur in Körben abtransportieren konnten. Mussolini jubelte, nun sei die Zeit gekommen, dass die Italiener »die Welt durch ihre Aggressivität in Angst und Schrecken versetzen … anstatt sie mit ihren Gitarren zu bezaubern«. Auch hoffte er, dadurch die Deutschen zu beeindrucken, die, wie er sagte, »den totalen, gnadenlosen Krieg lieben«.[7] Falls es sein Ziel gewesen war, Entsetzen zu verbreiten, hatte er es erreicht. Schließlich forderte der Papst die Einstellung der Bombardierung. Als bereits mehr als 1300 Opfer zu beklagen waren, schloss sich Franco dem Aufruf des katholischen Oberhaupts an. Und selbst Hitler verlangte ein Ende dieser Angriffe.

Wehrlose Menschen zu bombardieren war einfach, aber zu einem modernen Krieg gegen einen gerüsteten Feind war Italien nach 15 Jahren faschistischer Herrschaft nicht in der Lage. Dem Land fehlte es an Soldaten, Flugzeugen, Schiffen, Waffen und sogar Uniformen. Im Unterschied zu Deutschland oder der Tschechoslowakei hatte Italien nie über eine nennenswerte heimische Rüstungsindustrie verfügt. Mussolini versprach seinem Volk wirtschaftliche Autarkie, aber sein Land blieb vom Import von Kohle und Düngemitteln abhängig, und die Schlagkraft der Marine war zu gering, um die italienischen Schiffe und Häfen zu schützen. Nach Berechnungen des Ministeriums für Kriegsproduktion war Italien durchaus in der Lage, Kriegsbereitschaft zu erreichen – aber erst im Jahr 1949. Mussolini wusste all das, zog es aber vor, an seine eigene Wahrheit zu glauben. Er prahlte so gern mit der hohen Zahl der verfügbaren Armeedivisionen, dass er sie durch Teilung verdoppelte und dies dann vergaß. Obwohl die Bevölkerung um zwanzig Prozent angewachsen war, konnte das Land im Zweiten Weltkrieg weniger Truppen mobilisieren als im Ersten.

Als Deutschland und Italien 1939 einen Verteidigungspakt schlossen, drängte Mussolini Hitler, mit dem Beginn eines Krieges noch einige Jahre zu warten. Der Führer hatte jedoch anderes im Sinn. Am 22. August schwor er seine Militärführung ein: »Herz verschließen gegen Mitleid. Brutales Vorgehen. Achtzig Millionen Menschen müssen ihr Recht bekommen. Ihre Existenz muss gesichert werden ... Ich werde propagandistischen Anlass zur Auslösung des Krieges geben, gleichgültig, ob glaubhaft. Der Sieger wird später nicht danach gefragt, ob er die Wahrheit gesagt hat oder nicht.«[8]

Früh am Morgen des 1. September fielen 56 deutsche Divisionen, unterstützt von 1500 Kampfflugzeugen, ins westliche Polen ein. Die Osthälfte des Landes überließen sie der sowjetischen Armee. Im Lauf des Winters und im Frühjahr 1940 überfiel die Wehrmacht schließlich auch Norwegen, Dänemark, Belgien, Luxemburg und die Niederlande. Hitler forderte Mussolini auf, sich am darauf folgenden Feldzug zu beteiligen, der Invasion Frankreichs. Doch der Duce zögerte. Erst als die Nazis die Maginot-Linie umstandslos durchbrochen und Paris besetzt hatten, erklärte Mussolini Frankreich den Krieg. In der für ihn typischen Art traf er die Entscheidung ohne Rücksprache mit seiner Militärführung – ein fataler Fehler. Italien verfügte über eine große Handelsflotte; ein Drittel davon wurde fast kampflos von der britschen Marine ausgeschaltet.

Mussolini hoffte auf einen kurzen Krieg und einen Platz am Tisch der Sieger, wenn es nach dem Friedensschluss an die Aufteilung der Beute ging. Seinen Beratern erklärte er, um Anspruch auf Reparationszahlungen und territoriale Expansion geltend machen zu können, müssten mindestens 1000 italienische Soldaten im Kampf gefallen sein, und das bedeute, dass sein Land Krieg führen müsse. Er hätte in Nordafrika die Initiative gegen die Briten ergreifen können, aber seine Militärführung scheute davor zurück. Dann aber überrumpelte Hitler ihn, indem er die rumänischen Ölfelder besetzen ließ, auf die Italien es ebenfalls abgesehen hatte. »Hitler stellt mich immer vor vollendete Tatsachen«, klagte er gegenüber seinem Schwiegersohn. »Jetzt werde ich ihm in seiner eigenen Sprache antworten. Er wird aus den Zeitungen erfahren, dass ich Griechenland besetzt habe. So wird das Gleichgewicht wiederhergestellt.«[9]

Mussolini hielt es für eine grandiose Idee, in Griechenland einzumarschieren. Im Oktober 1940 erteilte er hierzu den Befehl, entgegen der Warnungen seiner eigenen Generäle und ohne seinen deutschen Verbündeten vorab zu informieren. In seiner Fantasie malte er sich einen triumphalen Einzug in Athen aus, mit dem er dem Balkan den italienischen Stempel aufdrücken würde und der Hitlers Siegesparaden in Wien, Prag und Paris gleichkäme. Als ihn Berater auf die möglichen Risiken hinwiesen, beschwichtigte er sie mit einem angeblichen Geheimnis: Das griechische Oberkommando sei bestochen und werde nicht kämpfen. Das war eine Falschinformation. Die griechischen Verteidiger brachten den schlecht ausgerüsteten italienischen Truppen eine vernichtende Niederlage bei, da Mussolinis Panzer im Schlamm stecken blieben, seine Flugzeuge wegen Nebels nicht aufsteigen und seine Schiffe aufgrund stürmischer See nicht effektiv operieren konnten. Anstatt nach Athen vorzustoßen, wurden die Italiener in die entgegengesetzte Richtung fünfzig Kilometer nach Albanien hineingetrieben. Nach wenigen Wochen musste ein kleinlauter Duce den Führer um Hilfe bitten. Die deutsche Rettungsaktion zwang Hitler, die geplante Invasion der Sowjetunion auf den Juni 1941 zu verschieben, wodurch der Wehrmacht nur mehr vier Monate Zeit blieb, Moskau zu erreichen, bevor Russland seine tödlichste Waffe in Stellung brachte – den Winter.

Als sich der Krieg über ganz Europa auszubreiten begann, hielt Hitler es für strategisch wichtig, das von Franco autokratisch beherrschte Spanien auf seine Seite zu ziehen; Mussolini stimmte ihm zu. Sie betrachteten den spanischen General als einen Gleichgesinnten, der ihnen helfen könnte, den Mittelmeerraum zu sichern und kampferprobte Truppen für weitere Unternehmen bereitzustellen.

1931 war Spaniens König Alfonso XIII. zum Rücktritt gezwungen und eine demokratische Republik ausgerufen worden. In dieser Zeit der Weltwirtschaftskrise war die spanische Bevölkerung ebenso wie die deutsche und italienische scharf zwischen einem linken und einem rechten Lager gespalten. Schwache Regierungen lösten einander in raschem Wechsel ab und versuchten vergeblich, inmitten lähmender Streiks und einer Welle politisch motivierter Attentate das Land zu stabilisieren. 1936 erhielt eine sozialistische Koalition, angeführt von dem farblosen, aber dogmatischen Ministerpräsidenten Francisco Largo Caballero die Chance, Spanien wieder aufzurichten. Doch hohe Militärs, unterstützt von einigen der reichsten Familien des Landes, hatten von der Demokratie und insbesondere vom Sozialismus genug und setzten eine Rebellion in Gang, zu deren Anführer Franco erwählt wurde.

Der spanische General hatte weder das Erscheinungsbild noch die Kommandostimme eines schneidigen Militärführers. Er war klein gewachsen, dicklich, mit schütterem Haar und einem schlaffen Gesichtsausdruck, und wenn er Befehle erteilte, überschlug sich oft seine Stimme. Offizierskollegen bezeichneten ihn hinter seinem Rücken als das »Fräulein von den Kanarischen Inseln«, was sowohl ein Kommentar zu seinem Äußeren als auch eine Anspielung auf den abgelegenen Standort seiner Stationierung war, wo er sich aufhielt, als die ersten Schüsse fielen. Dennoch gehörte Franco zu der Art von Führern, die ohne Fehltritt einen Weg selbst durch ein Minenfeld fanden. Im Unterschied zu vielen anderen rechnete er mit einem langen und schmutzigen Bürgerkrieg mit erbitterten Gefechten. Um dafür gewappnet zu sein, erbat er von Hitler und Mussolini Unterstützung, die er auch erhielt.

Zur Verärgerung der beiden Diktatoren widerstand Franco jedem Drängen auf spektakuläre Aktionen, die nach seiner Einschätzung übermäßige Risiken bargen. Stattdessen führte er Krieg wie ein Safeknacker, der das Zahlenschloss behutsam immer nur um eine Ziffer weiterdreht. Bevor er Angriffe am Boden befahl, schwächte er durch Bombardements aus der Luft die Kampfkraft der Gegner. Er achtete sehr auf die Logistik und darauf, dass weder Munition noch Ausrüstung vergeudet und keine Soldaten sinnlos geopfert wurden. Hauptquartiere richtete er stets nah an den Kampflinien ein und verlangte von seinen Kommandeuren, im Fall eines Geländeverlustes persönlich die Rückeroberung anzuführen. Bei all dem vergaß er nie, welche Position ihm auf der Weltbühne zugefallen war, denn der Spanische Bürgerkrieg (1936–1939) war nicht allein für Spanien von Interesse.

Den Liberalen im Westen erschien der Kampf zwischen der spanischen Republik und Francos nationalistischen Rebellen als die erste wirkliche Chance, den erschreckenden Vormarsch der Faschisten aufzuhalten. Freiwillige aus 54 Ländern, darunter 3000 aus den Vereinigten Staaten, bildeten die Internationalen Brigaden zur Unterstützung der Republikaner. Die Regierung von Largo Caballero, die nach wie vor verzweifelt nach Beistand suchte, wandte sich an Stalin, der schließlich Truppen und Ausrüstung schickte, wofür ihm als Gegenleistung in einer Geheimaktion sämtliche Goldreserven des Landes übergeben wurden. Namhafte Fotografen, Dichter und Schriftsteller – darunter Ernest Hemingway – eilten nach Spanien, um zu berichten. Gelegentlich glorifizierten sie den Kampf, der in ihren Augen hier zwischen den Kräften des Lichts und denen der Finsternis ausgetragen wurde.

Der Krieg war jedoch alles andere als romantisch. In den vier Jahren, in denen er tobte, kamen mehr als eine halbe Million Menschen um. Es gab lange Kampfpausen, aber die Schlachten waren grausam. Auf beiden Seiten wurden Gefangene exekutiert und in großem Umfang Sympathisanten des Feindes eingekerkert. Zu Francos Strategie gehörte es, potenzielle Feinde systematisch zu eliminieren. Einer seiner Untergebenen erklärte gegenüber verbündeten Bürgermeistern: »Es ist notwendig, eine Atmosphäre des Terrors zu verbreiten. Wir müssen den Eindruck der Überlegenheit herstellen. Jeder, der offen oder heimlich die Volksfront unterstützt, ist zu erschießen.«[10]

Spaniens Kirche war ideologisch so gespalten wie das Land selbst. Manche Priester bezogen gegen die Nationalisten Stellung, aber die römisch-katholische Hierarchie stand eindeutig aufseiten Francos. Ihre Repräsentanten gehörten zu den lautstarken Befürwortern harter Maßnahmen, und einigen bereitete es Genugtuung, eigenhändig »Rote« niederzuschießen. Die Linke wiederum war im Allgemeinen der Kirche gegenüber feindlich gesinnt und darauf bedacht, deren Grundbesitz zu konfiszieren. Republikanische Kräfte ermordeten schätzungsweise 10 000 Bischöfe, Priester, Nonnen und Mönche. Diese Gräueltaten lieferten der Auslandspresse grelle Schlagzeilen und brachten die meisten führenden Blätter in den Vereinigten Staaten dazu, Franco zu unterstützen. Als Eleanor Roosevelt ihren Mann drängte, der republikanischen Regierung Spaniens Waffen zu schicken, erklärte er, dann würde ihm kein Katholik mehr seine Stimme geben.

Militärisch gesehen waren beide Seiten eher schwach, aber Franco kam zugute, dass es die republikanischen Gruppierungen nicht schafften, effektiv zusammenzuarbeiten. Das Bündnis der spanischen Linken war ein Tummelplatz miteinander rivalisierender Fraktionen. Dazu gehörten die parteitreuen Kommunisten, Arbeiter, die dem im Exil lebenden bolschewistischen Theoretiker Leo Trotzki (einem erbitterten Rivalen Stalins) anhingen, Internationalisten, die guten Willens waren, denen es aber an militärischen Fähigkeiten mangelte, Anarchisten, die alle anderen und sogar einander hassten, und eine sozialistische Regierung, die der Welt ein vorteilhaftes Bild zu zeigen versuchte. Während Franco sich Zeit ließ, bekämpften die Fraktionen seiner Gegner sich gegenseitig, stritten sich um den Nachschub und warfen manche ihrer engagiertesten Mitstreiter ins Gefängnis. George Orwell, der nach Spanien gekommen war, um gegen den Faschismus zu kämpfen, wurde von einem kommunistischen Scharfschützen niedergeschossen und konnte das Land nur mit knapper Not verlassen, bevor ihn die sozialistische Polizei verhaftet hätte.

Manche Aspekte des Spanischen Bürgerkriegs sind auch heute noch von Bedeutung. Das dortige Blutvergießen löste in Nachbarländern, vor allem in Frankreich, Kontroversen darüber aus, ob man die Zehntausende Flüchtlinge, die vor der Gewalt geflohen waren, aufnehmen oder zurückschicken sollte. Die russischen Soldaten und Panzer, die in Spanien operierten, trugen keine Nationalitätsabzeichen, ebenso wenig wie ihre Nachfolger 1961 beim Berliner Mauerbau und mehr als fünfzig Jahre später in der Ukraine.[11] Die deutsche Bombardierung Guernicas, von Picasso in einem seiner berühmtesten Gemälde verewigt, ließ Rufe nach einer internationalen Untersuchung von Kriegsverbrechen laut werden, die jedoch nicht stattfand. Stattdessen leugneten die Kriegsverbrecher zunächst, dass überhaupt Bomben gefallen seien, um schließlich gar den Opfern die Schuld an dem Massaker zu geben.

Franco war Spaniens jüngster General und vermutlich auch der grausamste. Ohne jede Gewissensregung befahl er persönlich die Exekution Tausender angeblicher Kämpfer und Sympathisanten des Feindes. Franco handelte überlegt und mit Ehrgeiz. Noch bevor der Krieg für ihn gewonnen war, wurde er zum zukünftigen Staatschef ernannt, mit voller diktatorischer Macht. Überall sah man nationalistische Plakate auf denen »Un estado, un país, un jefe« stand – »Ein Staat, ein Land, ein Führer«, in Anlehnung an die Nazi-Parole »Ein Volk, ein Reich, ein Führer«.

Die letzten republikanischen Kämpfer ergaben sich am 1. April 1939. Franco schwor daraufhin, sein Schwert nur noch zur Verteidigung seines Landes gegen eindringende Feinde zu erheben. Als Hitler ihn drängte, dem Kriegsbündnis der sogenannten Achsenmächte beizutreten, lehnte Franco zunächst aus Prinzip ab, fragte aber dann, wie viel Deutschland dafür zu zahlen bereit sei. Er stellte seine Bedingungen: großzügige Wirtschafts- und Militärhilfe plus Marokko, das im

Besitz von Vichy-Frankreich war. Die Deutschen fanden diesen Preis überzogen, zumal sie wussten, dass die Herausgabe Marokkos an Spanien das Vichy-Regime derart empören würde, dass die weitere Kollaboration fraglich war.

Um die verfahrene Situation aufzulösen, reiste Hitler von Berlin nach Hendaye an der spanischen Grenze, wo er sich am 23. Oktober 1940 mit Franco traf. Der Führer war zuversichtlich, dass seine Bereitschaft, fast 2000 Kilometer weit zu fahren, um den Spanier in dessen eigenem Land aufzusuchen, den Durchbruch bringen würde. War er denn nicht der Beherrscher Europas? Doch Franco lehnte in dem neunstündigen Treffen alle Ansinnen des Deutschen ab. Wenn Hitler ihn zu Zusagen drängen wollte, entgegnete Franco mit Fragen. Wenn er gebeten wurde, seine Forderungen herunterzuschrauben, wiederholte er sie. Als der Führer einen raschen Sieg über England voraussagte, womit er andeutete, dass Spanien nicht länger warten könnte, wenn es an dem Triumph teilhaben wollte, zeigte sich Franco skeptisch; selbst im Fall einer Einnahme Londons durch die Deutschen würden die Briten von Kanada aus weiterkämpfen, erklärte er.

Hitler, der seine Wut kaum zügeln konnte, blieb keine andere Wahl, als mit leeren Händen die lange Rückreise anzutreten. Im Februar darauf versuchte er es ein letztes Mal und schrieb an Franco, »dass wir drei, der Duce, Sie und ich, durch die Erfordernisse der Geschichte gezwungen sind, aufs Engste zusammenzugehen ... und dass in solch schweren Zeiten ... ein kühnes Herz die Nation retten kann«.[12] Doch Schmeichelei verfing bei Franco nicht, der höflich die Möglichkeit ausschlug, sein Schicksal an das der Nazis zu binden. In einem erneuten Schreiben Hitlers, dieses Mal an Mussolini, prophezeite er, Franco – der mit 82 Jahren in seinem Bett sterben sollte – begehe »den größten Fehler seines Lebens«.[13]

5

Sieg der Cäsaren

Nach dem Ende des Ersten Weltkriegs zerfiel die K.-u.-k.-Monarchie Österreich-Ungarn in ihre Einzelteile. Zwei Drittel des ungarischen Staatsgebiets verleibten sich Nachbarländer ein. Für kurze Zeit übernahmen die Bolschewiken, die Gunst der Stunde nutzend, die Macht in Budapest, wurden aber von den Resten der stark dezimierten, kriegsmüden Armee Ungarns rasch vertrieben. Die gesamte Zwischenkriegszeit über litt die Mehrheit der ungarischen Bevölkerung unter erdrückender Armut, während ein Großteil der alten Oberschicht vor allem bestrebt war, ihren einstigen Einfluss und Wohlstand wiederzuerlangen. Reiche wie Arme gleichermaßen akzeptierten die horrenden Gebietsverluste ihres Landes nicht und wollten sie rückgängig machen.

Die allgemeine Unzufriedenheit bildete den Nährboden für verschiedene faschistische Organisationen, deren bedeutendste die Pfeilkreuzler waren, eine Gruppierung, die den sogenannten »Hungarismus« auf ihre Fahnen schrieb. Ihr aus vielerlei Quellen schöpfendes Programm versprach die Schaffung von Arbeitsplätzen, Revanche für die Niederlage im Krieg, ein von Ausländern freies Ungarn, ewiges Heil und die Rückgewinnung des verlorenen Territoriums. Dies war offenbar ein attraktives Programm, denn 1939 bildeten die Pfeilkreuzler die größte unter den rechten Parteien. Deren Gefolgschaft war aber selbst den Nazis zu großmäulig, und da es genügend andere kooperationswillige ungarische Regierungspolitiker gab, sah Hitler bei Ausbruch des Zweiten Weltkriegs keine Veranlassung, mit den ungarischen Faschisten zusammenzuarbeiten.

Die ungarische Regierung trat dem Bündnis der Achsenmächte in der Hoffnung bei, an einem schnellen Sieg teilzuhaben. Als sich die Erfolgsaussichten jedoch verdüsterten, versuchte dieselbe Regierung, mit den Westalliierten einen Separatfrieden auszuhandeln. Auf diesen Verrat reagierten die Nazis, indem sie die Pfeilkreuzler als Regierungsmacht einsetzten, deren Führer umgehend Banden bewaffneter Jugendlicher zur Terrorisierung der Bevölkerung auf die Straßen schickten. In den letzten Kriegsmonaten spielte sich ein qualvolles Drama ab, in dem Zehntausende ungarische Juden durch Zwangsarbeit im eigenen Land zu Tode kamen beziehungsweise per Zug oder zu Fuß in Konzentrationslager deportiert wurden, aus denen nur wenige zurückkehrten. Die Pfeilkreuzler hatten keine Skrupel, Juden im Budapester Getto umzubringen, selbst wenn diese über Papiere verfügten, aus denen hervorging, dass sie unter internationalem Schutz standen.

Die Zwanziger-, Dreißiger- und frühen Vierzigerjahre des 20. Jahrhunderts waren geprägt von wachsendem Nationalismus. Hinzu kamen Ängste, die der technische Umbruch auslöste, sowie die allgemeine Skepsis gegenüber Regierungen, die sowohl korrupt als auch Überbleibsel einer anderen Epoche zu sein schienen. Die weitverbreitete Abkehr vom Glauben eröffnete künftigen Faschistenführern ein Erprobungsfeld und gab Bewegungen und Modeerscheinungen jeglicher Couleur Auftrieb, vom Mystizismus und dem Feenglauben bis zum Pfahlsitzen auf Fahnenstangen und dem im ganzen politischen Spektrum praktizierten Liebäugeln mit der Eugenik und den dazugehörigen rassistischen Theorien.

Mussolinis früher Erfolg befeuerte alle, die sich vor dem Schreckgespenst Bolschewismus fürchteten oder vor dem, was sie dafür hielten: lautstarke Forderungen nach höherem Lohn zum Beispiel oder Kampagnen für eine Bodenreform. In praktisch jedem Land gab es ehemalige Weltkriegsveteranen, die zivile Politiker verachteten. Antisemitismus, teils oberflächlich, teils aus tiefer Überzeugung stammend, war in der Politik, am Arbeitsplatz, an den Universitäten und im Kunstbereich gang und gäbe. Die verwirrende Hektik dieser Umbruchszeit veranlasste viele, im vertrauten Rhythmus der Nation, der Kultur und des Glaubens Trost zu suchen; und überall schienen sich die Menschen nach Führungspersonen zu sehnen, die behaupteten, auf die komplizierten Fragen der modernen Zeit einfache und zufriedenstellende Antworten zu haben. Oswald Spengler, ein deutscher Schullehrer, der sich zur Philosophie berufen fühlte, behauptete, die Geschichte bewege sich in Zyklen. Ihm zufolge war das 19. Jahrhundert der Winter des Abendlandes, der Sieg des Materialismus und Skeptizismus, des Parlamentarismus und des Geldes; im 20. Jahrhundert würden jedoch Blut und Instinkt ihre Rechte wiedererlangen. 1918 schrieb er:

> *In Gestalt der Demokratie hatte das Geld triumphiert. Es gab eine Zeit, wo es allein oder fast allein Politik machte. Aber sobald es die alten Ordnungen der Kultur zerstört hat, taucht aus dem Chaos eine neue, übermächtige ... Größe empor: die Menschen von cäsarischem Schlage. ... Die Mächte des Blutes, die urwüchsigen Triebe allen Lebens, die ungebrochne körperliche Kraft treten ihre alte Herrschaft wieder an. Die Rasse bricht rein und unwiderstehlich hervor: der Erfolg der Stärksten und der Rest als Beute.*[1]

Einer, der sich selbst in einer solchen Führungsrolle sah, war Sir Oswald Mosley, ein abenteuerlustiger Brite mit einem Oberlippenbart wie Hitler, einer Libido wie Mussolini und der »überwältigenden Arroganz sowie unerschütterlichen Überzeugung, dass er zum Herrschen geboren sei«, wie es jemand beschrieb, der ihn persönlich kannte.[2] Hochgebildet und trotz eines Klumpfußes ein exzellenter Fechter, verbrachte Mosley den Ersten Weltkrieg mit der Genesung seiner beiden gebrochenen Knöchel. Den ersten hatte er sich lädiert, als er betrunken eine Schlägerei vom Zaun gebrochen hatte, den zweiten beim Absturz seines Flugzeugs, der sich ereignete, als er seine Mutter mit waghalsigen Flugmanövern beeindrucken wollte. Von 1918 an saß er als Abgeordneter der Konservativen im Parlament, dann als Unabhängiger und schließlich unter dem Banner der Labour Party, die er verließ, als deren Führer seinen Antrag auf ein gewaltiges Infrastrukturprogramm zurückwiesen. Unverdrossen gründete Mosley die New Party. Deren Kandidaten für die Parlamentswahlen 1931 scheiterten allesamt. Davon ließ sich Mosley aber nicht entmutigen. In Italien wollte er sich ein Bild von Mussolinis Bemühungen verschaffen, ein neues Rom zu erbauen. Dem frustrierten Politiker mit seinen kühnen Träumen schien das italienische Modell – mit seinen neu errichteten, wenngleich auf Pump finanzierten Brücken, Aquädukten, riesigen Versammlungshallen und Prachtstraßen – genau das Richtige zu sein.

Nach seiner Rückkehr gründete Mosley in London die British Union of Fascists (BUF). Ihr Programm umfasste nicht nur die früher schon von Mosley geforderte Ausweitung der öffentlichen Bauvorhaben, sondern war antikommunistisch, protektionistisch und auf die Vertreibung von Ausländern aus Großbritannien ausgerichtet, »seien es Hebräer oder eine andere Art von Fremden«.[3] In der Tradition des Duce organisierte er eine einschüchternd auftretende Schlägertruppe, brachte seinen Untergebenen den römischen Gruß bei und kleidete sie in schwarze Hemden, entworfen nach dem Muster seiner Fechtjacken. Schon 1934 lockten Mosleys Versammlungen in großer Zahl Arbeiter, Ladenbesitzer, Geschäftsleute, Angehörige des Adels, unzufriedene Tory-Politiker und vereinzelt auch Journalisten, Soldaten sowie Polizeibeamte außer Dienst an. Die Partei wuchs auf 40 000 Mitglieder an. Auf weitere Expansion bedacht, organisierte die BUF Freizeitaktivitäten und Fußballspiele, aber ihr Bemühen, auch einen Schönheitswettbewerb zu veranstalten, schlug mangels interessierter Kandidatinnen fehl. Zu diesem Zeitpunkt war Mosleys persönliche Entwicklung vom britischen Patrioten zum Lakai der Deutschen rundum abgeschlossen: Noch 1920 hatte König George V. seiner ersten Hochzeit beigewohnt, 1936 war Joseph Goebbels Gastgeber seiner zweiten Eheschließung, mit Adolf Hitler als einem der sechs Gäste.

Der britische Faschismus schied nicht rasch dahin, aber er verblasste zusehends. Dies lag teilweise an der offiziellen Regierungspolitik des Appeasement, die Nazi-Sympathisanten nicht ächtete. Was die Begeisterung für Mosleys Schwarzhemden jedoch wirklich dämpfte, war der Einmarsch von Hitlers Truppen ins Rheinland, nach Österreich, ins Sudetenland, in Prag und – als eigentlicher Kriegsbeginn – nach Polen. Plötzlich stand viel mehr auf dem Spiel, und als Faschist war man nicht mehr salonfähig. William Joyce, Propagandachef der BUF, floh nach Berlin, wo er eine zweite Karriere als Landesverräter begann und als der berüchtigte Lord Haw-Haw in englischsprachigen Rundfunksendungen Nazi-Propaganda verbreitete. Bereits im ersten Kriegsjahr wurde Mosley inhaftiert, aber in typisch englischer Manier gewährte Churchill dem hochwohlgeborenen Häftling und seiner Gemahlin das Privileg, ein kleines Haus mit Gemüsegarten zu beziehen, sowie das Recht, Mithäftlinge als Diener zu beschäftigen.

Keiner der Europäer, die wie Mosley versuchten, in die Fußstapfen von Mussolini und Hitler zu treten, schaffte es bis an die Spitze der Machtpyramide in seinem Land. In Spanien band Franco die faschistische Falange-Partei in seine nationalistische Koalition ein, wodurch sie weitgehend entmachtet war. Portugals Diktator António de Oliveira Salazar bediente sich der autoritären Attribute des Faschismus, untersagte aber jede Rebellion gegen die Kirche oder deren Lehre. In Frankreich war die in blauen Hemden auftretende Solidarité Française eine unter mehreren rechten Gruppierungen, die der Linken als Sparringspartner dienten; diese Bewegung stand offen aufseiten der Nazis, propagierte das Schlagwort »Frankreich den Franzosen« und wurde 1936 von der sozialistischen Regierung verboten. Die Mitglieder der Nationalistischen Partei Islands trugen graue Hemden und rote Hakenkreuz-Armbinden, schworen, die rassische Identität der Isländer zu schützen, und glaubten an die Überlegenheit der Arier; die Partei erhielt nie mehr als ein Prozent der Wählerstimmen. In Rumänien verfolgte die Armee einen Schlingerkurs: Mal unterdrückte sie die faschistische und antisemitische Legion des Erzengels Michael, mal kollaborierte sie mit ihr. Diese Gruppierung, auch Eiserne Garde genannt, fand vor allem unter der verarmten Landbevölkerung Anhänger und betrieb eine Mischung aus religiöser Erweckungsbewegung, revolutionärer Politik und Gewalt gegen Juden.

In diesen und anderen Fällen wurde der Faschismus nicht besiegt, sondern eher an den Rand gedrängt. In vielen Ländern halfen eifrige Fußknechte, die nationalistischen Emotionen anzustacheln, aber Aufwiegler dieser Bewegungen wurden stets an die Kandare genommen, bevor sie den Mächtigen bedrohlich werden konnten. In Italien und Deutschland hatten ein ehemaliger Unteroffizier und ein ehemaliger Gefreiter das Sagen; überall sonst behielten Generäle und ihre zivilen Bundesgenossen aus der Oberschicht die Macht in Händen.

Die Tschechoslowakei, im Schatten des »Dritten Reichs« gelegen, war ein Sonderfall. Dort sprang Konrad Henlein, ein durchtriebener, fettleibiger und kursichtiger ehemaliger Turnlehrer, auf den Nazi-Zug auf. Von Hitler instruiert und mit Geldern aus Berlin schwang sich Henlein zum obersten Wortführer der faschistischen Elemente in der politisch vielfältigen deutschen Gemeinschaft innerhalb der Tschechoslowakei auf. Gegenüber Vertretern des Auslands und deren Presse tischte er immerzu Schauergeschichten über die brutale Misshandlung seines Volkes durch die Prager Regierung auf. Seine Lügen, die von den Nazis im Rundfunk verbreitet wurden, taten Wirkung. Viele Europäer zeigten Verständnis für Hitlers Entrüstung und fanden sein Bestreben, im Namen seiner ethnischen Volksangehörigen, der Sudeten, zu intervenieren, vernünftig.

Als sich die sogenannte Sudetenkrise zuspitzte, leugnete Henlein nicht länger seine enge Verbindung mit Hitler und bekannte sich rundweg zum Nationalsozialismus. Seine Gefolgsleute unterschieden sich von denen Hitlers nur durch die weiße Farbe ihrer Hemden und die Gestaltung ihrer scharlachroten Fahne ohne Hakenkreuz. Im September 1938 verschärfte sich der Konflikt zwischen den Nazi-Lügen und der Herrschaft des Gesetzes zu; die Lügen obsiegten. In dem 1938 geschlossenen Münchner Abkommen erklärten Frankreich und Großbritannien ihr Einverständnis, dass sich das »Dritte Reich« dreißig Prozent des tschechischen Staatsgebiets, ein Drittel der tschechischen Bevölkerung und mehr als die Hälfte ihrer strategischen Ressourcen einverleibte. Kaum ein halbes Jahr später nahm sich Hitler auch noch den Rest.

Die Kontroversen über den Aufstieg, die Zielrichtung und die Zukunft des Faschismus reichten über die Grenzen Europas hinaus. Auch wenn der Begriff »arisch« oft mit dem Bild eines blauäugigen blonden Menschen aus dem Norden verbunden wird, führten einige Ideengeber des Nazi-Rassenwahns seinen Ursprung auf ein Volk zurück, »das vor etlichen Jahrtausenden von der zentralasiatischen Hochebene in die Täler des Indus und Ganges hinabstieg und sich dort lange Zeit hindurch mittels strenger Kastengesetze von der Vermischung mit fremden Rassen rein hielt. Dieses Volk nannte sich selbst das Volk der Arier, d. h. der Edlen oder der Herren«.[4]

Für viele Inder war diese Definition ganz nach ihrem Geschmack. In ihrem Hass auf die britischen Oberherren und der Sorge vor einer muslimischen Überfremdung bewunderten nationalistische Hindu-Führer unverhohlen Mussolinis Bestrebungen, die leichtlebigen Italiener zu einem kriegerischen Volk umzuformen; gern hätten sie unter ihren eigenen Anhängern Ähnliches bewirkt. Im März 1939, zehn Tage nach dem Einmarsch der Wehrmacht in die Tschechoslowakei, begrüßten Sprecher der Hindu-Partei Deutschlands »Wiederbelebung der arischen Kultur ... seine Unterstützung des vedischen Wissens und die leidenschaftliche Förderung der traditionellen indogermanischen Zivilisation«.[5] Während des Zweiten Weltkriegs machten sich Tausende militante Hindus auf den Weg nach Deutschland, wo sie zu einer Legion zusammengefasst wurden, um anschließend auf dem Subkontinent gegen die britischen Truppen zu kämpfen.

Die Faktoren, die anderswo dem Faschismus zugutekamen – wirtschaftliche Not, Ehrgeiz und Vorurteile –, waren auch in den Vereinigten Staaten vorhanden. Der autodidaktisch gebildete Autor William Pelley gründete im Januar 1933 die Silver Legion of America, nur wenige Stunden nachdem Hitler Reichskanzler geworden war. Die Legion mit Hauptsitz in Asheville in North Carolina hatte an die 15 000 Mitglieder, gekleidet in blaue Hosen und silberfarbene Hemden mit einem L über dem Herz, das für Love, Loyalty und Liberty – Liebe, Treue, Freiheit – stand. Die Silberhemden waren militant antisemitisch und versuchten, das Nazi-Modell der organisierten bewaffneten Einheiten zu kopieren. Verdeckte Ermittler des amerikanischen Marine Corps fanden heraus, dass Pelleys Funktionäre versucht hatten, in Kalifornien durch Bestechung an Waffen aus Militärbeständen zu kommen, doch diese Erkenntnisse führten zu keinen Verhaftungen. 1936 kandidierte Pelley bei den Präsidentschaftswahlen mit dem Slogan »Nieder mit den Roten und raus mit den Juden«, trat dabei aber nur im Bundesstaat Washington an und erhielt weniger als 2000 Stimmen.

Die Silberhemden verschwanden bald wieder von der Bildfläche, aber die Vorurteile, die sie vertraten, fanden ihren Niederschlag in Organisationen wie dem Ku-Klux-Klan und in den landesweiten Rundfunksendungen von Father Charles Coughlin, einem in Detroit beheimateten Priester, der mit seinen polarisierenden und isolationistischen Thesen Aufsehen erregte. Aber nicht alle Fanatiker waren von Coughlins Schlag. Zwar gab es unter jenen, die zum Faschismus neigten, viele, die gegen Immigranten hetzten, aber auch solche, die selbst noch nicht allzu lange Bürger der Vereinigten Staaten waren.

Fast ein Viertel der Einwohner der USA war deutscher Abstammung, und die meisten von ihnen hofften, dass sich ein zweiter Krieg zwischen dem Land ihrer Vorfahren und ihrer neuen Heimat vermeiden ließ. Unter ihnen gab es eine kleine Fraktion, deren Mitglieder sich zu Anhängern Hitlers erklärten. Dieser Gruppe gehörte der Chemiker Fritz Kuhn an. Kuhn war 1928 in die Vereinigten Staaten ausgewandert und gründete dort acht Jahre später den Amerikadeutschen Bund (German-American Bund, GAB). Dessen Mitglieder trugen braune Hemden und schwarze Stiefel. Auf ihren Kundgebungen stellten sie das Hakenkreuz neben dem Porträt von George Washington zur Schau, den sie als Amerikas »ersten Faschisten« bejubelten, da er angeblich ein Verächter der Demokratie gewesen sei. »So wie Christus wollte, dass die Kinder zu ihm kommen, will Hitler, dass die deutschen Kinder ihn verehren«[6] – das war die in den Schulungslagern des GAB verbreitete Botschaft, die im ganzen Land, aber hauptsächlich im Mittleren Westen stattfanden.

Der Bund war felsenfest vom künftigen Sieg der Nationalsozialisten in Europa überzeugt und gedachte, diesen bevorstehenden Triumph in den USA zu kopieren. Zu diesem Zweck forderte er von den Mitgliedern totalen Gehorsam und von den Vereinigten Staaten Neutralität in einem möglichen Konflikt zwischen Deutschland und den Alliierten. Trotz ihrer ausländischen Wurzeln gaben sich die Anhänger des Bundes als Amerikaner reinsten Wassers aus, die ihr Land gegen Gefahren wie Kommunismus, Rassenmischung und Jazz verteidigten. Im Februar 1939 erlebte die Bewegung ihren tumultartigen Höhepunkt im Madison Square Garden, wo Kuhn zu einer aufgeputschten Menge von 20 000 Zuhörern sprach. Unter »Sieg Heil!«-Rufen machte er sich hämisch über Präsident »Frank D. Rosenfeld« und seinen »Jew Deal« lustig.[7]

Bei den etablierten deutsch-amerikanischen Organisationen, den Gewerkschaften, jüdischen Aktivisten und sogar einigen jüdischen Gangsterbossen stieß der GAB auf heftigen Widerstand. »Die Bühne hatten sie mit Hakenkreuzen und einem Bild Adolf Hitlers dekoriert«, erinnerte sich der berüchtigte Mafiaboss Meyer Lansky an seinen Besuch einer Faschistenveranstaltung. »Die Redner geiferten los. Wir waren nur 15 Mann, aber wir packten die Sache an. Ein paar warfen wir aus dem Fenster. Die meisten Nazis bekamen Panik und rannten raus. Wir hinter ihnen her, dann vermöbelten wir sie. Wir wollten ihnen zeigen, dass Juden nicht immer nur zurückstecken und sich Beleidigungen einfach gefallen lassen.«[8] In Anbetracht von Kuhns Verbindungen zur Unterwelt scheint es folgerichtig, dass seine Karriere nicht in einem Gewaltakt endete, sondern – wie bei Al Capone – mit einer Gefängnisstrafe wegen Steuerhinterziehung sowie Veruntreuung von GAB-Geldern zugunsten seiner Geliebten.

In der Rückschau ist es verführerisch, jeden damaligen Faschisten als einen restlos verdorbenen Menschen oder Geistesgestörten abzutun, aber das ist zu einfach und, weil selbstgefällig, auch gefährlich. Faschistisches Denken ist dem Menschen nicht wesensfremd, auch wenn es vor allem seine schlechtesten Seiten zum Vorschein bringt. Selbst jene, die sich aus Ehrgeiz, Gier oder Hass solchen Bewegungen angeschlossen haben, waren sich vermutlich ihrer wahren Motive entweder nicht bewusst oder leugneten sie vor sich selbst.

Augenzeugenberichte aus dieser Zeit belegen, welche Hoffnungen und welche Euphorie der Faschismus weckte. Männer und Frauen, die bislang vergeblich eine Veränderung der politischen Verhältnisse herbeigesehnt hatten, glaubten nun, die Antworten gefunden zu haben, nach denen sie gesucht hatten. Begeistert nahmen sie mit dem Auto, dem Fahrrad oder per Anhalter weite Wege auf sich, um an faschistischen Versammlungen teilzunehmen – gemeinsam mit Gesinnungsgenossen, die wie sie danach trachteten, ihr Land wieder groß zu sehen, traditionelle Gemeinschaftswerte wiederherzustellen und optimistisch in die Zukunft blicken zu können. Hier, auf diesem Kreuzzug, bekamen sie einleuchtend wirkende Erklärungen für die gewaltigen Entwicklungen, die in der Welt am Werk waren. Hier fanden sich die Möglichkeiten, nach denen sie gesucht hatten, an Jugendgruppen, Sportorganisationen, Wohltätigkeitsveranstaltungen und Ausbildungskursen teilzunehmen. Hier gab es die Kontakte, die sie benötigten, um sich ein Geschäft aufzubauen oder ein Darlehen bewilligt zu bekommen. Viele Familien, die sich bisher mit zwei Kindern begnügt hatten, weil sie mehr finanziell nicht zu verkraften glaubten, schöpften nun Zuversicht, vier, fünf oder sechs Kinder großziehen zu können. Die Gesellschaft von Gleichgesinnten verschaffte ihnen eine Identität, die sie mit ihren faschistischen Glaubensbrüdern ebenso teilten wie den Dienst an der gemeinsamen Sache, den sie mit Stolz und aus vollem Herzen erfüllten. Dafür lohnte es sich ihrer Ansicht nach, zu marschieren und sogar demokratische Freiheiten aufzugeben – wenn denn ihre Führer handeln konnten wie versprochen und ihre Wunschvorstellungen verwirklichten.

Lange schien es, als erfüllten diese Führer ihre Zusagen. Während der Zwanzigerjahre wirkte Mussolini wie ein Sieger, ebenso Hitler nach 1933. Ihnen wurde mehr als allen anderen europäischen Staatsmännern zugetraut, dass sie erreichten, wozu herkömmliche Politiker nicht imstande waren. Sie waren die Vorreiter, die Visionäre, die den beängstigenden, aber auch verheißungsvollen Zeitgeist voll und ganz erfasst hatten.

In dem Film *Cabaret* gibt es eine aufwühlende Szene in einem Biergarten, in der ein junger Nazi sich erhebt und laut eine Hymne der Verheißung und des Schreckens zu schmettern beginnt, in die fast alle Anwesenden schließlich einstimmen.

Der Faschismus fand solchen Anklang, weil viele Menschen in Europa und anderswo in ihm eine mächtige Bewegung sahen, die Geschichte schreiben würde – eine Geschichte, die allein ihnen gehörte und die durch nichts aufzuhalten war.

6

Der Untergang

Poděbrady, Januar 1942. Die Menschen hier sind niedergeschlagen, und alle leiden unter dem Krieg. Das gilt für Arier wie für Nichtarier, um diese recht eigenartige Bezeichnung zu verwenden, nach der Gottes Geschöpfe jetzt eingeteilt werden. Wie du weißt, tragen wir Sterne, manche tun es mit Stolz, andere verdecken sie, obwohl das nicht erlaubt ist ... Wir leben in seltsamen Zeiten und werden von manchen als Angehörige einer minderwertigen Rasse angesehen. Natürlich werden auch die Schwarzen gering geschätzt, und die ganze Welt schweigt dazu, sogar die Juden. Wenn Gott uns erleuchtet und wir begreifen, dass wir alle gleich sind vor Gott, wird es besser werden.

Die hier zitierte Passage stammt aus dem Tagebuch von Růžena Spieglová, einer allein lebenden Witwe, die um ihre kürzlich verstorbene Tochter trauert und erlebt, wie im bitterkalten Winter des Jahres 1942 die Situation für die Juden in der von den Nazis besetzten Tschechoslowakei immer schlimmer wird.

Aus ihren Worten wird deutlich, dass ein ganz gewöhnlicher Mensch selbst unter außergewöhnlicher Bedrängnis Mitgefühl auch mit völlig fremden Menschen empfinden kann und Trost in der Überzeugung findet, dass alle Menschen von gleichem Wert sind. Diese edelmütige Gesinnung – die Sorge um andere und die Überzeugung, dass wir alle gleich erschaffen sind – ist das wirksamste Gegenmittel gegen die egozentrische moralische Stumpfheit, die dem Faschismus seinen Erfolg sichert. Es ist eine Fähigkeit, die in den meisten Menschen steckt, aber nicht immer gepflegt und manchmal für eine gewisse Zeit brutal unterdrückt wird.

Poděbrady, April 1942. Man hat uns für die Abreise entsprechend unserer Arbeitsfähigkeit eingeteilt. Es gab vier Gesundheitsgrade. Ich gehörte zum zweiten, was bedeutet, meine Gesundheit ist ziemlich gut. Jetzt heißt es, dass man uns bald aus Poděbrady wegbringen wird und deshalb alle Juden mit dem Zug nach Köln zur Registrierung transportiert werden ... Möglich, dass ich die Torturen, die uns erwarten, überleben werde. Vielleicht werden wir einander wiedersehen, meine Lieben, die ihr im Ausland seid. Möge Gott euch Gesundheit schenken. Wenn ich zurückkommen werde (was ich hoffe, aber man weiß ja nie), werde ich niederschreiben, wie es in Köln war. [Ende des Tagebuchs]

Am 9. Juni 1942 brachte man Růžena Spieglová zusammen mit einer Anzahl weiterer tschechoslowakischer Juden per Eisenbahn ins Konzentrationslager Terezín. Am 12. Juni wurden sie noch weiter nach Osten an einen nicht genau bekannten Zielort transportiert, vermutlich ein Waldgebiet im besetzten Polen. Von dort kam niemand lebend zurück. Meine Großmutter mütterlicherseits war 54 Jahre alt, als sie ermordet wurde.

Im Sommer 1940, weniger als ein Jahr nach der Kriegserklärung, herrschte das »Dritte Reich« über Österreich, alle Teile der zerschlagenen Tschechoslowakei, halb Polen, Norwegen, Dänemark, Belgien, die Niederlande und den größten Teil Frankreichs. Zwischen April und Juni 1940 hatten die deutschen Truppen über eine Million Quadratkilometer in Europa besetzt, Luftwaffenstützpunkte von der Nordsee bis nach Marseille unter ihre Kontrolle gebracht, sich Zugang zu reichen Ölvorkommen und anderen strategischen Ressourcen verschafft und – zumindest auf dem europäischen Festland – sämtliche

Armeen besiegt, die sich ihnen entgegengestellt hatten. Nichts auf der Welt schien die Nazi-Maschinerie aufhalten zu können, doch hatte Hitler damit entgegen allen Erwartungen – auch seiner eigenen – den Zenit seiner Macht bereits erreicht.

Der Niedergang begann, als im Juli 1940 Winston Churchill das Angebot des deutschen Diktators über ein Friedensabkommen brüsk zurückwies. Um den Briten eine Lektion zu erteilen, befahl Hitler der Luftwaffe, die Royal Air Force zu vernichten – Voraussetzung für eine Invasion Großbritanniens über den Ärmelkanal hinweg. Fünf Monate lang lieferten sich Stuka-Bomber und Messerschmidt-Jagdflugzeuge Schlachten mit der britischen Flak und den Abfangjägern vom Typ Hurricane und Spitfire. Deutsche Luftangriffe ließen in den englischen Küsten- und Industrieregionen und sogar im Herzen Londons die Sirenen aufheulen, verursachten Tausende Brände und zerstörten Fabriken, Häfen, Bahnhöfe und Wohngebäude. Sogar der Buckingham Palace wurde siebenmal bombardiert.

Diese Ereignisse gehören zu meinen frühesten Erinnerungen. Nachdem wir der Familie und Freunden Lebewohl gesagt hatten, verließen meine Eltern und ich bald nach der Nazi-Invasion im März 1939 Prag und fuhren mit dem Zug durch die Slowakei, Ungarn und Jugoslawien nach Griechenland. Von dort reisten wir per Schiff nach England. Zuerst wohnten wir in einer schäbigen Pension in London, an die ich mich aber nicht mehr erinnere, weil ich damals noch zu klein war. Danach zogen wir in eine mir unvergessliche bescheidene Wohnung. Sie lag in der zweiten Etage eines Backsteingebäudes in Notting Hill und hatte eine winzige Küche und ein kleines Bad. Einige unserer Nachbarn waren ebenfalls Flüchtlinge; manche kamen aus der Tschechoslowakei, andere aus Polen, Deutschland und Spanien.

Drohte ein Luftangriff, liefen wir schnell die enge graue Betontreppe in den Keller hinunter, der in mehrere kleine Räume und einen größeren Raum aufgeteilt war. Dort suchten immer etwa zwei Dutzend Menschen Schutz, gelegentlich auch mehr, wenn benachbarte Häuser evakuiert werden mussten. Wir tranken Tee oder Kaffee, den freiwillige Aufseher zubereitet hatten, und teilten uns Brote und Kekse. Wir schliefen – wenn das überhaupt möglich war – auf Feldbetten und Matratzen in dem größeren Raum. Das Haus war neu und solide gebaut, aber an der Kellerdecke verliefen die Rohre für Warmwasser und Gas; wäre eine Bombe in der Nähe explodiert, wären wir verbrüht worden oder erstickt. Da ich noch so jung war, dachte ich nicht an solche Gefahren, sondern genoss jede Minute des dort herrschenden, vom Durchhaltewillen geprägten Kameradschaftsgeistes.

Notting Hill war nicht von strategischem Wert und daher kein Hauptangriffsziel, dennoch wurden dort durch Bomben mehr als ein Dutzend Gebäude getroffen und zahlreiche Menschen getötet. Eine unserer Nachbarinnen musste von der Feuerwehr aus dem Schutt des Freemasons Arms, einem Pub in der Nähe, geborgen werden. Sie hatte schon geglaubt, es sei mit ihr zu Ende, aber sie war zäh wie Leder und wurde schließlich 103 Jahre alt. Ein anderes Mal schlug ein Blindgänger in der Nähe ein, woraufhin alle Gebäude ringsum evakuiert wurden und ein Entschärfungskommando anrückte. Nachdem es die Bombe untersucht hatte, gab es Entwarnung: Sie sei von Rüstungsarbeitern in der besetzten Tschechoslowakei produziert und sorgfältig dergestalt manipuliert worden, dass sie gar nicht explodieren konnte.

Mein Vater hatte die Aufgabe, im Auftrag der in London ansässigen tschechoslowakischen Exilregierung per Rundfunk Nachrichten in unsere Heimat zu senden. Damit sollte dem Strom an Lügen entgegengewirkt werden, den die deutschen Besatzer täglich verbreiteten. Eines Morgens, kurz bevor der »Blitz«, wie die Londoner den Bombenkrieg nannten, wieder zuschlug, saß mein Vater, Josef Körbel, vor einem Rundfunkmanuskript, das er noch fertigstellen musste, und beschloss deshalb, die Sirenen zu ignorieren und in der Wohnung seine Arbeit zu Ende zu bringen. Ein Freund, der bei ihm war, erinnerte sich später:

Die Fliegerbombe heulte so laut, dass wir uns auf den Boden warfen und Dr. Körbel sich rasch unter dem Tisch in Sicherheit brachte. Der Luftangriff ging mit ohrenbetäubendem Lärm einher, und unser Haus wackelte derart, dass es mich an ein Schiff auf hoher See erinnerte. Ich hätte nie geglaubt, ein großes Gebäude aus Eisen und Beton könnte so dramatisch erbeben, ohne in Stücke zu brechen. Als wir merkten, dass die Gefahr vorüber war, mussten wir vor Erleichterung einfach lachen.[1]

Vom 7. September 1940 bis Ende Oktober, an mehr als 57 aufeinander-folgenden Tagen, luden durchschnittlich 200 Bomber ihre tödliche Fracht über London ab. Dagegen gab es keinen verlässlichen Schutz. Die provisorischen Luftschutzräume, die in Privatgärten und öffent-lichen Parks errichtet wurden, halfen nur gegen die Druckwellen und herumfliegende Trümmer. Oft wurden ganze Familien, die sich in Kellerräume geflüchtet hatten, verschüttet oder erstickten, wenn das Haus über ihnen zusammenbrach. In den ersten sechs Wochen wur-den 16 000 Gebäude zerstört und weitere 60 000 schwer beschädigt; mehr als 300 000 Menschen verloren ihr Obdach.

Aber die Londoner sind eine sehr anpassungsfähige Spezies. Da sie wussten, dass sie tagelang irgendwo festsitzen und nicht nach Hause kommen konnten, nahmen Büroangestellte Toilettenartikel, Kissen, Decken und zusätzliche Kleidung mit zur Arbeit. Allabendlich wan-derten unzählige Matratzen in Keller, Schutzräume und U-Bahnhöfe. Da die Wettervorhersage der Geheimhaltung unterlag, trafen die Men-schen ihre eigenen Prognosen – ein strahlend blauer Himmel bedeu-tete einen herrlichen Tag für Hitler, klare Nächte zu bestimmten Zeiten des Monats gab den Bombern Mondschein. Die sozialen Trennlinien der britischen Gesellschaft schienen für den Moment aufgehoben, wenn Menschen aller Schichten einander alles Gute wünschten. Ladeninhaber stellten trotzig Schilder ins glaslose Schaufenster: »Beschädigt, aber nicht geschlossen« oder »Getroffen, aber in Betrieb«. Banken und die

Post versahen ihre Dienste wie gewohnt, und auch die Prostituierten boten unerschütterlich die ihren an.

Trotz der verheerenden Angriffe und vieler Politiker, die keine andere Möglichkeit sahen, als aufzugeben, weigerten sich die Briten zu kapitulieren. Hitler hatte erwartet, sich des Problems England entledigen zu können, bevor er den Überfall auf die Sowjetunion begann. Aber dieser aggressive Plan ging nicht auf. Ebenso frustriert war Hitler über seinen gescheiterten Versuch, Franco zum Kriegseintritt zu bewegen, und über Mussolinis unüberlegte Entscheidung, in Griechenland einzumarschieren. Zudem verteidigten sich britische und indische Streitkräfte in Nordafrika erfolgreich gegen deutsche und italienische Angriffe, und im März 1941 stürzten mutige patriotische Serben ihre mit den Nazis verbündete Regierung und zwangen Hitler, auch dort einzugreifen. Die Deutschen waren ungeheuer mächtig, aber, wie dem Reichskanzler allmählich dämmerte, dies kann auch der Widerstandswille sein, wenn er erst einmal erwacht.

Zehn Tage vor Kriegsbeginn hatten sich Deutschland und die Sowjetunion vertraglich gegenseitige Neutralität zugesichert, sollte eines der beiden Länder in einen Krieg verwickelt werden. Dieses Abkommen schockierte die Welt, waren die beiden Regime ideologisch gesehen doch Todfeinde; andererseits war es aber auch nachvollziehbar, denn in ihrem Zynismus standen sie einander nicht nach. Wie vereinbart, fielen die Deutschen von Westen und die Sowjets von Osten her gleichzeitig in Polen ein und teilten das Land unter sich auf. Für Stalin kam der Pakt zur rechten Zeit. Ende der Dreißigerjahre hatte er Schauprozesse gegen angeblich abtrünnige Genossen veranstalten und Hunderttausende Menschen exekutieren lassen. Stalins Verfolgungswahn hatte verhindert, dass Russland sich auf eine bewaffnete Konfrontation mit den Deutschen vorbereiten konnte.

Auch Hitler kam der Pakt zeitlich gelegen. Er wollte nicht zu einem Zweifrontenkrieg gezwungen werden, wie ihn Deutschland im Ersten

Weltkrieg führen musste. Daher schien es sinnvoll, den Angriff auf die UdSSR zu verschieben. Aber Hitler erkannte in Stalin genug von sich selbst, dass er ihm nicht über den Weg traute. Stalin würde ihn überlisten und angreifen, davon war Hitler überzeugt, sobald die Rote Armee dazu in der Lage war; folglich war es für Deutschland besser, den Erstschlag zu führen. Der Krieg gegen die UdSSR war für Hitler stets eine Frage des Wann gewesen, nicht des Ob. Der Führer hatte es vor allem auf die riesigen Gebiete im Osten abgesehen, teils wegen der dortigen Rohstoffe; das deutsche Militär benötigte Unmengen an Getreide, Fleisch, Öl und anderen Ressourcen. Hitler war aber auch manisch versessen darauf, neuen »Lebensraum« für die Deutschen zu gewinnen, und nur der Osten war dafür geeignet, weil er nicht durch ein Meer oder den Ärmelkanal vom Reich getrennt war. In den fruchtbaren Weiten zwischen Ural und polnischer Grenze sollten florierende Städte entstehen, bewohnt ausschließlich von »rassereinen« Deutschen, für deren Versorgung slawische Bauern außerhalb der Stadttore schuften würden. Sie sollten die Felder bestellen und Vieh züchten, sich selbst aber nur von kargen Resten ernähren und nur so weit eine Schulbildung erhalten, dass sie Befehle verstehen und ausführen könnten.

Hitlers Entscheidung, im Juni 1941 die Sowjetunion zu überfallen, wurde von der Überlegung und auch der Hoffnung getragen, dass dadurch die Versorgung der sowjetischen Bevölkerung mit Nahrungsmitteln zusammenbrechen würde. Vier Wochen vor dem Angriff sagte Hermann Göring voraus: »Viele zehn Millionen von Menschen werden in diesem Gebiet überflüssig und werden sterben oder nach Sibirien auswandern müssen. Versuche, die Bevölkerung dort vor dem Hungertod … zu retten … unterbinden die Durchhaltemöglichkeit Deutschlands im Kriege …«[2] Schon früher hatte sich Göring damit gebrüstet, »kein Gewissen« zu haben – die Nazi-Moral in Reinform.

Am ersten Tag des Sommers stießen deutsche Kampfflugzeuge, Panzer und Infanterieeinheiten nach Osten vor, überrumpelten die Sowjets und drangen in der ersten Woche fast 400 Kilometer tief ins

Feindesland. Militärexperten in Berlin und anderen westlichen Hauptstädten waren sich eines raschen Siegs der Wehrmacht sicher. Stalin fürchtete, sein eigener Führungsstab würde ihn wegen seiner Dummheit eliminieren, was aber nicht geschah. Die sowjetische Planwirtschaft machte es möglich, sämtliche Ressourcen zu mobilisieren. Nach anfänglich immensen Verlusten bot die Rote Armee alle Kräfte auf und errichtete starke Verteidigungslinien. Die weiten Entfernungen und das Klima verschafften den Russen zudem einen entscheidenden strategischen Vorteil. Mit jedem Kilometer, den die Deutschen vorrückten, verlängerten sich ihre Nachschublinien, und mit jeder Woche wurden die Tage kürzer, die Winde kälter, der Regen häufiger, und von Oktober an kam der Schnee hinzu. Nachdem das Überraschungsmoment verflogen war, befanden sich die deutschen Truppen zum ersten Mal wirklich in einem Kampf auf Leben und Tod.

Je mehr sich der deutsche Vorstoß verlangsamte, desto mehr wuchs Hitlers Zorn. Er hatte erwartet, dass die Bevölkerung der Ukraine und der baltischen Länder seine Truppen als Befreier begrüßen würde, was zum Teil auch der Fall war, weil es in diesen Regionen große Aversionen gegen die Russen gab. Doch die Nazi-Gouverneure und die SS-Kommandos gingen unbarmherzig zu Werke. Anstatt die örtliche Bevölkerung wie Verbündete zu behandeln, trieben sie sie in den Widerstand, indem sie Nahrungsmittel konfiszierten, Eigentum stahlen, Millionen Arbeitskräfte versklavten und die Menschen misshandelten.

Hitler kannte sich in der Militärgeschichte aus und wusste um den Wert von Vorbereitung und Überraschung. Was er übersah, war die Notwendigkeit, die eigene Strategie im Falle unliebsamer Entwicklungen anzupassen. In seiner Gier auf eine weitere Eroberung unterschätzte er den russischen Widerstandswillen und die Fähigkeit der Roten Armee, ihre gefallenen und in Gefangenschaft geratenen Soldaten zu ersetzen. Mit unerschütterlichem Vertrauen in sein eigenes Urteil setzte sich Hitler oft über die Meinung seiner Generäle hinweg und befahl ihnen, Dinge zu tun, die niemand leisten konnte. So kam es, dass sich seine Truppen, viele ohne geeignete Winterkleidung, erschöpft durch das im Frost erstarrte Land schleppten, Tausende Kilometer von der Heimat entfernt.

Anfang Dezember hatten die von der bitteren Kälte geschwächten Deutschen die Wälder westlich von Moskau erreicht, doch bald darauf eröffneten die Sowjets einen Gegenangriff, der die Deutschen zurückwarf und die Hauptstadt außerhalb ihrer Reichweite brachte. 1942 versuchte Hitler es erneut, und wieder übernahm er sich. Am 2. Februar 1943 ergab sich die Sechste Deutsche Armee in Stalingrad mitsamt den rund 90 000 Soldaten, die noch von ihr übrig waren. Die Kampfhandlungen setzten sich noch monatelang fort, aber der Vorstoß Hitlers nach Osten war gescheitert.

Mussolini und Hitler waren die Verkörperung des Faschismus, aber keinem der beiden gelang es, einen vollständig totalitären Staat zu errichten. Es bestand immer eine Kluft zwischen Theorie und Realität, zwischen den Befehlen von ganz oben und deren Ausführung auf unteren Ebenen. Die Regime der beiden waren nie so effizient, wie sie sie gern erscheinen ließen. In Deutschland verübte die Gestapo zahllose entsetzliche Verbrechen, hatte aber große Mühe, den Durchschnittsbürger glauben zu lassen, das Regime platziere Spitzel an jeder Straßenecke und überwache jedes einzelne Haus. Hinter ihrer einschüchternden Fassade war die Gestapo personell unterbesetzt, überlastet mit Papierkram und politisch unzuverlässig – die Hälfte ihrer Mitarbeiter war nicht einmal in der Partei. Bei vielen Gestapo-Informanten handelte es sich um Opportunisten, die unliebsame Nachbarn oder Menschen, denen sie Geld schuldeten, ans Messer lieferten. Und es gab Menschen wie jene Frau aus Saarbrücken, die ihren eigenen Mann anzeigte, um, wie sie ihrem jungen Sohn erklärte, für »einen viel besseren« neuen Vater Platz zu schaffen.[3]

Bereits kurz nach der Machtübernahme ließ Hitler Frauen aus dem Beamtenapparat entfernen und versprach ihnen die »Emanzipation von der Emanzipation«.[4] Den deutschen Frauen wurde angeraten, sich um Heim und Herd zu kümmern, Apfelkuchen zu backen und die nächste Generation arischer Übermenschen zu gebären. Dies erwies sich als ebenso schwierig wie die Eroberung der Sowjetunion. Von 1933 bis 1939 stieg die Zahl der berufstätigen Frauen von vier auf fünf Millionen, andernfalls hätte die Wirtschaft mit den Erfordernissen der Kriegsvorbereitungen gar nicht Schritt halten können.

In Italien, wo Kommunisten und Sozialisten als geächtet galten, überlebten viele die faschistische Zeit, indem sie den Kopf einzogen und vorgaben, apolitisch zu sein, und – wie Mussolinis Vater in früheren Tagen – die rote Fahne in einer im Garten vergrabenen Kiste versteckten. Die klug taktierenden linken Bewegungen konnten bereits vor Kriegsende wieder mit erheblicher Schlagkraft in Erscheinung treten. In Deutschland war offener Widerstand selten, aber es gab stellenweise nazifeindliche Aktivitäten in den Gewerkschaften, im privaten Bereich, in religiösen Kreisen und sogar im Militär. Der Abscheu vor Hitler wurde am drastischsten deutlich, als am 20. Juli 1944 Claus Schenk Graf von Stauffenberg den Führer mit einer in seiner Aktentasche verborgenen Zeitzünderbombe zu töten versuchte. Der Diktator überlebte die Explosion jedoch mit versengtem Haar, einer Brandwunde am Bein und geplatzten Trommelfellen. Dass er mit solch knapper Not davongekommen war, nährte in ihm die Überzeugung, die Vorsehung habe ihn vor dem Tod bewahrt.

Die Zeitbombe, die auf Mussolini wartete, war weniger laut, aber letztlich tödlicher und stammte aus einem Personenkreis, dem er sogar noch näherstand als Hitler seinen Attentätern. Wer hätte gedacht, dass der Gründer des Faschismus von Mitgliedern seiner eigenen Partei entmachtet werden würde?

Der Wendepunkt kam für Mussolini Ende 1942, als die alliierten Streitkräfte die Achsenmächte aus Nordafrika vertrieben und dadurch einen Brückenkopf für die Befreiung Europas von Süden aus, über den Weg durch Italien, schufen.

Die sich verschlimmernde Lage des Landes spiegelte sich auch in den Veränderungen wider, die sich an seinem Führer zeigten. Den prahlerischen, großtuerischen Mussolini gab es fortan nicht mehr. Einst hatte er sich viel auf seine Spontanentscheidungen eingebildet und seinen Schreibtisch sauber aufgeräumt gehalten, doch jetzt ließ er zu, dass sich die Akten vor ihm türmten, während er über neue Heftklammern nachgrübelte und entscheidende Sätze mit einem Farbstift markierte. Er wurde fahrig, änderte oft seine Meinung und kreuzte manchmal beide Kästchen einer Akte an, die konträre Handlungsoptionen vorschlug. Gegen sein Magengeschwür gab es Medikamente, aber gegen das zentrale Dilemma, vor dem er stand, kein Rezept: Seine desillusionierten Landsleute waren des Krieges überdrüssig.

Weder der Durchschnittsitaliener noch die Streitkräfte des Landes noch der angeschlagene König wollten als Verbündete des »Dritten Reichs« betrachtet werden. Hitlers offen zur Schau getragene heidnische Einstellung kam bei den römisch-katholischen Italienern nicht gut an, und viele murrten, als Mussolini 1938 die gleichen antisemitischen Regelungen einführte, die Jahre zuvor in Deutschland erlassen worden waren. Selbst jenen, die den Duce vergötterten, und vielleicht vor allem ihnen, gefiel es nicht, wenn er den Juniorpartner des teutonischen Rassisten spielte. Das Militär war erbost darüber, dass Zehntausende italienische Soldaten in den Osten abkommandiert wurden, wo sie – oft nur in Schuhen aus Pappe – an der Seite der Deutschen zu kämpfen hatten. Jetzt stand ihr Heimatland kurz davor, zu einer neuen Front in einem schier endlosen Krieg zu werden. Die faschistische Bewegung, einst so eifrig bemüht, die Wiederkehr von Italiens Glorie zu verkünden, würde für Italiens Niederlage gewiss zur Verantwortung gezogen.

Am 10. Juli 1943 landeten die ersten 160 000 Mann der Alliierten auf Sizilien. Zwei Wochen später trat der Große Rat der Nationalen Faschistischen Partei in Rom zusammen. Aus Unsicherheit, was sie erwartete, trugen viele Teilnehmer Messer oder Granaten in ihren Taschen bei sich. Aber dies war nicht Hitlers Deutschland oder Stalins Russland. Mussolini stieß keine Drohungen aus, sondern war eher mürrisch. Er begrüßte die Parteiführer mit einer zweistündigen Suada, defensiv im Ton, voller irrelevanter Statistiken und äußerst entmutigend für jene, die immer noch nach einem Ausweg aus der verfahrenen Lage suchten. Während Mussolinis Rede verfassten einige Delegierte heimlich eine Erklärung, in der die vollständige Wiederherstellung der konstitutionellen Rechte des Königs und des Parlaments gefordert wurde. Der maßgebliche Urheber der Erklärung, Dino Grandi, hatte ursprünglich zu den eher militanten Mitstreitern Mussolinis gehört. Nun erhob er sich und bot seinem alten Chef die Stirn:

Sie glauben, Sie besitzen die Anhänglichkeit des Volkes, doch haben Sie diese an dem Tage, an dem Sie Italien an Deutschland verkauft haben, verloren. Sie haben jedermanns Persönlichkeit unter dem Deckmantel einer geschichtlich unmoralischen Diktatur erstickt. Ich muss Ihnen mitteilen, dass Italien in dem Augenblick, da Sie die goldene Tresse auf Ihrem Marschallshut befestigten, verloren war.[5]

In der anschließenden Abstimmung über Grandis Resolution votierten 19 der Anwesenden mit Ja, acht mit Nein, und einer enthielt sich. Selbst Mussolinis Schwiegersohn gehörte zu denen, die einen Kurswechsel forderten. Somit hatte der unfehlbare Diktator keinen Rückhalt mehr in der Partei, die er nach seinem Willen geformt hatte – und so beendete eine zwanzigminütige Abstimmung den zwanzigjährigen italienischen Faschismus. Als letzten Rettungsversuch versuchte der Duce, vom König eine Solidaritätserklärung zu erhalten, jedoch erfolglos. Mehr als zwanzig Jahre lang hatte sich Vittorio Emanuele vor Mussolini geduckt, weil er sich ihm gegenüber für chancenlos hielt und weil er feige war. Jetzt aber, nach so langer Zeit, hielt er das stärkere Blatt in Händen. »Sie sind heute der meistgehasste Mann in Italien«, sagte er zu seinem Gast. »Aber wenn Eure Majestät recht haben«, erwiderte Mussolini, »sollte ich ja meinen Rücktritt anbieten?« »Und ich muss Ihnen sagen«, entgegnete der König, »dass ich diesen bedingungslos annehme.«[6]

Die Nachricht von Mussolinis Abgang wurde in ganz Italien gefeiert. Die gerahmten Porträtbilder des abgesetzten Diktators wurden zu Tausenden abgehängt und landeten auf dem Müll; plötzlich gab es niemanden mehr, der sich zum Faschismus bekannte. Die neue Regierung stimmte einem Waffenstillstand mit den Alliierten zu und betete, dass der Krieg bald vorüber sei, aber ihre Bitte blieb ungehört. Hitlers Truppen besetzten den Norden des Landes und bestanden darauf, dass Mussolini als Chef einer Marionettenregierung weitermachte. Er tat es unwillig und praktisch als Gefangener der Deutschen.

Während seiner letzten Monate hatte Mussolini wenig zu tun, außer darüber nachzubrüten, wie seine kühnen Träume derart scheitern konnten. Vielleicht hätte das Ergebnis anders ausgesehen, räsonierte er, hätte er den Mut aufgebracht, es Hitler an Grausamkeit gleichzutun. Seinen Landsleuten warf er vor, zu wenig Begeisterung für den Krieg entwickelt, und den Nazis, für nichts anderes Begeisterung aufgebracht zu haben. Seinen wenigen verbliebenen Ratgebern gestand er, für Schmeicheleien zu empfänglich gewesen zu sein; außerdem fragte er sich nach einem der letzten Treffen mit Hitler, »ob sie nicht beide ein bisschen verrückt seien«.[7] Er ging zur Beichte und unternahm sporadisch noch weitere Bemühungen, den Segen der Kirche zu erhalten. Auch hörte er auf, sich mit Cäsar zu vergleichen, und überlegte laut, ob vielleicht ein Vergleich mit Jesus Christus angemessener wäre.

In den letzten Kriegstagen näherten sich sowohl amerikanische Truppen als auch italienische Kommunisten dem schwach verteidigten Hauptquartier Mussolinis. Der gestürzte Diktator suchte das Weite und hoffte zunächst noch, sich mit Gefolgsleuten, die es in seiner Vorstellung noch in großer Zahl gab, auf ein letztes Gefecht vorbereiten zu können. Das schlug jedoch fehl, und so schlossen er und seine Begleiter sich deutschen Soldaten an, die in Richtung der österreichischen Grenze flohen. Am 28. April 1945 wurde er, obwohl er einen Wintermantel und einen Helm der deutschen Luftwaffe trug, von einem kommunistischen Kommando erkannt. Sie erschossen ihn, seine langjährige Geliebte Claretta Petacci und andere in ihrer Gruppe, luden die Leichen auf einen Lastwagen und brachten sie nach Mailand.

In Deutschland hatte der unermüdliche Trommelschlag von Goebbels Propaganda erfolgreich den »Hitler-Mythos« erschaffen, wie es der Historiker Ian Kershaw nannte. Er bestand in der Überzeugung, dass der Führer auch die schwersten Rückschläge des Landes überwinden würde. Wurde ein Problem nicht gleich gelöst, so lag es dieser Überzeugung nach allein daran, dass man es dem Führer noch nicht vorgelegt hatte. Andere, und nur andere, trugen die Schuld, wenn die Bürokratie unfähig und das Militär erfolglos war und die SS willkürlich brutale Verbrechen verübte. Hitler wurde als die Verkörperung der Nation angesehen, als Schöpfer eines Wirtschaftswunders, als klarsichtiger Garant für Gerechtigkeit, als Schutzherr vor allen Feinden und als militärisches und außenpolitisches Genie, dessen Strategie – dafür würde der Himmel schon sorgen – einfach von Erfolg gekrönt sein musste.

Im Jahr 1943 entwickelte der Held dieses Mythos einen Tremor in seinem linken Arm und linken Bein, der auf medizinische Behandlung nicht ansprach. Beim Gehen zog er einen Fuß nach. Er hatte auch noch andere Beschwerden und verließ sich immer mehr auf einen Arzt, der ihm eine nutzlose Kombination aus Placebos, Aufputschmitteln, Aphrodisiaka und milden Giften verabreichte. Während Hitler körperlich immer mehr verfiel und schwächer wurde, brach die deutsche Kriegsmaschine zusammen. Nach der Landung der Alliierten in der Normandie wurde der Zweifrontenkrieg, den Hitler gefürchtet hatte, Realität. Von Osten und von Westen drangen nun die Alliierten vor und befreiten Länder, die die Nazis zu versklaven versucht hatten. Man steckte halbwüchsige Schüler ohne jede militärische Ausbildung in Uniformen und gab ihnen den Befehl, jeden Quadratmeter deutschen Bodens zu verteidigen – wie auch der Führer es tat, so wurde es zumindest behauptet. Von da an war die berühmte Stimme auf öffentlichen Versammlungen oder im Radio nicht mehr zu hören. Hitler wagte nicht einmal mehr, ins Freie zu gehen. Im Juli 1944 befreiten die Russen das Konzentrationslager Majdanek und im Januar des folgenden Jahres Auschwitz. Im April öffneten die Amerikaner die Tore von Buchenwald und die Briten die von Bergen-Belsen. Die Welt konnte nicht mehr verleugnen, was sie nicht hatte glauben wollen.

Der nunmehr kraftlose Führer verbrachte seine letzten Monate damit, in einem Bunker acht Meter unter dem Zentrum Berlins umherzuschlurfen. Wenn er sich bewegte, zuckte und schüttelte sich seine ganze linke Körperhälfte. Unaufhörlich klagte er, grübelte laut vor sich hin und erging sich vor seinem Publikum von Sekretärinnen, die des Zuhörens überdrüssig waren, aber keine andere Wahl hatten, als oft bis zum Morgengrauen auszuharren, in seinen gescheiterten Wahnvorstellungen. Im Unterschied zu Mussolini gab Hitler keine Fehler zu, bereute keine einzige Entscheidung und scherte sich nicht darum, dass er gehasst wurde. Er spie Gift und Galle auf alle, die ihn seiner Meinung nach betrogen hatten, verlangte unerbittlich, dass jeder deutsche Deserteur zu erschießen sei, und klammerte sich an die Hoffnung, ein letztes Wunder würde seine erhabene Stellung bestätigen, die im schließlich, wie er in seinem Wahn glaubte, nach wie vor gebühre. Mitte April hellte sich kurzzeitig seine Stimmung auf, als er vom Tod Franklin D. Roosevelts erfuhr, wodurch – wie Hitler in einer Erklärung sagte – »der größte Kriegsverbrecher aller Zeiten« von der Erde verschwunden sei. Am 30. April 1945, zwei Tage nach dem Tod Mussolinis, begingen Hitler und seine Frau Eva Braun, mit der er 36 Stunden verheiratet gewesen war, Selbstmord, sie mit Zyankali, er mit der Pistole.

In der Schlusspassage des *Großen Diktators* wird Charlie Chaplins furchtsamer jüdischer Friseur in der Folge verzwickter Ereignisse fälschlicherweise für die im Film dargestellte hitlerähnliche Figur gehalten, ebenfalls von Chaplin gespielt. Bekleidet mit einer deutschen Uniform findet er sich plötzlich vor einem Mikrofon wieder und soll vor einer riesigen Versammlung eine Rede halten. Anstatt der von der Menge erwarteten geifernden Hasstirade setzt Chaplin jedoch zu einer Moralpredigt über den Widerstandsgeist des Menschen angesichts des Bösen an. Er fordert die Zuhörer auf: »Soldaten, vertraut euch nicht Barbaren an, Unmenschen, die euch verachten und denen euer Leben nichts wert ist; ihr seid für sie nur Sklaven … Ihr werdet … wie Vieh behandelt und seid nichts weiter als Kanonenfutter. Ihr seid viel zu schade für diese verwirrten Subjekte, diese Maschinenmenschen mit Maschinenköpfen und Maschinenherzen. Ihr seid keine Roboter, ihr seid keine Tiere, ihr seid Menschen! Bewahrt euch die Menschlichkeit in euren Herzen und hasst nicht! Millionen Menschen auf der Welt können im Augenblick meine Stimme hören«, erklärt der kleine Friseur der Menge, »Millionen verzweifelter Menschen, Opfer eines Systems, das es sich zur Aufgabe gemacht hat, Unschuldige zu quälen und in Ketten zu legen. Allen denen, die mich jetzt hören, rufe ich zu: ›Ihr dürft nicht verzagen!‹ … Die Männer, die heute die Menschlichkeit mit Füßen treten, werden nicht immer da sein! Ihre Grausamkeit stirbt mit ihnen, und auch ihr Hass. Die Freiheit, die sie den Menschen genommen haben, wird ihnen dann zurückgegeben werden … für die Freiheit ist kein Opfer zu groß.«[8]

Chaplins Worte sind sentimental, rührselig und naiv. Wenn ich sie höre, könnte ich vor Begeisterung jubeln.

7

Die Diktatur der Demokratie

Josef Stalin verurteilte mit Vorliebe die reaktionäre Politik der italienischen und deutschen Faschisten, aber für einen Kommunisten war »Faschist« ohnehin die am vielseitigsten verwendbare aller Beleidigungen. Anstatt diese abwertende Bezeichnung für die reale Sache zu reservieren, benutzten die Sowjets das F-Wort, um damit Kapitalisten, Nationalisten, Demokraten, religiöse Menschen und Mitglieder jeder Fraktion – seien es Trotzkisten, Sozialisten oder Liberale – zu diskreditieren, die mit der UdSSR um die Herzen und Hirne der Linken konkurrierten. In Stalins Universum war man entweder auf seiner Seite oder nichts Besseres als Hitler; dazwischen gab es nichts. Man könnte daher meinen, dass Faschismus und Kommunismus konträre Bewegungen waren, aber die Sache ist komplizierter.

1932 beschrieb Mussolini den Faschismus als ein geschlossenes Universum, in dem »der Staat allumfassend ist« und außerhalb dessen »es keine menschlichen oder geistigen Werte geben kann«.[1] Damit bestätigte er die Schnittmenge mit dem Kommunismus in der Verachtung der Demokratie und ihrer Insignien. Öffentlich verdammte der Duce die Bolschewiken, aber im Privaten gestand er seine Bewunderung für die Effektivität der brutalen Vorgehensweise Lenins. Sowohl der Faschismus als auch der Kommunismus hatten utopische Bestrebungen, und beide gingen aus der intellektuellen und sozialen Umbruchszeit des späten 19. Jahrhunderts hervor. Beide gaben vor, bestimmte emotionale Bedürfnisse zu stillen, wozu liberale politische Systeme angeblich nicht in der Lage waren.

Es bestanden aber auch große Unterschiede. Die Nazis teilten die

Menschen nach den Kriterien von Nationalität und Rasse ein; für die Kommunisten hingegen war die soziale Klasse ausschlaggebend. In Deutschland wurden, neben vielen anderen, Juden, Sinti und Roma verfolgt; in der Sowjetunion galten als Hauptfeinde die Landbesitzer, die Bourgeoisie und erst später die Juden. Die Nazis pervertierten die Religion, indem sie sich das Bedürfnis nach Anbetung zunutze machten; die Kommunisten ignorierten die Religion und behandelten gleichzeitig bestimmte säkulare Schriften als heilig. Die Nazis bemächtigten sich der Kontrolle über die staatlichen Institutionen; die Kommunisten zerschlugen sie und bauten sie anschließend neu auf, ersetzten eine träge zaristische Bürokratie durch eine schwerfällige und ineffiziente sowjetische. Beiden Systemen wohnte eine unfreiwillige Ironie inne: Die Nazis verfolgten den Wahn einer rassereinen Gesellschaft mittels Besetzung und Eroberung fremder Länder und traten dadurch in engen Kontakt mit vielen nicht deutschen Nationalitäten und Ethnien. Und die Kommunisten ihrerseits waren überzeugt, die nationale Identität sei unerheblich, verfolgten aber obsessiv Männer und Frauen aufgrund ihrer Abstammung: Litauer, Polen, Ukrainer, Armenier, Finnen, Tschechen, Koreaner und Türken.

Was die beiden Führungsfiguren betrifft, zeigte Hitler, sobald er an der Macht war, seine träge Seite; er begann im Allgemeinen seinen Tag erst um die Mittagszeit und überließ die Details der Regierungsgeschäfte anderen. Stalin hingegen stand mit dem ersten Hahnenschrei auf, arbeitete lange Stunden und verlangte, über jede Entwicklung auf dem Laufenden gehalten zu werden, seien sie wirtschaftlicher, politischer oder militärischer Natur. Hitler war Abstinenzler und Vegetarier; Stalin trank viel und aß üppig – seine Küchenchefs, darunter Wladimir Putins Großvater, tischten ihm die Speisen seiner georgischen Heimat auf: Kebab- und Schmorgerichte, Salate, Klöße sowie Walnüsse und Brot in großen Mengen. Hitler bevorzugte mündliche Unterrichtungen; Stalin studierte die ausführlichen politischen Rapporte – und überarbeitete sie.

Aller Unterschiede zum Trotz sprachen die beiden Männer eine gemeinsame Sprache: die der Gewalt. Beide verachteten die Ideale Thomas Jeffersons: eine Volksregierung, vernunftgeleitete Debatten, Meinungsfreiheit, eine unabhängige Rechtsprechung und freie und geheime Wahlen. Beide gingen gewissenlos gegen Feinde innerhalb und außerhalb ihrer Partei vor. In den Zwanzigerjahren, als die Nazis noch um ihre politische Existenz fürchteten, festigten die Sowjets bereits ihre Revolution, indem sie zwangsweise die Industrie reorganisierten, Millionen »Klassenfeinde« nach Sibirien verbannten und durch die Kollektivierung der Landwirtschaft eine entsetzliche Hungersnot auslösten. 1937 ordnete Stalin die Exekution von 680 000 Menschen an, die ihm als politisch unzuverlässig galten, darunter Armeeoffiziere, Parteifunktionäre und Mitglieder des Politbüros – eine unfassbare Zahl. Die Kommunisten verstanden es fast ebenso gut wie die Nazis, wie man einen Staat in eine furchterregende Mordmaschine verwandelt.

Ebenso wie die Nazis versuchten die Kommunisten, das Denken der Bürger umzuformen, indem sie sie mit propagandistischem Müll überschütteten. Tag für Tag waren die Männer und Frauen in der UdSSR dazu aufgerufen, für die Revolution Opfer zu bringen, für ein besseres Morgen zusammenzustehen und noch härter für das Wohl des Ganzen zu schuften. Unablässig wurde die Bevölkerung eingeschüchtert, mit Spruchbändern und über den Rundfunk, durch die Zeitungen und die Parteiführer; es ging darum, Konformisten zu erschaffen, die taten, was die Regierung von ihnen verlangte, weil sie keine andere Alternative sahen. Ihr Auftrag war – und sie hatten keine Wahl, als ihn zu akzeptieren –, Befehle auszuführen; sie sollten sich in menschliche Roboter verwandeln, die Gehorsam mit Tugend gleichsetzten.

Sowohl die Kommunisten als auch die Nazis betrachteten es als ihre Bestimmung, den »neuen Menschen« zu formen, ein modernes Wesen, das sich über das individuelle Streben nach Geld, Besitz und Vergnügen hinwegsetzte – ein Streben, durch das nach Ansicht der Kommunisten die Arbeiter gegeneinander ausgespielt würden und das die

Demokratie zu einer moralischen Jauchegrube machte. 1932, bei einer vom sozialrevolutionären Schriftsteller Maxim Gorki veranstalteten Versammlung, forderte Stalin die literarische Elite seines Landes auf, »Ingenieure der menschlichen Seele« zu werden.[2] Die sowjetischen Filmemacher ihrerseits reproduzierten in zahllosen Variationen immer dieselbe Fabel: Der Protagonist wird von raffgierigen Kapitalisten gezwungen, sich zwischen dem Eigeninteresse und dem Wohlergehen der Gemeinschaft zu entscheiden. Unweigerlich führt die falsche Wahl zur Tragödie und die richtige zur kameradschaftlichen Glückseligkeit.

Der Reiz eines solchen Szenarios liegt auf der Hand. Die Bolschewiken – wörtlich übersetzt »die Mehrheit« – gewannen Millionen Anhänger teils aufgrund der krassen Ungleichheit, die in kapitalistischen Gesellschaften herrscht. Die Vorstellung, jedem einen Platz in ein und demselben Boot zu geben, ist attraktiv und erscheint fair. Aber es gibt einen Grund, warum die Kommunisten mit derart harter Hand vorgehen mussten, um ihre Theorien in die Praxis umzusetzen: Hätten sich ihre Ideen für das wirkliche Leben besser geeignet, wären ihre Indoktrinationsmaßnahmen nicht so schwierig gewesen und ihre Gulags unnötig. Was auch immer prinzipiell für eine kollektive Landwirtschaft sprechen mag, die Bauern wollen sie nicht, weil sie ihnen außer mehr Arbeit und weniger Gewinn nichts bringt. In den Fabriken bleiben auch die produktivsten Arbeiter nicht immerzu die produktivsten, sofern sie für ihre Mühen nicht belohnt werden – und eine gelegentliche Auszeichnung als »Mitarbeiter des Monats« reicht dafür nicht aus. In jeder Gesellschaft werden Menschen mit einer gewissen Vorstellungskraft dagegen aufbegehren, wenn man ihnen aufträgt, was sie zu tun und zu glauben haben, und sie nicht selbst denken sollen.

Eine Diktatur, gleich welchen Namens, ist immer noch eine Diktatur, unabhängig davon, ob ihr Symbol der zaristische doppelköpfige Adler oder Hammer und Sichel ist. Während des Zweiten Weltkriegs zwang die Rote Armee Millionen Soldaten in den Dienst, die ihren Oberkommandierenden hassten, aber dennoch Mütterchen Russland gegen die deutschen Faschisten tapfer verteidigten. Die sowjetische Propaganda behauptete später, ihre Truppen seien aus Verbundenheit mit Stalin in den Kampf gestürmt, aber das war Unsinn. Der Kommunismus funktioniert nicht.

Im Juli 1945, als ich acht Jahre alt war, kletterte ich in einen britischen Bomber, schnallte mich auf einem behelfsmäßigen Sitz fest und flog in mein Heimatland, die Tschechoslowakei. Mein Vater, der schon sechs Wochen zuvor zurückgekehrt war, empfing uns am Flughafen. Die Nachkriegszeit hatte begonnen. In den folgenden drei Jahren unternahm mein Land eine heikle Gratwanderung zwischen einem Faschismus sowjetischen Stils und einer Art robuster demokratischer Republik, wie sie in den Zwanziger- und Dreißigerjahren bestanden hatte.

Nach dem Ende der deutschen Besatzung wurde die Spaltung zwischen den beiden großen Partnern des gegen die Achsenmächte gerichteten Bündnisses – die Sowjetunion und der Westen – überdeutlich. Während des Krieges hatten die meisten tschechoslowakischen Exilanten Zuflucht in London gefunden, aber Tausende andere waren nach Moskau emigriert, wo sie sich eifrig auf das Kommende vorbereiteten. Unter den tapferen Menschen, die vom Inland aus den Nazis Widerstand geleistet hatten, waren Patrioten aus beiden Lagern. Die unbeantwortete Frage lautete, ob die Tschechoslowaken, die zu Kriegszeiten ihre Kräfte gebündelt hatten, auch in Friedenszeiten zusammenarbeiten würden und ob ihnen das überhaupt erlaubt wurde.

Der Präsident unseres Landes, Edvard Beneš, wollte enge Bindungen sowohl zum Osten als auch zum Westen – ein vernünftiger Ansatz, und da der Kalte Krieg noch nicht in vollem Gange war scheinbar auch möglich. Genau zum Zeitpunkt meiner Reise von London nach Prag konferierte Stalin in Potsdam freundschaftlich mit Truman und dem bald danach vom Amt des britischen Premiers abgelösten Churchill. In der öffentlichen Wahrnehmung standen wir alle noch auf derselben Seite. Hinter den geschlossenen Türen jedoch nahm ein Konflikt gewaltigen Ausmaßes seinen Anfang.

Im Mai 1946 fanden in der Tschechoslowakei die ersten Wahlen nach dem Krieg statt. Vor dem Krieg hatten die Kommunisten einen nur geringen Stimmenanteil erzielt. Dieses Mal aber erwarteten sie ein besseres Abschneiden, doch niemand hätte voraussehen können, dass sie 38 Prozent gewinnen würden, weit mehr als jede andere Partei. Beneš blieb Präsident, während der für ein hartes Durchgreifen bekannte Kommunistenführer Klement Gottwald – ein ehemaliger Werkzeugmacher, der lieber Kappen als Hüte trug – Ministerpräsident wurde. Die Kabinettsposten wurden gleichmäßig zwischen Moderaten und Vertretern der extremen Linken aufgeteilt. Das Wahlergebnis ließ die Kommunisten hoffen, dass sie dasselbe wie Mussolini und Hitler erreichen konnten – auf demokratischem Weg die Macht zu erlangen und sodann die Demokratie abzuschaffen.

Die zweite Runde der Wahlen war für den Mai 1948 vorgesehen. Die Kommunisten strebten nach einer absoluten Mehrheit, und die Demokraten waren entschlossen, dies zu verhindern und selbst stärkste Fraktion zu werden. Doch im Mai 1947 mussten alle Seiten ihre Chancen neu berechnen, nachdem der amerikanische Außenminister George Marshall ein großzügiges Programm zur Kreditvergabe für den Wiederaufbau Europas vorgestellt hatte. Jedes europäische Land mit Kriegszerstörungen, einschließlich der UdSSR, war eingeladen, daran teilzunehmen. Der Tschechoslowakei bot der Marshallplan eine Möglichkeit, die Wirtschaft wieder in Schwung zu bringen, solange sich die Landwirtschaft nicht erholt hatte und die Fabriken nicht zur normalen Produktionsleistung zurückgekehrt waren. Am 4. Juli 1947 stimmte das Kabinett der Teilnahme am Marshallplan einstimmig zu.

Sieben Tage später verwandelte sich dieses grüne Licht in jeder Hinsicht in ein rotes. Vertreter Prags reisten nach Moskau, wo Stalin ihnen darlegte, der amerikanische Vorschlag sei ein Trick – eine Falle, um Russland zu isolieren und zu unterminieren. Zur Bekräftigung seiner

Behauptung erklärte er, er allein sei der einzige Schutz der Tschechoslowakei vor einem Wiedererstarken der Macht Deutschlands. Sollte sich die Prager Regierung ihm verweigern, werde er diesen Schutz zurückziehen. Außerdem wäre dies ein Bruch der vertraglichen Verpflichtungen der Tschechoslowakei.

Damit hatte der Kalte Krieg wirklich begonnen. Nicht nur mein Heimatland, sondern alle sowjetischen Satellitenstaaten – Polen, Ungarn, Rumänien, Bulgarien, Albanien, Jugoslawien – mussten den Marshallplan ablehnen, weil die Rote Armee bedrohlich nahe war und die Westalliierten ihre Waffen niedergelegt hatten. Der Plan hätte den Kontinent zusammenhalten können. Stattdessen wurde ein Stacheldraht quer durch das Herz Europas gezogen, weil Russland sich gefährdet wähnte – wie erneut im 21. Jahrhundert.

In der Tschechoslowakei führten daraufhin die Lager der Demokraten und der Kommunisten einen erbitterten Wahlkampf, wobei die Kommunisten den Vorteil hatten, über eine bessere Organisation zu verfügen, die meisten wichtigen Ministerien zu kontrollieren, Rückendeckung durch die Sowjetunion zu erhalten und innerhalb kurzer Zeit große Menschenmassen auf die Straße zu bringen. Auch besaßen sie die spitzeren Ellbogen. Die Demokraten ihrerseits versuchten, die Heuchelei der Kommunisten zu entlarven – dass dieselben ehemaligen Partisanen, die mit ihrem Widerstand gegen die Faschisten prahlten, jetzt deren Vorgehensweisen übernahmen. Die Kommunisten würden einfach nur die Porträts von Hitler durch jene Stalins ersetzen und wie Mussolinis Schwarzhemden die Presse attackieren, politische Gegner verleumden, von ihren Parteimitgliedern totale Loyalität einfordern und jeden bedrohen, der ihnen im Weg stehen würde.

Meine Familie beobachtete all dies aus dem nicht weit entfernten Belgrad, wo mein Vater tschechoslowakischer Botschafter war. Unter dem Machthaber Josip Broz (besser bekannt unter seinem Pseudonym Tito) war Jugoslawien aus dem Krieg mit einer streng kommunistischen Regierung hervorgegangen. Von seinen Kontakten mit örtlichen Vertretern wusste mein Vater, dass über unserem Heimatland Aasgeier kreisten. Ein jugoslawischer Armeeoffizier sagte zu ihm: »Ich bin mit der Politik Ihrer Regierung nicht einverstanden ... Sie haben zu viele Parteien.« In seinem Land hingegen, meinte er, führten die Kommunisten »im Parlament, in der Armee, in der öffentlichen Verwaltung, in der kollektivierten Landwirtschaft, in der Industrie – überall. Sie handeln zum Wohle der Nation ... es ist eine Diktatur der Demokratie.«[3] Auch diese seltsame Auffassung stammte aus dem faschistischen Spielplan: eine einzige Partei, die mit einer Stimme spricht, sämtliche staatlichen Institutionen kontrolliert, zudem behauptet, das ganze Volk zu repräsentieren, und diese Scheinwelt als Triumph des Volkswillens bezeichnet.

Tief besorgt reiste mein Vater im Januar 1948 nach Prag, um mit Präsident Beneš zu konferieren. Nachdem er die mörderischen Neigungen der kommunistischen Führer in Jugoslawien mit eigenen Augen gesehen hatte, hoffte er, das Staatsoberhaupt seines Landes sei sich der Gefahren, mit denen die Demokratie konfrontiert war, voll bewusst und verfüge über eine klare Strategie, diese Gefahren abzuwehren. Doch als man ihn in Beneš' Büro geleitete, wurde er von einem offensichtlich kranken Mann begrüßt, mit schütterem silberfarbenem Haar, tiefen Tränensäcken und einem schleppenden Gang.

Drei Jahrzehnte lang war Beneš in aller Welt für seine fast schon legendäre Energie berühmt gewesen, aber er hatte kurz zuvor einen Schlaganfall erlitten und war sichtlich zermürbt von seinen Bemühungen, das Land zusammenzuhalten. Mein Vater, der die Gelegenheit dieses Treffens nutzen wollte, warnte den Präsidenten vor der kommunistischen Unterwanderung in der Armee, der Polizei, den Gewerkschaften, den Medien und dem Außenministerium. Die Zeit werde knapp. Die beschwichtigende Antwort des alten Mannes – er sei nicht beunruhigt – hätte erschreckender nicht ausfallen können. Beneš glaubte nicht an die Gefahr eines Staatsstreichs und war sich sicher, dass aus den bevorstehenden Wahlen die Demokraten als Sieger hervorgehen würden. Mein Vater solle sich keine Sorgen machen, nach Belgrad zu seinen Aufgaben zurückkehren und einfach weiterarbeiten wie bisher.

Ein Vierteljahrhundert zuvor hatte Mussolini die Schalthebel der Macht von einem unentschlossenen König in die Hände gelegt bekommen. 1933 war Hitler von einem todgeweihten Reichspräsidenten ins mächtigste Staatsamt gehoben worden. Beneš war weder so passiv wie Vittorio Emanuele noch so alt wie seinerzeit Hindenburg, aber er teilte mit ihnen das Unvermögen, zum entscheidenden Zeitpunkt die demokratischen Kräfte zu mobilisieren und anzuführen. Die Machtprobe erfolgte im Februar 1948, als Kommunisten dabei aufgespürt wurden, dass sie die Polizei unterwandern und deren Schusswaffen an ihre Anhänger in Prag verteilen wollten. Dies geschah am 22. Februar, genau zu dem Zeitpunkt, als in Prag eine Großkundgebung der Gewerkschaft stattfand, die wie eine von Moskau gelenkte Version von Mussolinis Marsch auf Rom wirkte.

Anstatt die Nerven zu behalten, erklärten fast alle demokratischen Minister ihren Rücktritt – in der vergeblichen Hoffnung, dadurch sofortige Neuwahlen zu erzwingen. Das sich daraus ergebende Chaos eröffnete eine Chance, die sich der Kommunistenführer Gottwald nicht entgehen ließ. Von Beneš verlangte er, die zurückgetretenen Minister durch Männer zu ersetzen, die er als »verlässlicher« erachtete. Gottwalds Gefolgsleute in den Medien unterstützten diese Forderung, die auch von Zehntausenden Gewerkschaftsaktivisten begrüßt wurde. Am 25. Februar wurde dann schließlich die Freiheit unter den Türmen Prags begraben. Die Vertreter der Demokraten wurden am Betreten ihrer Büros gehindert; bei manchen kam es zu Hausdurchsuchungen, oder man führte sie in Handschellen zur Inhaftierung ab. Die letzten unabhängigen Zeitungen und Rundfunksender wurden besetzt und geschlossen. Dann riefen die kommunistischen Gewerkschaften zum Generalstreik auf; wer sich nicht daran beteiligte, verlor seine Arbeitsstelle. Gottwald suchte Beneš auf und drohte ihm: Entweder ernenne er ein neues Kabinett, oder es werde noch mehr Blut fließen. Widerstrebend gab der Präsident schließlich nach.

Ein führender demokratischer Minister, der nicht sein Amt niedergelegt hatte, war Außenamtschef Jan Masaryk, ein enger Freund meines Vaters und unserer Familie. Der Mann, den ich als »Onkel Jan« kannte, spielte viel lieber Klavier als den Diplomaten; er hatte einen Blick, als würde er trauern, dennoch war in seinen Augen immer ein Funkeln. Und er konnte gar nicht anders, als stets die Wahrheit auszusprechen. Am Morgen des 10. März fand man seinen zerschmetterten Körper im Hof des Ministeriums, unter einem offenen Toilettenfenster. Die neue, von Gottwald geführte Regierung erklärte, Masaryk habe Suizid begangen; die Indizien wiesen jedoch auf einen Mord hin.

Die Geschichte der kommunistischen Machtübernahme in der Tschechoslowakei enthält Lehren, die nach wie vor beherzigt werden sollten: Es sind nicht immer die Guten, die gewinnen – vor allem nicht, wenn sie uneins und weniger entschlossen als ihre Gegner sind. Der Freiheitswunsch mag jedem Menschen innewohnen, aber ebenso die Neigung zur Bequemlichkeit, Verwirrung und Feigheit. Und jede Niederlage hat ihren Preis. Nach 1948 gab es in der Tschechoslowakei keinen Platz mehr für Demokraten. In jener kafkaesken Welt wurden die Tschechen, die während des Zweiten Weltkriegs all ihre Kraft dafür eingesetzt hatten, Hitler von London aus zu bekämpfen, beschuldigt, stattdessen in dieser Zeit eine Verschwörung angezettelt zu haben – mit dem Ziel, die Arbeiterklasse zu versklaven. So wurde ich zum zweiten Mal in meinem Leben aus dem Land meiner Geburt vertrieben. Mein Vater erhielt das Angebot, den Vorsitz einer UN-Kommission zur Untersuchung des Kaschmir-Konflikts zwischen Indien und Pakistan zu übernehmen. Als feststand, dass er zusagen würde, beantragte er in den Vereinigten Staaten politisches Asyl für sich und seine Familie; im Juni 1949 wurde es ihm bewilligt.

Bei der Aufarbeitung der im Ersten Weltkrieg angerichteten Verheerungen zeigten die Lenker der internationalen Gemeinschaft, was sie daraus gelernt hatten: nicht genug. Die europäischen Sieger wollten vor allem Territorien annektieren und Vergeltung üben, während die Verlierer Not litten und auf Revanche sannen. Zwar verkündeten die Vereinigten Staaten auf der Friedenskonferenz von Versailles hochtrabende Prinzipien, aber sie bekundeten wenig Interesse an den Problemen der Europäer, verweigerten gar den Beitritt zu dem von ihnen selbst initiierten Völkerbund und zogen sich schließlich selbstgefällig auf ihre Seite des Ozeans zurück. Der allumfassende Mangel an Bereitschaft, effektiv gemeinsam zu handeln – nach einer Katastrophe, die 20 Millionen Tote und 21 Millionen Verwundete gekostet hatte –, ermöglichte den Aufstieg des Faschismus und führte die Welt an den Abgrund eines zweiten und noch fürchterlicheren Kriegs.

Nach der Kapitulation Nazi-Deutschlands waren Präsident Truman und seine transatlantischen Kollegen zur Zusammenarbeit auf den Feldern entschlossen, auf denen ihre Vorgänger dies versäumt hatten. Sie hofften, das Kriegsbündnis mit der Sowjetunion weiterführen zu können, doch der kommunistische Staatsstreich in der Tschechoslowakei, gefolgt vom Mord an Masaryk, machte diese Illusion zunichte. Stalin hatte nicht die Absicht, seine im Krieg gegebenen Versprechen zu halten; sein Plan war, Mittel- und Osteuropa unter seine Herrschaft zu bekommen.

Der Westen antwortete darauf mit der Gründung des Militärbündnisses NATO und der Hilfe für Griechenland und der Türkei bei der Abwehr einer kommunistischen Unterwanderung. Anstatt sich erneut in einen Kokon jenseits des Atlantiks zurückzuziehen, engagierten sich die Vereinigten Staaten nun in einer Vielzahl multilateraler Organisationen, darunter die Vereinten Nationen, der Internationale Währungsfonds und die Weltbank. 1949 präsentierte Truman sein Point-IV Programm zur technischen Entwicklungshilfe. Jeder dieser Schritte war das Ergebnis aufgeklärten internationalen Engagements, und jeder fand im US-Kongress breite Zustimmung von beiden Parteien. Diese Errungenschaften und die mühevolle Diplomatie, durch die sie ins Leben gerufen wurden, sollten nicht als selbstverständlich erachtet oder vergessen werden.

Die Sowjetunion zeigte in dieser Zeit weiterhin viele der klassischen Symptome des Faschismus. Als der liberale Journalist I. F. Stone im Mai 1956 Moskau besuchte, schloss er Bekanntschaft mit einem kommunistischen Parteifunktionär, der zunächst begierig darauf schien, auszusprechen, was ihm durch den Kopf ging. Aber als Stone näher in ihn drang, überlegte er es sich anders und flüsterte schließlich halb auf Russisch, halb auf Deutsch: »Ili Schweigen ili Gefängnis« – entweder den Mund halten oder eingesperrt werden.[4]

Diese bittere Alternative entsprach durchaus der Realität, da kommunistische Regime dazu neigen, ihre eigenen Leute auszuschalten. In der Nachkriegszeit wurden viele kommunistische Parteiführer in der Tschechoslowakei und anderswo ins Gefängnis geworfen oder exekutiert, manche auf direkten Befehl Stalins, andere mit ziemlicher Wahrscheinlichkeit, weil sie Juden waren. Um die Verhaftungen zu rechtfertigen, verwendete man ein eigenes Vokabular. Die in den Schauprozessen Verurteilten wurden als Klassenverräter bezeichnet, als Volksfeinde, Lakaien der Kapitalisten, bourgeoise Schweine, Spione des Imperialismus – und als die Berliner Mauer gebaut wurde, bezeichneten die Kommunisten sie natürlich als antifaschistischen Schutzwall.

Im Westen entwickelten wir unsere eigene Liste herabwürdigender Bezeichnungen: Kommunistensau, rote Socke, Dreckssozi, fünfte Kolonne. Angesichts der Gefahr sowjetischer Spionage und entschlossen, nicht ein weiteres Mal den Fehler der Appeasement-Politik zu begehen, die Hitlers Weg erleichtert hatte, versuchten sich manche amerikanischen Politiker, als Warner vor der kommunistischen Bedrohung gegenseitig zu überbieten. So forderten Kongressausschüsse eine Antwort auf die Frage »Wer hat China verloren?« und fahndeten in den Medien, den Künsten, den Gewerkschaften und sämtlichen Regierungszweigen nach Verrätern. Die Zeiten riefen geradezu nach einer Führungsperson mit Vernunft und Stärke, die das Land vor Unterwanderung schützen konnte, ohne in die Fallstricke des Verfolgungswahns und in grundlose Angst zu geraten. So jemand hätten wir benötigt, aber wer dann schließlich durch die Tür hereinstolperte, war von einem ganz anderen Schlag.

Senator Joseph McCarthy, fortwährend zorngeladen und sich entrüstet gebend, hatte die Instinkte eines Mussolini, aber ohne jedwede intellektuelle Fundierung. Wie der Duce war er ein Blender, der die Politik liebte und nach der Macht gierte. Im Unterschied zu ihm verstand er aber kaum etwas von Politik, als er an die Öffentlichkeit trat. Er hatte das Temperament eines faschistischen Schlägers, war sich zunächst jedoch unsicher, wogegen er seine Wut eigentlich richten sollte. In McCarthys Anfangsjahren als Senator suchte er nach einem effekthascherischen Dreh, wie er aus seiner Beschäftigung mit Themen wie der Steuer auf Rauchwaren, dem öffentlichen Wohnungsbau, der Zuckerrationierung und dem Beschaffungsprogramm des Pentagon sensationelle Nachrichten herausschlagen konnte. Das erwies sich als schwierig. Anfang der Fünfzigerjahre, als die Bewerbung um seine Wiederwahl anstand, intensivierte er seine Suche nach einer schlagzeilenträchtigen Idee.

Laut zeitgenössischen Berichten fand er die Antwort bei einem freundschaftlichen Dinner in einem Washingtoner Restaurant mit drei römisch-katholischen Glaubensbrüdern: einem Anwalt, einem Professor und einem bekannten jesuitischen Priester. Der Anwalt empfahl, McCarthy solle sich für den Sankt-Lorenz-Seeweg einsetzen – ein riesiges Bauprojekt. Zu langweilig, entschied die Runde. Dann schlug der Professor den Plan vor, jede ältere Person in den USA monatlich mit 100 Dollar zu alimentieren. Zu teuer, befanden die übrigen drei. Schließlich war der Priester an der Reihe: Wie wäre es mit dem Kommunismus als Gefahr für die nationale Sicherheit? Konnte das ein zündendes Thema sein? Es war genau das richtige.[5]

Daraus entstand ein Phänomen, das Amerika tief spalten sollte und die unheilvolle Frage aufwarf – mit der wir immer noch konfrontiert sind –, ob eine demokratische Gesellschaft dergestalt manipuliert werden kann, dass sie ihre eigenen Werte verrät.

Joe McCarthy hatte eine Brust wie ein Fass, Hängebacken, blaue Augen mit struppigen Brauen, ein Übermaß an rastloser Energie und Erfahrung als Geflügelfarmer. Seine bodenständige Rhetorik kam bei vielen Wählern gut an, ebenso wie sein Ruf, Dinge laut auszusprechen, die normale Politiker sich nicht einmal flüsternd zu äußern trauten. Allerdings war der Senator sehr dünnhäutig und schien sich auch wenig darum zu kümmern, ob seine beängstigenden angeblichen Enthüllungen auf einer realen Grundlage beruhten.

Nur einen Monat nach diesem schicksalhaften Dinner in Washington erklärte McCarthy vor einem Frauenklub in Wheeling in West Virginia: »Ich habe eine Liste mit 205 Namen vorliegen, die dem Außenminister als Mitglieder der Kommunistischen Partei bekannt sind, aber dennoch nach wie vor im Außenministerium arbeiten und dessen Politik bestimmen.«[6]

Darauf folgte ein drei Jahre währendes Spektakel, das McCarthy enorme Aufmerksamkeit seitens der Medien eintrug, indem er den baldigen Untergang der USA prophezeite und falsche Anschuldigungen verbreitete, um sie umgehend abzustreiten – und sofort neue zu erfinden. Er behauptete, das Außenministerium, die Armee, Denkfabriken, Universitäten, Gewerkschaften, die Presse und Hollywood seien von kommunistischen Elementen unterwandert, die er namentlich anführen könne. Er unterstellte jedem, der ihn kritisierte, und sogar seinen Senatorenkollegen fehlenden Patriotismus. McCarthy scherte sich nicht im Mindesten um die Seriosität seiner Informationsquellen und verknüpfte Dinge, die keinerlei logischen Zusammenhang hatten. Seiner Ansicht nach war man bereits schuldig, wenn man Kommunist war oder gewesen war, eine Versammlung besucht hatte, an der auch ein angeblicher Sympathisant der Kommunisten teilgenommen hatte, das Buch eines Autors las, der dem Kommunismus nicht feindselig gegenüberstand, oder eine Zeitschrift mit liberaler Haltung abonniert hatte. McCarthy, der den Spitznamen Bordschütze Joe trug, obwohl er nie Bordschütze gewesen war, griff auch gern zu Superlativen. Mitte 1951 warnte er den Senat vor »einer derart gewaltigen Verschwörung und bodenlosen Infamie, die alles Vergleichbare in der Menschheitsgeschichte in den Schatten stellt«.[7]

McCarthy hätte niemals Aufsehen erregt und die Karrieren so vieler ehrbarer Menschen zerstören können, wäre er nicht von führenden Zeitungen des Landes unterstützt und von rechtsgerichteten Personen mit dickem Portemonnaie finanziert worden. Man hätte ihn viel früher entlarven können, wären seine wüsten Anschuldigungen nicht von vielen politischen Schwergewichten beider Parteien schweigend hingenommen worden; ihnen missfielen zwar seine schikanösen Methoden, aber es fehlte ihnen der Mut, ihn als den Scharlatan zu bezeichnen, der er war. Zu der Zeit, als er sich schließlich selbst demontierte, wurde tatsächlich eine kleine Zahl von Leuten im Regierungsapparat als Sicherheitsrisiko entdeckt, aber darunter war keiner, den der Senator aus Wisconsin auf seiner willkürlich zusammengestellten Abschussliste stehen hatte.

McCarthy konnte die Menschen zum Narren halten, weil viele seine Ängste teilten und seine Schmähungen guthießen; es gefiel ihnen, wenn die Mächtigen sich krümmten und wanden. Ob seine Anschuldigungen auf Resignation oder Empörung stießen, war ihm weniger wichtig als der Umstand, dass man über sie berichtete und dass sie wiederholt wurden. Je hetzerischer die Anschuldigung, desto mehr Presseecho erhielt sie. Selbst manche Skeptiker meinten, McCarthy würde zwar übertreiben, aber unter dem Rauch, den er verbreite, könnte ja doch ein Feuer lodern. Dies ist der demagogische Trick, die faschistische List, wie sie am abscheulichsten mit den gefälschten antijüdischen »Protokollen der Weisen von Zion« vorgeführt worden war: Wiederhole eine Lüge nur oft genug, und sie beginnt allmählich, so zu klingen, als sei sie wahr – oder zumindest, als könnte sie wahr sein. »Die Lüge fliegt«, sagte Jonathan Swift, »und die Wahrheit humpelt ihr hinterher.« McCarthys Karriere zeigt, wie viel Hysterie ein geschickter und schamloser Tatsachenverdreher erzeugen kann, vor allem wenn er behauptet, für eine gerechte Sache zu kämpfen. Denn wenn der Kommunismus das nicht mehr zu überbietende Böse ist, dann darf man doch für den Kampf gegen ihn vieles aufs Spiel setzen, sogar die Objektivität und die herrschende Moral, oder etwa nicht?

Während des Kalten Kriegs war das sowjetische Imperium fast durchweg ein überforderter Koloss, der mit inneren Widersprüchen rang und mehr von Paranoia angetrieben wurde als vom Ziel der Weltherrschaft. Dieses Imperium war aber derart hochgerüstet, zynisch und grausam, dass es die freien Gesellschaften wachsam im Auge behielten. Zum Glück gab es in aller Welt politische Führer, die für demokratische Repräsentanz, eine starke Verteidigung und die Achtung der liberalen Normen eintraten. In Europa erwuchs aus diesen Prinzipien ein Prozess der regionalen Integration, durch die Grenzen und Zölle verschwanden und eine gemeinsame Währung entstand. Auch die Regierungen der Vereinigten Staaten, ob von den Demokraten oder den Republikanern geführt, unternahmen bedeutende Schritte in diese Richtung; man denke nur an Eisenhowers Programm »Atome für den Frieden«, Kennedys Allianz für den Fortschritt, Nixons Öffnung gegenüber China, Carters Engagement für die Menschenrechte und Reagans Plädoyer für die Demokratie. Diese und andere Initiativen demonstrierten den fundamentalen Unterschied zwischen einem staatlich gelenkten System, das die Rechte des Individuums ignoriert, und einem System, das seine Macht aus dem Volk bezieht.

Die Geschichte des Kalten Kriegs ist aber nicht ganz so schwarz-weiß, wie diese Dualität suggeriert. Die Angst vor dem Kommunismus förderte in den Zwanzigerjahren in Italien und den Dreißigerjahren in Deutschland den Faschismus. Nach dem Zweiten Weltkrieg bereitete diese Angst den Boden für McCarthys schändliches Treiben und für die Bereitschaft seitens vieler demokratischer Führungspersonen, über Repressionen in anderen Ländern hinwegzusehen, wenn nur deren Regierungen eine antikommunistische Haltung vertraten. Anfang der Siebzigerjahre zählte die Regierung Nixon folgende Diktaturen zu ihren Partnern in der »freien Welt«: Südkorea, die Philippinen, Indonesien, Pakistan, Iran, Saudi-Arabien, Ägypten, Zaire, Spanien, Portugal, Griechenland, Argentinien, Chile, Paraguay, Brasilien und ganz Mittelamerika mit Ausnahme Costa Ricas. Eine beschämende Liste.

Das erinnert mich an einen Traum, den die Tante einer Freundin einmal erzählte. Sie heißt Cleo und wuchs in Kansas zur Zeit der Weltwirtschaftskrise auf. In dem Traum kommt sie als kleines Kind in den Himmel. Dort wird sie von einem Engel mit den Worten begrüßt: »Nimm meine Hand, und ich zeige dir dein neues Zuhause.« Der Engel und Cleo spazieren durch leuchtende Straßen, die heller strahlen als alles, was das aufgeregte kleine Mädchen je gesehen hatte. Aber anstatt vor einem der schönen Häuser stehen zu bleiben, gehen sie weiter und immer weiter. Das Licht wird düster, die Häuser werden kleiner, und die Straßen sind jetzt nicht mehr so schön eben. Schließlich kommen sie zu einer winzigen Hütte am Rand eines dichten Waldes, und es ist gerade noch so hell, dass man etwas sehen kann. Da fragt Cleo: »Ist das etwa mein neues Zuhause?« Und der Engel erwidert: »Tut mir leid; du warst nur knapp gut genug, hier reinzukommen.«

Im Kalten Krieg gaben sich viele Regierungen damit zufrieden, sich dadurch zu definieren, wogegen sie waren. Doch seit dem Fall der Berliner Mauer und dem Verschwinden des Eisernen Vorhangs hat der Antikommunismus als alleinige Qualifikation ausgedient. Regierungen müssen sich heute mehr einfallen lassen als ein »knapp gut genug«, wenn sie sich den Respekt der Bürger verdienen wollen. Und das, so ist zu hoffen, wird sich als eine gute Sache erweisen.

8

»Hier liegen viele Leichen«

Anderthalb Monate nach der deutschen Kapitulation, am 26. Juni 1945, hielt der neue amerikanische Präsident Harry S. Truman in San Francisco eine Rede anlässlich der Unterzeichnung der Gründungscharta der Vereinten Nationen. Er überbrachte eine Botschaft voller Optimismus und Hoffnung, schloss aber auch mahnende Worte ein. »Der Faschismus ist nicht mit Mussolini untergegangen«, sagte er. »Hitler ist tot, aber die Saat seines gestörten Geistes hat in allzu vielen fanatischen Hirnen Wurzeln geschlagen. Es ist einfacher, Tyrannen zu stürzen und Konzentrationslager zu befreien, als die Ideen auszulöschen, aus denen sie hervorgegangen sind.«[1]

Truman äußerte die feste Überzeugung, jeder Mensch sei berechtigt, in seinem Land etwas Besonderes zu sehen und es über alle anderen zu stellen. Die Aggression, die Tōjōs Hidekis[2] militaristisches Japan, Mussolinis Nuova Italia und Hitlers kurzlebiges Tausendjähriges Reich an den Tag gelegt hatten, wurzelte aber zumindest teilweise im ungezügelten Nationalismus der Führer dieser Länder und ihrer Gefolgschaft. Die Welt – der Osten wie der Westen – hatte einen ungeheuren Preis dafür bezahlt, den Irrsinn zu überwinden, der ihren »fanatischen Hirnen« entsprungen war. Allerdings bewerteten die Sowjetunion und ihre Gegner zu Beginn des Kalten Kriegs das Phänomen Nationalismus völlig unterschiedlich.

Nach der kommunistischen Glaubenslehre ist es eine Todsünde, zu viel Gewicht auf seine nationale Identität zu legen. Der Nationalismus gilt als eine von den Reichen zu dem Zweck ersonnene Obsession, das Proletariat von seinen wahren Interessen abzulenken. Nach dieser Auffassung ist die Pflege von Nationalstolz nichts weiter als eine Taktik zur Spaltung der Arbeiterklasse, die ihre Bereitschaft fördern soll, sich für den Profit der Waffenproduzenten und Banken gegenseitig abzuschlachten. Daher verboten manche kommunistische Staaten wie die UdSSR und Jugoslawien die öffentliche Zurschaustellung nationaler Gesinnung. Für die nicht kommunistische Welt ist der Nationalstolz hingegen eher ein natürliches Gefühl, das nur durch Übertreibung gefährlich wird. Er äußert sich normalerweise ganz harmlos. So beging ich beispielsweise als Kind den tschechoslowakischen Nationalfeiertag, indem ich in Tracht vor der Botschaft, in der mein Vater tätig war, Blumen verteilte; ich betrachtete das als meine Pflicht.

Als Erwachsene habe ich nie einen Hehl daraus gemacht, stolz darauf zu sein, dass ich Amerikanerin bin, auch nicht gegenüber Bekannten, die auch das schon für naiven Chauvinismus halten. Die gefühlsmäßige Identifizierung mit dem Land, in dem wir leben oder in dem wir geboren sind, verwurzelt uns in einer chaotischen Welt und stärkt die Bindungen an unsere Familie, unsere Gemeinschaft und die Generationen, die uns vorangingen und die uns nachfolgen werden. Idealerweise sind es Gefühle des Stolzes auf die Kultur und alles, was sie in Form von Literatur, Sprache, Musik, Speisen und Volkserzählungen hervorgebracht hat. Dies reicht bis zur heimischen Tierwelt – was für Amerikaner beispielsweise der Adler symbolisiert, dafür steht in der Tschechischen Republik, was es dort noch an Wölfen und Bären gibt.

Ab einem gewissen Punkt schlägt jedoch die Treue zum eigenen Stamm in Ablehnung, Hass und schließlich Aggression gegen andere um. Hier betritt der Faschismus die Bühne, im Schlepptau eine ganze Reihe von Übeln bis hin zum Holocaust und Weltkrieg. Aufgrund dieser Geschichte gründeten die Staatsmänner der Nachkriegszeit Organisationen, die es nationalistischen Wirrköpfen erschweren sollten, auf den Rechten ihrer Nachbarn herumzutrampeln. Dazu gehören die Vereinten Nationen – daher Trumans Rede – und regionale Institutionen in Europa, Afrika, Asien und auf dem amerikanischen Kontinent.

Mit dem Ende des Kalten Kriegs verlor der Sowjetblock die Fähigkeit, die Bekundung nationaler Gesinnungen zu unterdrücken. Gleichzeitig erhielten viele Länder die Gelegenheit, sich Bündnissen anzuschließen, zu denen sie bislang keinen Zugang hatten. Beides zusammengenommen, ließ manche Völker einander näherkommen und trieb andere auseinander. In Mitteleuropa und im Baltikum blickten die Bürger der befreiten Staaten mit Hoffnung nach Westen und bereiteten sich auf den Beitritt zur NATO und die Aufnahme in die Europäische Union vor. In anderen Teilen der Welt führte das Tauwetter dazu, dass lange aufgestaute konfessionelle Zwistigkeiten wie giftige Schlangen aus ihren Höhlen krochen.

Im Jahr 1993 trat ich meinen Dienst als US-Botschafterin bei den Vereinten Nationen an. Praktisch über Nacht aufgeflammte Konflikte in Georgien, Armenien, Aserbaidschan, Somalia, Angola, Liberia, Mosambik, Sudan, Haiti, Kambodscha, Afghanistan und Tadschikistan sorgten dafür, dass die Diplomaten alle Hände voll zu tun hatten. Bis zu diesem Zeitpunkt hatte sich die Völkerversammlung hauptsächlich mit Kriegen zwischen Staaten befasst. Nun standen wir oft vor der Aufgabe, auf Gewalt innerhalb von Staaten zu reagieren. Der schlimmste Fall war der Genozid, den die Hutu-Milizen in Ruanda begingen. Auch auf dem Balkan kam es zu endlosen, erbitterten Auseinandersetzungen.

Gleich zu Beginn meiner Amtszeit flog ich über den Atlantik und halb Europa zu einem Müllplatz am Ende eines gepflügten Ackers, wenige Kilometer außerhalb der kroatischen Stadt Vukovar. Außer alten Kühlschränken und einigen verrosteten landwirtschaftlichen Geräten war auf dem mit Stacheldraht umzäunten Gelände nicht viel zu sehen. Hier lagen die Leichen von mehr als 200 kroatischen Krankenhauspatienten vergraben – unschuldige Männer, Frauen und Kinder, die wenige Monate zuvor von ihren serbischen Nachbarn aus den Betten gezerrt und ermordet worden waren. Ich wollte wissen, warum. Einige Stunden später traf ich mich mit lokalen Führern der Serben.

Sie gaben sich keine Mühe, die Massentötung zu leugnen; sie wunderten sich bloß, worüber ich mich empörte. Ob ich denn nicht verstünde, wie die Vergangenheit nachwirke? Wie konnte ich nach so vielen Jahren voller Missgunst und Hass etwas anderes erwarten?

Slobodan Milošević war ein jugoslawischer Geschäftsmann, der sich nach dem Tod des langjährigen Staatsführers Tito in den Reihen der Kommunistischen Partei nach oben arbeitete. Während seines Aufstiegs folgte er der offiziellen Linie der Partei, die Jugoslawien als ein Land der »Brüderlichkeit und Einheit« beschwor, in dem alle Volksgruppen gleichberechtigt behandelt wurden. Als er 1989 zum Präsidenten Serbiens gewählt wurde, schlug er eine härtere Linie ein. Zwar legte er weiterhin offiziell ein Lippenbekenntnis zum Ideal eines multinationalen Jugoslawien ab, heizte aber er durch gezielte Sticheleien den serbischen Nationalismus an:

> *Wir müssen die Einheit sichern, wenn wir, als die größte und volkreichste Republik, die Geschicke der Zukunft bestimmen wollen ... Wenn wir kämpfen müssen, dann, mit Gott, werden wir kämpfen, und ich hoffe, niemand wird so verrückt sein, sich uns entgegenzustellen. Denn wir mögen vielleicht keine guten Arbeiter sein, vielleicht auch keine guten Geschäftsleute, aber eines sind wir ganz gewiss, nämlich gute Kämpfer.*[3]

Wie für nationalistische Redner üblich, bediente sich Milošević ausgiebig bei den literarischen, religiösen und künstlerischen Überlieferungen, die sein Volk durch Jahrhunderte der Fremdbestimmung zusammengeschweißt hatten. Er schürte die Wut über Niederlagen der Vergangenheit gegen das Osmanische Reich und die Nazis und rief zur Wachsamkeit gegen eingebildete Feinde der Gegenwart auf: die CIA, Deutschland, den Vatikan. Dabei stützte er sich auf ein von 200 Mitgliedern der serbischen Akademie der Künste und Wissenschaften unterzeichnetes Memorandum, das die Serben als unterdrücktes Volk beschrieb und dazu aufrief, sie alle in einem einzigen Staat zu sammeln.

In den Jahren 1991 und 1992 zerfiel Jugoslawien auf dramatische Weise in fünf Teile. Diese Auflösung wirkte sich besonders verheerend in Bosnien-Herzegowina aus, wo es eine muslimische Mehrheit, aber auch eine erhebliche Anzahl von Serben und Kroaten gab. Im Verlauf der Staatsauflösung erlaubte Milošević bosnischen Serben der jugoslawischen Armee, mit all ihren Waffen nach Hause zurückzukehren, was ihnen die Oberhand in einem sich rasch entwickelnden blutigen Bürgerkrieg gab.

Alle Konfliktparteien des bosnischen Blutbads haben sich Menschenrechtsverletzungen zuschulden kommen lassen, aber die Serben hatten mehr Feuerkraft und begingen die bei Weitem grausamsten Verbrechen. Bereits im Sommer 1992 gab es 94 von Serben betriebene Konzentrationslager, in denen Zehntausende Gefangene brutal misshandelt, vergewaltigt und dem Hungertod ausgeliefert wurden. Auch wenn Milošević von seinem Hauptquartier in Belgrad aus diese Operationen nicht persönlich leitete, so hatte er doch Kenntnis von dem, was vor Ort geschah – so wie die gesamte Welt. Und dennoch leistete er den Mördern und Vergewaltigern finanzielle und militärische Unterstützung.

Die bosnischen Muslime verfügten weder über eine Luftwaffe noch über Munitionsfabriken, doch das Fehlen solcher militärischen Ziele hielt die Serben nicht von Angriffen ab: Ihre Granaten gingen auf Märkte, Geschäfte, Fahrradfahrer und Kinder nieder, die sich mit ihren Schlitten im Schnee vergnügten. Häuser wurden gezielt unbewohnbar und blieben mit leeren Fensterhöhlen zurück. Die Hauptstraße von Sarajewo verwandelten die Serben in die berühmte »Allee der Scharfschützen«. Auf dem Land verschlimmerten die durch die Kämpfe angerichteten Verwüstungen die Lebensbedingungen noch weiter. Die Dorfbewohner, denen es an Arzneimitteln und Nahrung mangelte, waren auf per Fallschirm abgeworfene Hilfslieferungen angewiesen, die oft ihr Ziel nicht erreichten. Manchmal gelangte auch ein Hilfskonvoi durch die Kampflinien. Ärzte mussten notgedrungen ohne Betäubung operieren und Schusswunden bei Kerzenschein versorgen. Die Hälfte der bosnischen Bevölkerung war auf der Flucht; fünf Prozent der Bosnier kamen ums Leben.

Als ich einige Jahre zuvor durch die Region gereist war, hatte mich die dortige Pflege des Kulturerbes beeindruckt. In vielen Städten gab es neben römisch-katholischen und orthodoxen Kirchen selbstverständlich auch ein oder zwei Moscheen. Nun waren die heiligen Stätten verwüstet und die Nationalbibliothek von Sarajewo mit ihrer Sammlung seltener Werke der osmanischen Ära ein Raub der Flammen.

Das Grauen erreichte während zehn Tagen im Juli 1995 seinen Höhepunkt, als Soldaten unter dem Kommando von General Ratko Mladić in und um die Stadt Sarajewo 7800 muslimische Männer und Jungen exekutierten und ihre Leichen in Massengräbern verscharrten. Nach vier Jahren der Unentschlossenheit löste dieses Massaker endlich ernsthafte Bemühungen des Westens und der Vereinten Nationen aus, den Krieg zu beenden. Mitten in diesem Prozess beschossen die bosnischen Serben einen Marktplatz mit Granaten und töteten 37 Zivilisten. Angesichts ihrer vorangegangenen Verbrechen war das eine derartige Provokation, dass zwei Tage später mehr als fünf Dutzend NATO-Flugzeuge von Fliegerhorsten in Italien und der Adria aufstiegen und die serbischen Stellungen rund um Sarajewo bombardierten. Französische und britische Artillerie schloss sich ihnen an. Es war die bislang größte Kampfoperation in der Geschichte der NATO.

Die Luftangriffe zeigten durchaus militärische Wirkung, aber der Haupteffekt war psychologischer Natur. Unter dem wachsamen Auge der NATO konnten die bosnischen Serben nicht länger ungestraft ihre Mitbürger tyrannisieren. Anfang September kamen die Kampfparteien überein, die Waffen schweigen zu lassen und fortan friedlich Seite an Seite in einem Staat zusammenzuleben. Die Übereinkunft diente als

Basis für das am 21. November 1995 unterzeichnete Abkommen von Dayton, das den Bosnienkrieg beendete.

Die Balkankrise war untrennbar mit historischen Ereignissen verknüpft. Die muslimischen Opfer warfen den bosnischen Serben ethnische Säuberungen und Völkermord vor, die schlimmsten Verbrechen in Europa seit den faschistischen Gräueltaten des Zweiten Weltkriegs. Milošević hingegen wies auf die Verbrechen kroatischer Nationalisten hin, die sich teilweise auf die Seite Hitlers gestellt hatten. Der Weltöffentlichkeit wurden ein halbes Jahrhundert alte Fotos vorgehalten, die zu Skeletten abgemagerte Gefangene in Konzentrationslagern zeigten. Die Zeit, die verging, ehe die NATO schließlich zu handeln begann, erinnerte mich an die unrühmlichen und ergebnislosen Versuche Europas, Hitler im Vorfeld der deutschen Invasion der Tschechoslowakei zu beschwichtigen. Nur in einem Punkt gab es allgemeine Übereinstimmung. Nachdem die Kämpfe nun endlich vorbei waren und mehr als 100 000 Menschen ihr Leben verloren hatten, durften wir nie mehr zulassen, dass auf dem Balkan konfessionell motivierte Gewalt ausbrach.

Am 16. Januar 1999, einem Samstag, wachte ich mit den Radionachrichten auf. Noch im Bett liegend hörte ich im bleichen Licht des Wintermorgens einen Bericht über Ereignisse, die sich viele Tausend Kilometer weiter weg zutrugen. »Es gibt hier viele Leichen«, sagte jemand. »Männer mit zahlreichen Schusswunden, meist aus nächster Nähe abgefeuert.« Schon wiederholte sich, was für immer ausgeschlossen sein sollte.

Das Massaker in dem Dorf Račak kostete 45 Zivilisten das Leben. Das jüngste Opfer war gerade einmal zwölf, das älteste 99 Jahre alt. Račak befindet sich im Kosovo, einer Provinz Serbiens, in der nur etwas mehr als zwei Millionen Menschen lebten. Der Ort lag mitten auf der wild gezackten Linie, die einst die europäischen Muslime von den Christen getrennt hatte. Diese Tragödie hätte womöglich kaum internationales Aufsehen erregt, wären da nicht die Geister der Geschichte gewesen, die sie heraufbeschwor.

Im Jahr 1389 hatten die Serben nach hartem Kampf eine Niederlage gegen die hochmobile Reiterarmee des Osmanischen Reichs einstecken müssen. Der serbische Führer, der in die Gefangenschaft der Türken geriet, wurde vor den Sultan gebracht und enthauptet. Über viele Jahrhunderte gedachten die Serben der Tapferkeit ihrer Kämpfer, und noch immer brannten viele auf Vergeltung für diese Niederlage. Der Kosovo war ein bedeutender Ort für ihre nationale Identität.

Im Lauf der Jahrhunderte war die Bevölkerung der Provinz den Einflüssen des benachbarten Albanien und den kulturellen Prägungen der türkischen Herrschaft ausgesetzt. In den Neunzigerjahren waren die meisten Kosovaren ethnisch gesehen Albaner und gehörten dem muslimischen Glauben an. Die christlichen Serben waren eine kleine Minderheit. Unter Tito hatten die Kosovo-Albaner das Recht erhalten, Schulen und andere Einrichtungen in eigener Regie zu betreiben. Das widerstrebte den Serben, die sich über religiöse Diskriminierung beschwerten und sich von den Muslimen, die eine hohe Geburtenrate aufwiesen, aus ihrer angestammten Heimat vertrieben sahen. Als Milošević 1989 an die Macht kam, hob er die Privilegien der Albaner auf und begünstigte von nun an die Serben. Dies veranlasste militante Albaner, die Befreiungsarmee des Kosovo (UÇK) zu gründen, eine Organisation von Widerstandskämpfern, die volle Unabhängigkeit forderten.

Die aggressive Vorgehensweise der UÇK lieferte einen Vorwand für die harte Politik Miloševićs und half ihm auf diplomatischer Ebene. Wäre er etwas klüger gewesen, hätte er diese Guerillakämpfer gegenüber der Welt einfach in schlechtes Licht gerückt. Dazu hätte es genügt, den Autonomieforderungen gemäßigter Kosovaren entgegenzukommen. Doch Milošević sah diesen ethnischen Konflikt nicht als Problem, das man mit politischen und diplomatischen Mitteln lösen konnte; für ihn war es lediglich eine Oppositionsbewegung, die es zu unterdrücken galt. Diese Einstellung führte zum Massaker von Račak und schließlich zum unrühmlichen Schlusskapitel der Herrschaft dieses Diktators.

Es war mein drittes Jahr als Außenministerin. Präsident Clinton und ich fühlten uns verpflichtet, die uns zur Verfügung stehenden Sicherheitsinstrumente einzusetzen, um den Tod weiterer unschuldiger Menschen zu verhindern. Nach Rücksprache mit unseren Amtskollegen in Europa drängten wir den Serbenführer, einen friedlichen Weg aus der Krise zu finden. Um mehr Druck zu machen, mahnte ich deutlich, dass die NATO wie zuvor schon in Bosnien bereit war, Luftangriffe zum Schutz von Zivilisten durchzuführen. Wir entwickelten einen Autonomieplan für den Kosovo, der zugleich die Auflösung der UÇK und damit den Verzicht auf die volle Unabhängigkeit enthielt. Beide Seiten sollten also Kompromissbereitschaft zeigen. Nach langem Zögern willigten die Kosovo-Albaner ein. Um den Deal perfekt zu machen, musste ich nur noch den starken Mann in Belgrad überzeugen.

Slobodan Milošević, ein Mann mit einem rotwangigen, fleischigen und etwas konturlosen Gesicht, entsprach nicht dem Klischee eines faschistischen Bösewichts. Er trat nicht so bombastisch auf wie Mussolini und war kein Schreihals wie Hitler. In leutseliger Manier mimte er im Gespräch gern den Unschuldigen. Viele waren überzeugt, er stehe unter dem Einfluss seiner unbeugsamen Frau Mirjana Marković, einer Professorin für Marxismus, deren Mutter von den Nazis gefoltert und ermordet worden war.

Milošević gab sich stets als überzeugter Demokrat, doch er hatte eine ganz spezielle Auffassung davon, was das bedeutete. In der Art eines Despoten kontrollierte er die Medien des Landes, unterdrückte die politische Opposition und stellte eine paramilitärische Streitmacht zur Einschüchterung seiner politischen Konkurrenten auf. Selbst noch, als er die grausamen Kämpfe in Bosnien schürte, behauptete er, sich für Frieden einzusetzen; und als in Sarajewo Zivilisten abgeschlachtet wurden, stellte er stets die Serben als Hauptleidtragende in den Mittelpunkt. Ich war ihm schon im Jahr zuvor in Belgrad begegnet, und er hatte mich bei dieser Gelegenheit über die Geschichte seines Volkes belehren wollen. Doch ich konnte darauf verweisen, dass ich einige Zeit in Jugoslawien gelebt hatte und mein Vater ein Buch über das Land geschrieben hat, das seinen Bewohnern gewidmet ist. Mein Vater hatte mir einst anvertraut, wäre er nicht als Tscheche geboren, würde er gerne Serbe sein; ich war also recht gut informiert.

Ich erklärte Milošević, die Vereinigten Staaten seien an guten Beziehungen zu ihm interessiert, was aber nicht heiße, dass wir untätig zusehen würden, wie er andere schikaniere. Diese Botschaft wiederholte ich, als sich die Krise im Kosovo verschärfte. Ich betonte, dass eine Verhandlungslösung in Reichweite sei; die UÇK hatte versprochen, die Waffen niederzulegen, sofern eine internationale Friedensstreitmacht weitere Massaker verhindere. »Sie sollten sich zu diesem Abkommen entschließen«, sagte ich. »Die Lösung der Kosovokrise wird Serbien aus der internationalen Isolation führen und es Ihnen erlauben, sich auf die Verbesserung der Wirtschaft zu konzentrieren und das Land näher an Europa heranzuführen.«

Milošević versicherte mir seine Versöhnungsbereitschaft und seine hohe Meinung von kultureller Diversität. Er schätze Pluralismus so sehr, sagte er, dass er unmöglich ein Abkommen unterzeichnen könne, das den albanischen Muslimen die Oberhand im Kosovo lasse. Ich verwies darauf, dass die Muslime dort 90 Prozent der Bevölkerung ausmachten und der ins Auge gefasste Plan Schutzvorkehrungen für die serbische Minderheit enthalte. Doch Milošević hielt es lieber mit »alternativen Fakten«. Seiner Behauptung nach bestand mindestens die Hälfte der Bevölkerung des Kosovo nicht aus Albanern, sondern aus Serben, Türken, Montenegrinern und Roma. Ob ich etwa von ihm erwartete, dass er tatenlos zusehe, wie die Albaner all diese Menschen aus ihren Häusern vertrieben? Der Kosovo, erklärte er, habe den christlichen Westen seit fünf Jahrhunderten gegen den Islam verteidigt.

Noch einmal versuchte ich, ihm zu verdeutlichen, dass der Sinn der Entsendung einer internationalen Friedenstruppe in die Provinz darin bestehe, das friedliche Zusammenleben aller dort lebenden Nationalitäten und Religionen zu sichern. Milošević, seinem Wesen nach ohnehin starrsinnig, war aufgrund seiner Prägung durch die Kommunistische Partei Jugoslawiens überzeugt, als Staatschef seinen Willen durchsetzen zu können. Nachdem ihm durch unser Gespräch klar geworden war, dass wir nicht von unseren Prinzipien abrücken würden, versuchte er, Tatsachen zu schaffen.

Ohne Vorwarnung befahl er seinen Sicherheitskräften im Kosovo, Häuser niederzubrennen, lokale Politiker und Journalisten zu verhaften und allgemein Angst und Schrecken zu verbreiten. Sein Ziel war es, die Albaner aus dem Land zu jagen, sodass sie nicht länger die Mehrheit im Kosovo stellten. Innerhalb weniger Wochen sahen sich Hunderttausende gezwungen, ihr Zuhause per Zug, Lastwagen, Auto oder zu Fuß zu verlassen und in den hastig errichteten Zeltstädten Zuflucht zu suchen, die sich im Umland ausbreiteten. Wie angedroht, führte die NATO Luftangriffe durch, um die Serben von ihrem Vorgehen abzubringen. Nach zweieinhalbmonatigem Kampf setzte sich die Allianz durch, Milošević gab auf, und die Flüchtlinge kehrten zurück. Mit internationaler Hilfe organisierten die Kosovaren nun ihre eigene Regierung.

Bei der Kosovokrise ging es um ein kleines Stück Land, aber um ein großes Problem. Es war noch gar nicht so lange her, da hätte die internationale Gemeinschaft sich nicht in das eingemischt, was eine Regierung mit den Menschen in ihrem Staatsgebiet anstellte. Die Souveränität der Nationalstaaten galt als Eckpfeiler der internationalen Beziehungen. Doch Hitler hatte gezeigt, dass das rechtlich Zulässige nicht immer moralisch hinnehmbar ist. Nach den Todeslagern musste von Menschen mit Gewissen eine Grenze gezogen werden, die ein Machthaber (und seine Befehlsempfänger) nicht überschreiten durfte.

Die Nürnberger Prozesse hatten den Grundsatz formuliert, dass Verstöße gegen grundlegende Prinzipien der Zivilisation weder unter Berufung auf bestehende Gesetze eines Landes noch auf einen Befehlsnotstand gerechtfertigt werden können. Im Jahr 1948 entstand mit der Allgemeinen Erklärung der Menschenrechte ein Rahmen, um gegebenenfalls Regierungen zur Verantwortung zu ziehen, drei Jahre später gefolgt von der Konvention über die Verhütung und Bestrafung des Völkermords. In den Siebziger- und Achtzigerjahren wurden internationale Sanktionen gegen die rassistischen Regierungen von Rhodesien und Südafrika verhängt, die letztlich einen Wandel in diesen Ländern herbeiführten. Zur gleichen Zeit machten die Vereinigten Staaten und die EU die Respektierung der Menschenrechte zur Bedingung für Militärhilfe. Noch während des Bosnienkonflikts wurde der Internationale Strafgerichtshof zur Verfolgung von Verbrechen gegen die Menschheit eingerichtet. Dies habe ich sehr begrüßt, denn nur in einem Gerichtsverfahren lässt sich individuelle Schuld ermitteln, eine Schuld, die andernfalls womöglich einer ganzen Gruppe zugeschrieben würde – und nichts bringt die Gewaltspirale schneller in Gang als kollektive Schuldzuweisungen. Unter jenen, die sich vor dem Internationalen Strafgerichtshof zu verantworten hatten, war auch Milošević, dem Völkermord in Bosnien und die Zwangsumsiedlung von Hunderttausenden Menschen aus dem Kosovo vorgeworfen wurden.[4]

Das Ende der Rivalität zwischen den Supermächten war ein vielversprechender Moment: die dritte große Chance des 20. Jahrhunderts. Die erste bot sich nach dem Ersten Weltkrieg, dem Konflikt, von dem Präsident Woodrow Wilson hoffte, er hätte die Demokratie in der Welt gesichert; stattdessen entfachten Deutschlands Streben nach Vergeltung auf der einen Seite des Atlantiks und der Rückzug Amerikas in den Isolationismus auf der anderen Seite den Faschismus und schürten seine Flammen. Die zweite Chance entstand durch den Sieg der Alliierten im Zweiten Weltkrieg, als die internationale Gemeinschaft

Institutionen schuf, die trotz ihrer Mängel Wohlstand förderten und einen weiteren globalen Konflikt vermeiden halfen. Der Fall der Berliner Mauer markierte den dritten Wendepunkt – erneut eine Chance, die Welt stabiler, menschlicher und gerechter zu gestalten.

Während der beiden Amtszeiten von Präsident Bill Clinton standen die Vereinigten Staaten bei diesen Bemühungen an vorderster Front – und nicht nur auf dem Balkan. Wir halfen dabei, nach dem Zerfall der Sowjetunion Nuklearmaterial zu sichern. Wir erlangten Zustimmung zu einem internationalen Abkommen über die Ächtung von Chemiewaffen. Indem wir für Länder in Mitteleuropa die Türen zur NATO öffneten, schufen wir einen Anreiz für sie, ihre Demokratien zu stärken und die ideologischen Kämpfe zu vermeiden, die die Region für den Faschismus anfällig gemacht hatten. Wir bestärkten China und Indien, ihre Wirtschaft zu liberalisieren, und vereinheitlichten die Regeln des internationalen Handels durch eine neue Welthandelsorganisation. Auf dem Amerika-Gipfel setzten wir uns dafür ein, die Zusammenarbeit der westlichen Welt zu vertiefen, und wirkten in Kooperation mit Führern afrikanischer Staaten auf die Beendigung ethnisch und religiös motivierter Kriege hin. Und wiederholt ergriffen wir Partei für die Stärkung der Menschenrechte und der Frauenförderung, für die Erweiterung der Rechte von Arbeitnehmern und einen verbesserten Umweltschutz.

Schließlich konnten wir Regierungsvertreter von mehr als hundert Ländern zur Teilnahme an der Gründungskonferenz der Community of Democracies (Gemeinschaft der Demokratien) bewegen, die im Juni 2000 in Polen stattfand. Ziel dieses Zusammenschlusses ist die gegenseitige Unterstützung der Länder bei der Einführung und Stärkung demokratischer Regeln und Normen. Die Konferenz war keine Jubelveranstaltung. Wir kamen in Warschau zusammen, weil wir wussten, dass die Festigung demokratischer Werte ein langwieriger und schwieriger Prozess ist. Ermutigend waren die beeindruckende Teilnahmebereitschaft und das sichtbar ernsthafte Engagement der Mitglieder dieser Gemeinschaft. Bei meiner Abreise aus Polen war ich der festen Überzeugung, dass die Demokratie weltweit noch nie so hochgeschätzt war wie zu diesem Zeitpunkt. Ich konnte nicht ahnen, was das neue Jahrhundert bringen würde.

9

Eine schwierige Kunst

Im Jahr 1895 erschien in der britischen Satirezeitschrift *Punch* eine Karikatur. Die Zeichnung zeigte einen anglikanischen Bischof und seine Familie beim Frühstück mit einem jungen Hilfsgeistlichen. Mit Blick auf das Ei, das sein Gast verzehrt, äußert der Bischof die Besorgnis, es könnte verdorben sein. Der Hilfsgeistliche antwortet höflich: »Aber nein, Hochwürden, ich versichere Ihnen – stellenweise ist es vorzüglich!«

So in etwa könnte man auch den derzeitigen Zustand der Demokratie in der Welt beschreiben. Der Unterschied ist, dass man für das halb gegessene Ei des Hilfsgeistlichen wenig ausrichten kann. Doch die Demokratie kann mithilfe ihrer Unterstützer so gut wie immer gerettet und verbessert werden.

Mehr als drei Jahrzehnte arbeitete ich für das National Democratic Institute (NDI), zunächst als Vizepräsidentin, dann als dessen Präsidentin. Zusammen mit seinen Schwesterorganisationen in und außerhalb der USA fördert es die Entwicklung demokratischer Institutionen und Gepflogenheiten. In dieser Rolle war die Organisation an vielen historischen Wendepunkten beteiligt, beispielsweise bei der Volksrevolution, die 1986 den Versuch von Ferdinand Marcos vereitelte, sich durch manipulierte vorgezogene Neuwahlen an der Macht zu halten, und zwei Jahre später bei der Volksabstimmung, die die Terrorherrschaft von General Augusto Pinochet beendete. Das NDI war auch zur Stelle, als Südafrika 1994 mit einer historischen Wahl die Apartheid beendete, ebenso wie bei der Wiedergeburt der Demokratie in Mitteleuropa nach dem Ende des Kalten Kriegs und in jüngerer Zeit beim demokratischen Übergang in Indonesien, Nepal, Nigeria und Tunesien.

Das NDI beschränkt sich dabei bewusst auf eine unterstützende Rolle. Es engagiert sich weder für eine bestimmte Partei noch für eine bestimmte Politik, und es betrachtet die Demokratie auch nicht als starres System, das überall, ob in Asien, Afrika oder auf dem amerikanischen Kontinent, auf ein und dieselbe Weise verwirklicht werden müsste. Innerhalb eines Rahmens, der von gewissen Grundprinzipien getragen wird, gibt die Demokratie sehr unterschiedlichen Völkern ein Mittel zum Ausdruck ihrer Freiheit an die Hand. Das NDI sieht seine Aufgabe darin, offiziellen Vertretern und Aktivisten vor Ort dabei zu helfen, von den Erfahrungen anderer über die Grenzen von Ländern und Regionen hinweg zu profitieren. Was sie auf diese Weise lernen, soll ihnen ermöglichen, Wahlen frei von Beeinflussung und Korruption abzuhalten oder an praktischen Beispielen zu erfahren, wie man ein Justizsystem modernisiert, politische Parteien professionalisiert, Raum für Zivilgesellschaft schafft und sicherstellt, dass Frauen, junge Menschen und Minderheiten angemessen an Entscheidungsprozessen beteiligt sind.

Das NDI erklärt stets, dass zur Demokratie mehr gehört, als einen Staatschef zu wählen. Das ist eine notwendige, aber keine hinreichende Bedingung. Dass der Gewinner einer Wahl machen kann, was er oder sie will, ist einer der meistverbreiteten Irrtümer über das Wesen der Demokratie. In einer wahren Demokratie respektieren Staatslenker den Willen der Mehrheit, aber auch die Rechte der Minderheit – dies gehört unverzichtbar zusammen. Es bedeutet, dass jeder Person ihre verfassungsmäßigen Rechte garantiert werden müssen, auch wenn ihre Ausübung für die herrschende Partei unbequem ist. Jahre vor der Machtergreifung sagte Hitler vor Anhängern: »Die Verfassung schreibt nur den Boden des Kampfes vor, nicht aber das Ziel ... Wir werden dann allerdings, wenn wir die verfassungsmäßigen Rechte besitzen, den Staat in die Form gießen, die wir als die richtige ansehen.«[1]

Das NDI und vergleichbare Organisationen verstehen sich als Gegengewicht zu solcher Arroganz. Es leistet wichtige Arbeit, weil das Scheitern freier Staaten autoritäre Figuren ermutigt und gewählte Volksvertreter in vielen Weltgegenden unter großem Druck stehen, den Erwartungen ihrer Bürger zu entsprechen. Die mittelamerikanischen Staaten El Salvador, Honduras und Guatemala beispielsweise leiden nach einer Serie verheerender Bürgerkriege zwischen linken und rechtsgerichteten Kräften nun derart unter der Plage der Bandenkriminalität, dass sie die höchsten Mordraten der Welt aufweisen. In Afghanistan und im Irak leben die Menschen nach wie vor unter terroristischer Bedrohung, während sie mutig versuchen, demokratische Prinzipien zu verwirklichen. In Afrika fehlen den Regierungen häufig die finanziellen Mittel, die Bedürfnisse ihrer Bevölkerung zu befriedigen. In Myanmar wird die lang herbeigesehnte Demokratie von einer abscheulichen ethnischen Säuberung überschattet, die sich gegen die muslimische Minderheit der Rohingya richtet.

»Den Staat richtig zu führen ist ja allerdings auch nicht ganz einfach«,[2] wusste schon Cicero, und es ist bis heute nicht leichter geworden. Man muss sich nur einmal klarmachen, dass fast neun von zehn jungen Menschen, die dieses Jahr ihren sechzehnten Geburtstag feiern, in einem Land mit unterdurchschnittlichem Lebensstandard zu Hause sind. In den vier Dutzend ärmsten Ländern der Welt wird sich die Zahl der Erwachsenen bis zur Mitte des Jahrhunderts verdreifachen. Weltweit ist mehr als ein Drittel der Menschen, die arbeiten möchten, unterbeschäftigt oder ganz ohne entlohnte Beschäftigung. In Europa liegt die Jugendarbeitslosigkeit bei 25 Prozent, unter den jungen Immigranten ist die Rate sogar noch höher. In den Vereinigten Staaten findet jeder sechste Schulabgänger keine Anstellung. Und die Löhne stagnieren inflationsbereinigt seit den Siebzigerjahren.

Diese Zahlen, zu jeder Zeit Anlass zur Sorge, sind gerade heute besonders alarmierend, wo in so vielen Ländern junge Menschen auf einen Arbeitsmarkt drängen, der ihnen keine Perspektive bietet. Leute, die ihren Doktor gemacht haben, fahren Taxi, Hochschulabsolventen heben Gräben aus, und wer ohne Schulabschluss ist, bekommt gar keine Arbeit. Die Menschen wollen zur Wahl gehen, sicher – aber sie müssen auch essen. In vielen Ländern herrscht heute ein Klima, das an die Zeit vor hundert Jahren erinnert, als in Italien und Deutschland der Faschismus heraufzog.

Innovation ist ein Jobmotor und die größte Bedrohung für Arbeitsplätze zugleich. Der technische Fortschritt hat Unternehmen Produktivitätssteigerungen beschert – zur Freude der Konsumenten, aber nicht der Menschen, die es ihren Arbeitsplatz gekostet hat. Deshalb haben wir heute weniger Bergleute, Landarbeiter, Nieter, Schweißer, Schuster, Schalterbeamte, Schneider, Schmiede, Stenotypistinnen, Zeitungsjournalisten, Handlungsreisende und Telefonvermittler – ohne dass ein Anstieg der Zahl der Programmierer, Berater, Gesundheitsdienstleister, Suchtberater und Reality-TV-Stars dies ausgleichen würde. Die härteste Konkurrenz für jeden Arbeitnehmer ist eine Maschine, die seinen Job praktisch zum Nulltarif erledigen kann. Dieser ungleiche Wettbewerb zwischen unseren Erfindungen und unseren Arbeitnehmern hat die Löhne gedrückt und Millionen die Würde geraubt, die regelmäßige Arbeit mit sich bringt – und ihnen dazu noch das wichtige Gefühl genommen, gebraucht zu werden und optimistisch in die Zukunft schauen zu können.

Vor diesem Hintergrund hat sich die Hochstimmung, die viele – mich eingeschlossen – mit dem Ende des Kalten Kriegs erfasste, verflüchtigt. Im Jahr 2017 verzeichnete der von der Zeitschrift *The Economist* jährlich erstellte Demokratieindex eine Schwächung der Demokratie in 70 Ländern. Wichtige Messkriterien hierfür sind die Einhaltung der Gesetze, die Religionsfreiheit und der Freiraum der Zivilgesellschaft. Unter den Staaten, die schlechter als in früheren Jahren abschnitten, waren auch die USA, die zum ersten Mal nur noch unter die »unvollständigen« und nicht mehr die »vollständigen« Demokratien gezählt wurden. Für diese Herabstufung gaben die Analysten aber nicht Donald Trump die Schuld, vielmehr sahen sie den Vertrauensverlust der Amerikaner in ihre Institutionen als einen Grund für diese Einstufung. »Das Vertrauen der Bevölkerung in Regierung, gewählte Volksvertreter und politische Parteien ist auf einen extrem niedrigen Stand gefallen«, lautete das Resümee, das mit der Feststellung schloss: »Dies ist ein langfristiger Trend.« Die Zahl der Amerikaner, die von sich sagen, sie hätten »fast immer« oder »meistens« Vertrauen in ihre Regierung, ist von ungefähr 70 Prozent Anfang der Sechzigerjahre auf unter 20 Prozent im Jahr 2016 gefallen.

Doch es gibt auch positive Entwicklungen. In Afrika haben im vergangenen Vierteljahrhundert 40 Staatschefs friedlich die Macht aus der Hand gegeben. In den drei Jahrzehnten davor war es gerade mal eine Handvoll gewesen. Aber dieser erfreuliche Befund wird von einem anderen Trend überschattet: Die Hälfte der Länder der Erde kann heute als Demokratie bezeichnet werden, wenn diese auch manchmal nur unvollständig verwirklicht ist, doch die restlichen 50 Prozent tendieren zu autoritären Regierungsformen.

Umfragen lassen erkennen, dass die meisten Menschen nach wie vor die Demokratie – so wie das Ei des Hilfspfarrers – zumindest stellenweise für eine ganz ausgezeichnete Sache halten. Doch dieselben Umfragen zeigen auch ein wachsendes Interesse an möglichen Alternativen. Jeder Vierte kann inzwischen auch einem System etwas abgewinnen, in dem eine starke Führungsfigur ohne Gegengewicht in Form eines Parlaments oder unabhängiger Gerichte regieren kann. Jeder Fünfte ist der Vorstellung einer Militärherrschaft durchaus nicht abgeneigt. Wie nicht anders zu erwarten, ist die Zustimmung für undemokratische Lösungen am höchsten bei Personen, die nur über wenig Bildung verfügen und mit ihrer wirtschaftlichen Situation unzufrieden sind – also genau bei den Menschen, die von den Entwicklungen am Arbeitsmarkt am härtesten getroffen werden. Dies gilt unter Linken wie Rechten gleichermaßen. Die Finanzkrise des Jahres 2008 verstärkte diesen

Trend, indem sie bei vielen Bürgern Zweifel an der Kompetenz ihrer politischen Führung aufkommen ließ. Die Menschen begannen, die Gerechtigkeit eines Systems infrage zu stellen, das die Reichen auf Kosten aller anderen in Schutz nimmt.

Ein weiterer Grund für die Unzufriedenheit mit der Demokratie ergibt sich aus der Tatsache, dass Volksvertreter es heute viel schwerer haben, ihre Absichten und Vorhaben zu kommunizieren. Die Zeiten, in denen sich stets Einzelne mit ihrer Botschaft an viele wandten, sind vorbei. Heute sind über Netzwerke alle mit allen verbunden. Jeden Tag scheinen nun mehr Menschen mit ihrem Megafon auf die Straße zu gehen. Dieses vermehrte Problembewusstsein hat seine guten Seiten, aber es kann auch negative Gefühle bei Leuten hervorrufen, die sehen, dass andere mehr haben als sie. Respekt vor den Rechten anderer ist ein hehres Ideal; doch Neid ist ein Gefühl, das tief aus dem Bauch kommt.

Unterdessen hat sich der technische Fortschritt zum Segen einer besser informierten Öffentlichkeit wie zum Fluch einer falsch informierten ausgewirkt – viele glauben ganz allein aufgrund dessen, was sie über die sozialen Medien erfahren, die Wahrheit zu kennen. Der Vorteil einer freien Presse leidet Schaden, wenn jeder als objektiver Journalist auftreten kann, sich aber in Wahrheit nur etwas aus den Fingern saugt oder Dinge verbreitet, die einfach nicht stimmen. Erfolg hat dies vor allem, weil es den Menschen, die zu Hause oder im Internetcafé vor dem Computer sitzen, an verlässlichen Möglichkeiten fehlt, Quellen zu prüfen oder festzustellen, ob das, was sie lesen, von einer ausländischen Regierung, einem Scharlatan oder einem böswilligen Bot stammt.

Was wir hier erlebt haben, ist erst der Anfang. Jedes Jahr heuern immer mehr Staaten ganze Heerscharen von Meinungsmachern an, die mit ihren Beiträgen das Internet überschwemmen – Nordkorea, China, Russland, Venezuela, die Philippinen und die Türkei gehören bereits zu den führenden Vertretern dieser schwarzen Kunst. Extremistische politische Bewegungen, einschließlich Terroristengruppen, sind auch mit von der Partie. Diese Unruhestifter verstehen es meisterhaft, Personen – auch demokratischen Politikern – Handlungen und Äußerungen unterzuschieben, die sie nie getan haben. Um die größtmögliche Wirkung zu erzielen, werden solche Falschinformationen ganz gezielt Empfängern zugespielt, die aufgrund ihres zuvor über die sozialen Medien ausgeforschten persönlichen Profils für sie empfänglich scheinen. Das ist praktisch so, als würde einem Nacht für Nacht ein feindlicher Agent Lügen ins Ohr flüstern – und es geschieht millionenfach.

Desinformationskampagnen sind beileibe nichts Neues. Während des amerikanischen Unabhängigkeitskriegs nutzte Benjamin Franklin als Gesandter in Paris seine Druckerpresse, um von ihm erfundene Geschichten über britische Gräueltaten in Umlauf zu bringen. Doch dass etwas nicht neu ist, macht es noch lange nicht ungefährlich. Über soziale Medien lassen sich Unwahrheiten fast kostenlos und mit minimalem Aufwand verbreiten. Der Einsatz von Faktenprüfern ist hilfreich, wirkt aber oft so, als würde man eine Schildkröte ins Wettrennen mit einem Hasen schicken, nur dass sich der, anders als in Äsops Fabel, kein Nickerchen am Rand der Strecke gönnt.

Damit ist der Ball im Lager der Betreiber der sozialen Plattformen, die ihre Rolle dringend überdenken müssen. Die Verantwortung für das, was auf den Bildschirmen erscheint, schlicht von sich zu schieben ist einfach zu bequem, auch wenn diese Haltung, gern mit dem Argument Verteidigung der Meinungsfreiheit verknüpft, viele überzeugt. Sie birgt das Risiko, dass Staaten dann ins entgegengesetzte Extrem verfallen – sich beispielsweise durch eine Firewall abschotten, so wie es China tut –, und das dient weder der Demokratie noch der Freiheit. Die Internetnutzer brauchen etwas, das ihnen hilft, Falschnachrichten – durch Bots oder anderweitig erzeugt – zu erkennen. Und wir benötigen eine Regulierung, die sicherstellt, dass die Quelle über das Internet verbreiteter politischer Botschaften so eindeutig erkennbar ist, wie dies bei Wahlwerbespots im Radio und Fernsehen der Fall ist.

Die meisten von uns können sich noch gut an die Zeit erinnern, als Spam den E-Mailverkehr lahmzulegen drohte. Heute wird die Demokratie von Lügen geschwächt, die in immer neuen Wellen gegen unsere Sinne anbranden und sie abstumpfen. Aufrichtige Politiker haben es schwer, nicht im Nachrichtenstrudel unterzugehen, und müssen ihre Energie darauf verschwenden, sich Geschichten zu erwehren, die rein zu ihrem Schaden in Umlauf gebracht werden und deren Urheber nicht greifbar sind.

All das bleibt nicht ohne Folgen. Demokratische Politiker, die mit dem Versprechen ins Amt gewählt wurden, für frischen Wind zu sorgen, verlieren schon mit dem Tag ihres Amtsantritts an Popularität. Die Globalisierung, die kein ideologisches Programm ist, sondern sich aus dem Lauf der Dinge ergibt, gilt vielen als ein Übel, das um jeden Preis bekämpft werden muss. Der Kapitalismus ist für eine wachsende Zahl von Menschen, die ihm Nahrung, Unterkunft, Kleidung und ihr Smartphone verdanken, zum Missstand schlechthin geworden. In einer wachsenden Zahl von Ländern zeigen die Bürger einen Mangel an Vertrauen in die öffentlichen Institutionen und die offiziellen Informationen, die sie verbreiten. Ein britischer Politiker, der sich für den Brexit starkmachte, erklärte verächtlich, die Wähler hätten »die Nase voll von Experten«.[3]

Es ist an der Zeit, dass wir in uns gehen. Seit dem Zerfall des kommunistischen Blocks ist eine ganz neue Generation herangewachsen. Was bedeutet das? Zumindest, dass wir bestehende Demokratien nicht länger im Vergleich zur sowjetischen Alternative und neu entstehende Demokratien nicht allein nach ihren totalitären Vorläufern bewerten können. Die Vergleichsmaßstäbe, die wir in der Vergangenheit verwendet haben, sind auf dem Müllhaufen der Geschichte gelandet. Unsere Aufmerksamkeitsspanne ist kürzer, unsere Erwartungen sind höher geworden, und wir sind weniger geneigt, über Fehler hinwegzusehen, zumal sie offensichtlicher geworden sind.

Diese Veränderungen haben dazu geführt, dass »Wir, das Volk«, wie es in der amerikanischen Verfassung heißt, darin eingeschlossen die Kommentatoren aus Presse, Rundfunk und der Blogging-Szene, nun höhere Ansprüche an unsere Regierung stellen. Das wäre auch durchaus in Ordnung, wenn wir auch uns selbst dementsprechend mehr abverlangen würden. Aber wir sind verwöhnt. Selbst Leute, die sich nicht einmal aufraffen können, zur Wahl zu gehen, betrachten es als ihr gutes Recht, von allen Seiten auf unsere gewählten Volksvertreter einzuprügeln. Wir beklagen uns lauthals, wenn wir nicht alles erhalten, was wir wollen, als ob es möglich wäre, mehr staatliche Dienstleistungen mit weniger Steuern, eine bessere Krankenversicherung ohne staatliche Beteiligung, eine sauberere Umwelt ohne Gesetze und Sicherheit vor Terroristen ohne Beeinträchtigung der Privatsphäre zu bekommen, und obendrein noch billigere Produkte, die von Arbeitskräften im eigenen Land zu höheren Löhnen hergestellt werden. Kurz, was wir wollen, sind alle Vorteile auf einmal, ohne dafür irgendetwas zu zahlen. Und wenn wir in dieser Erwartung enttäuscht werden, dann verbarrikadieren wir uns hinter Zynismus und sinnieren darüber, ob es nicht einen schnelleren, einfacheren und weniger demokratischen Weg zur Erfüllung unserer Wünsche gibt.

Wir kennen alle die Entschuldigungen. Freiheit kann nervig und frustrierend sein, Geld untergräbt die Chancengleichheit, und öfter, als uns lieb ist, werden die falschen Leute gewählt. Ich war persönlich an fünf erfolgreichen Präsidentschaftswahlkämpfen beteiligt – und an acht erfolglosen. Gewinnen macht mehr Spaß, gewiss, aber etwas lernen kann man auch auf dem zweiten Platz – vielleicht sogar noch mehr. Was die Förderung von Demokratie in anderen Ländern betrifft, haben die Invasion des Irak im Jahr 2003 und die mit ihr verknüpften hochfliegenden Erwartungen dazu geführt, dass viele solche Bemühungen nun weniger als selbstlosen Einsatz denn als eine Art Imperialismus sehen. Und angesichts der offenbar endlosen Auseinandersetzungen im Nahen Osten und Afghanistan halten es viele für reinen Wahnsinn, Demokratie in Regionen heranzüchten zu wollen, wo sie offenbar keine Wurzeln hat. Solche Bedenken sind begründet und sollten sorgfältig erwogen werden. Doch sie lassen außer Acht, was durch die Freiheit erreicht wurde, und berücksichtigen nur einen kleinen Teil der Geschichte. Und das Bemühen um Demokratie nur deshalb aufzugeben, weil es ein schwieriges Unterfangen ist, das wäre einfach feige.

In meinen Augen hat kein Land der Welt das Recht, einem anderen vorzuschreiben, wie seine Regierung auszusehen hat; aber wir alle haben guten Grund, uns für demokratische Werte einzusetzen. Unsere Bemühungen werden nicht überall von Erfolg gekrönt sein, aber wenn wir uns einsetzen, dann für größeren Respekt vor dem Individuum und eine bessere Regierungsführung.

Demokratien sind bekanntlich anfällig für viele Übel, angefangen von Inkompetenz und Korruption bis hin zum starren Festhalten an überkommenen Vorstellungen und zu lähmenden Pattsituationen. So ist es in einem gewissen Sinn schon verwunderlich, dass wir bereit sind, die Führung unserer Gesellschaften der alles andere als perfekten Weisheit einer oft genug sogar desinteressierten Gesellschaft zu überlassen. Wie kann man so naiv sein? Eine durchaus berechtigte Frage, auf die es nur eine Antwort gibt: Wie kann jemand so leichtgläubig sein, Macht – eine per se äußerst korruptionsanfällige Angelegenheit – einer einzelnen Führungsperson oder einer einzigen Partei zu überlassen? Missbraucht ein Diktator seine Autorität, gibt es keinen legalen Weg, ihn zu stoppen. Gerät eine freie Gesellschaft auf die falsche Bahn, bleibt ihr immer noch die Möglichkeit, diesem Problem durch eine offene Debatte oder die Wahl einer neuen Regierung abzuhelfen. Wir haben sozusagen stets die Möglichkeit, uns ein besseres Ei auszusuchen. Das ist der unschlagbare Vorteil der Demokratie gegenüber allen anderen Systemen, den man sich stets vor Augen halten und den man sich immer bewahren sollte.

Im Jahr 1918 wurde Tomáš Garrigue Masaryk als Präsident der unabhängigen Tschechoslowakei vereidigt. Mit seiner aufrechten Gestalt, seinen altväterlichen Manieren, modernen Ansichten und seinem furchtlosen Eintreten für demokratische Prinzipien – einschließlich Frauenrechte und Pluralismus – genoss Masaryk weltweit hohes Ansehen, trotz der bescheidenen Größe des Landes, das er regierte. Aufgrund seines Alters verfiel seine Gesundheit just zu der Zeit, als das »Dritte Reich« erstarkte – keine vollständige Demokratie war in den Dreißigerjahren so bedroht wie die der Tschechoslowakei. Was auf dem Spiel stand, erklärte er so:

Demokratie ist nicht nur eine Staatsform, ist nicht nur etwas, das in einer Verfassung niedergelegt ist; Demokratie ist eine Lebenshaltung, sie erfordert den Glauben an den Menschen und die Menschheit ... Wie ich bereits sagte, Demokratie ist Diskussion. Aber eine wirkliche Diskussion ist nur möglich, wenn die Menschen einander vertrauen und sich ernsthaft bemühen, die Wahrheit herauszufinden.[4]

Bei allen Fehlern, die auch die Demokratie haben mag, es gibt keine andere Regierungsform, auf die diese Worte zutreffen würden. Es liegt an uns, die Mängel der Demokratie zu beheben, wo immer wir können, aber niemals ihre Stärken zu vergessen. Und es ist auch an uns zu begreifen, dass die Demokratie Feinde hat, die diese Tatsache verschweigen.

Mussolini sagte einmal, wer die Macht an sich bringen will, muss dabei so klug vorgehen wie jemand, der ein Huhn rupft, nämlich Feder um Feder, sodass es kein lautes Gegacker von sich gibt und alles möglichst unbemerkt vor sich geht. Diese Methode hat sich bis in unser nun schon nicht mehr ganz so junges Jahrhundert erhalten. Jeder Tag bringt uns neue Nachrichten davon, wie der Faschismus sich rund um den Globus zu regen beginnt: die Diskreditierung von Politikern der Mitte, der Aufstieg neuer Staatslenker, die mehr auf Spaltung als auf Einigung setzen, der Wille zum politischen Sieg um jeden Preis und die Beschwörung nationaler Größe durch Personen, die eine völlig verzerrte Vorstellung davon haben, was Größe bedeutet. Die Warnzeichen, die uns aufmerken lassen sollten, werden häufig kaschiert: Eine Verfassungsänderung wird als Reform getarnt, Angriffe auf die freie Presse verbergen sich hinter Sicherheitsbelangen, die Denunziation von Mitbürgern wird als Verteidigung der guten Sitten verkauft, und das demokratische System wird so stark ausgehöhlt, dass außer dem Etikett nichts übrig bleibt.

Wir wissen aus Erfahrung, dass der Faschismus und die Tendenzen, die ihm den Weg bahnen, ihre Nachahmer finden. Wenn wir uns in der Welt von heute umschauen, sehen wir angehende Autokraten, die repressive Methoden kopieren, die vor 15 Jahren in Venezuela oder Russland erprobt wurden. Undemokratische Vorgänge häufen sich unter anderem in der Türkei, Ungarn, Polen und auf den Philippinen. Radikale nationalistische Bewegungen, einige davon gewaltbereit, verschaffen sich über die Medien Aufmerksamkeit, erobern die Parlamente und durchsetzen die politische Diskussion mit Vorurteilen und Hass. Amerika, der Fels, an dem im vergangenen Jahrhundert der Faschismus zerschellte, rutscht ihm nun womöglich immer weiter entgegen; und in Nordkorea rühmt sich ein Fanatiker mit Atomwaffen seiner Macht.

Es wäre leichter, die Alarmglocken gegen diesen Trend zu läuten, könnte nicht auch der Faschismus stellenweise ganz vorzüglich wirken – eine Zeit lang zumindest, wenigstens für einige Privilegierte. Im Großen und Ganzen waren die Italiener in den Zwanzigerjahren und die Deutschen in den Dreißigerjahren sehr optimistisch gestimmt. Eine deutsche Frau, keineswegs Faschistin, erinnert sich:

Meine Freunde lebten ihr bescheidenes Leben unter dem National-sozialismus weiter wie bisher, nur dass es ihnen besser ging, immer besser. Es gab mehr Brot und Butter, mehr Wohnungen, Gesundheit und Hoffnung, wo immer die neue Ordnung etwas in Angriff nahm … Ich weiß noch, wie ich 1938 während eines Nazi-Kundgebung an einer Straßenecke in Stuttgart stand, und die Begeisterung … riss mich

nach all den Jahren der Enttäuschung praktisch von den Füßen. So
war das Leben damals in Deutschland: Einmal saß ich mit einer jü-
dischen Freundin und deren dreizehnjähriger Tochter im Kino, und
ein Nazi-Aufmarsch flackerte über die Leinwand. Das Mädchen pack-
te seine Mutter am Arm und flüsterte ihr zu: »Ach, Mama, Mama,
wenn ich nicht Jüdin wäre, dann wäre ich, glaub ich, Nazi!«[5]

Doch so selbstverständlich wir den Ausdruck verwenden, nur wenige
derzeitige Regierungschefs verkörpern voll und ganz den Geist des Faschismus. Mussolini bleibt in seinem Grab, und Hitler fand nie eins.
Doch das ist kein Grund, sich zurückzulehnen. Jeder Schritt in Richtung Faschismus – jede ausgerupfte Feder – fügt Einzelnen und der
Gesellschaft Schaden zu; jeder erleichtert den nächsten Schritt. Wenn
wir dagegen standhalten wollen, müssen wir uns klarmachen, dass Despoten ihre wahren Absichten selten kundtun und dass auch Staatsführer mit vielversprechenden Anfängen autoritärer werden, je länger sie
im Amt sind. Wir müssen anerkennen, dass es immer Menschen geben
wird, die antidemokratische Maßnahmen begrüßen – insbesondere
dann, wenn diese Maßnahmen ihren Interessen zu nützen scheinen.

10

Präsident auf Lebenszeit

Im September 1999 saßen Bill Clinton und ich bei den Vereinten Nationen mit dem quirligen, damals noch recht jungen Staatschef von Venezuela, Hugo Chávez, zusammen. Chávez war im Dezember des Vorjahres zum Präsidenten gewählt worden. Im Juni hatte er auf dem Hochaltar des Kapitalismus, der New Yorker Börse, die Schlussglocke geläutet. Anschließend hatte er die *Washington Post* besucht, wo er sich gegen den Vorwurf des »verantwortungslosen Populismus« verwahrte.[1] Er sei keinesfalls ein Ideologe, versicherte er stets; stattdessen gab er sich als Visionär und versprach, sein Land zu altem Glanz zurückzuführen, indem er es aus einem Albtraum von Stagnation und Schulden führte.

Chávez hatte ein Gesicht, das wie zum Lächeln gemacht war. Er redete wie ein Wasserfall, und seine Leidenschaft für das Schicksal der Armen war unverkennbar. Venezuela saß auf einem nicht unerheblichen Teil der Ölreserven der Welt, und trotzdem war dort die Kluft zwischen den Reichen und der Mehrheit der Armen immer größer geworden. Und Chávez hatte geschworen, das zu ändern. Er erläuterte uns seinen Plan, aus den Öleinnahmen bedürftige Familien mit Beihilfen für Lebensmittel, Obdach, Gesundheitsversorgung, Schul- und Weiterbildung finanziell zu unterstützen. Er plante, die Wirtschaft des Landes zu diversifizieren, ausländische Investoren anzulocken und dafür zu sorgen, dass der Staat endlich für das Volk da war. Clinton, einer der wenigen, der ganz auf Chávez' Wellenlänge lag, war zweifellos von ihm fasziniert, und mir erging es nicht anders. Hier, so unsere Hoffnung, war ein junger Staatslenker voller Energie, der die Probleme wirklich anpacken wollte – jemand, der aus den Fehlern der Geschichte gelernt hatte und sich den Respekt der Welt verdienen wollte.

Leider waren die Flitterwochen nur von kurzer Dauer. Drei Monate später überschwemmten sintflutartige Regenfälle die Küstenregion nördlich von Caracas und lösten Schlammlawinen aus, die ganze Ortschaften verschütteten und Zehntausende das Leben kosteten. Entsetzt nahm ich sofort mit dem Weißen Haus Kontakt auf, und Präsident Clinton sagte Hilfe zu. Innerhalb weniger Tage waren die Vereinigten Staaten mit Hubschraubern und Soldaten im venezolanischen Bundesstaat Vargas im Einsatz, aber für eine Naturkatastrophe dieses Ausmaßes genügte das nicht. In Zusammenarbeit mit dem venezolanischen Verteidigungsministerium bereitete das Pentagon die Entsendung von Bulldozern, Traktoren und Hunderten Pionieren der US-Marines und der Navy vor, die eine neue Küstenstraße bauen sollten – buchstäblich eine Lebensader in die verwüstete Region. Unser Versorgungsschiff war mit seiner Ladung bereits auf dem Weg in die Karibik, als wir eine enttäuschende Nachricht von Präsident Chávez erhielten: »Wir nehmen die Ausrüstung, aber nicht das Personal.« Da wir nicht bereit waren, die Kontrolle über unsere Hilfsleistung aufzugeben, orderten wir das Schiff zurück.

Über viele Jahrzehnte haben sich die lateinamerikanischen Militärs den Ruf erworben, den Interessen der Reichen zu dienen, doch gelegentlich wich ein Offizier von dieser Regel ab und setzte sich für einen sozialen Wandel ein. Der Argentinier Juan Perón, Ehemann der legendären Evita, diente in den Dreißigerjahren als Militärattaché in Rom. Dort erlebte er Mussolini als einen Führer, der zwar mit eiserner Faust regierte, aber die Unterstützung vieler Bauern und Arbeiter hatte. Später, als argentinischer Minister für Arbeit und Soziales, schmiedete Perón ein enges Bündnis mit den Gewerkschaften, das die führenden Militärs, denen es an Weitblick fehlte, so nervös machte, dass sie ihn schließlich verhaften ließen. Doch sie bekamen rasch zu spüren, welch großer Fehler es war, den Ehemann von Evita Perón ins Gefängnis zu werfen. Sie brachte Tausende seiner Anhänger auf die Straße, erwirkte seine Freilassung, und schon im Jahr darauf wurde er ins Präsidentenamt gewählt.

Der Peronismus entwickelte sich zu einer linksgerichteten Variante des italienischen Faschismus mit einer korporatistischen Wirtschaft, Einschränkungen der Pressefreiheit, einer hart durchgreifenden Polizei und einer spürbaren Steigerung des Durchschnittseinkommens. Perón und insbesondere seine Frau Evita verstanden es mindestens so gut wie Mussolini, die Massen zu begeistern, allerdings mit dem Unterschied, dass sie keine Aggressionen oder Hassgefühle schürten. Sie liebten die Macht und schreckten auch nicht davor zurück, sie gelegentlich zu missbrauchen; trotzdem gehören sie bis heute zu den am meisten verehrten Persönlichkeiten der argentinischen Geschichte. Ihr Ruf litt jedoch darunter, dass sie Josef Mengele, Adolf Eichmann und anderen hochrangigen Nazis Unterschlupf gewährten, offenbar im Austausch für technische Beratung und Geld.

Im Jahr 1968 nutzte der panamaische General Omar Torrijos seine durch einen Staatsstreich errungene Macht, um soziale Verbesserungen einzuleiten und die wirtschaftliche Monopolstellung der Superreichen zu beenden. In den USA ist Torrijos vor allem im Zusammenhang mit dem Panamakanal-Vertrag bekannt, der seiner Regierung die Kontrolle über dieses Meisterwerk der Ingenieurskunst verschaffte, das zwei Ozeane miteinander verbindet. Ich gehörte damals zu Jimmy Carters Mitarbeiterstab im Weißen Haus und kann bestätigen, dass die Verhandlungen sowohl für die panamaische als auch für die amerikanische Seite alles andere als einfach waren. Carter musste sich gegen Hardliner wie Ronald Reagan wehren, die den Vertrag als Geschenk an einen kommunistischen Diktator sahen. Torrijos seinerseits musste die panamaischen Nationalisten beschwichtigen, denen es missfiel, dass die Vereinigten Staaten künftig die Aufgabe des Sicherheitsgaranten für den Kanal übernehmen sollten. Die Probleme, vor denen die Diplomaten standen, verglich er mit denen eines Schuhmachers, der den perfekten Damenschuh zu kreieren versucht: äußerlich zierlich und schick, dennoch geräumig und bequem.

Im Jahr 1968 putschte der peruanische General Juan Velasco Alvarado gegen eine handlungsunfähige demokratische Regierung. Er brachte eine Bodenreform in Gang und veranlasste Verstaatlichungen, die, so populär sie waren, einen dramatischen Rückgang der Produktionsleistung von Industrie und Landwirtschaft zur Folge hatten. Noch bevor dieser abrupte Niedergang einsetzte, hatte Alvarado eine Gruppe leicht zu beeindruckender venezolanischer Militärkadetten zu Gast, von denen einer – Hugo Chávez – eine ähnliche Achterbahnfahrt vollführen sollte, allerdings in populärerem Stil und mit größeren Auswirkungen auf den Gang der Geschichte.

Hugo Chavéz, Kind eines Lehrerehepaars, verschlang in jungen Jahren Gedichte, Romane und Bücher über Politik. Er wuchs auf dem Land auf, malte und sang, hatte viele Freunde und war ein exzellenter Baseballspieler. Mit 17 Jahren ging er zur Armee, weil er in deren Sportakademie das Sprungbrett für eine Karriere als Profisportler sah. Obwohl er ursprünglich von Home-Runs, nicht von Exerzierübungen geträumt hatte, fand er bald Gefallen daran, mit Gewehr zu paradieren, genoss das Kameradschaftsleben in den Militärbaracken und begeisterte sich für das Studium der Militärgeschichte. Zur selben Zeit kam er durch seinen älteren Bruder Adán in Kontakt mit gesellschaftskritischen Denkern und entwickelte Interesse für soziale Fragen. Inspiriert von der Kühnheit früherer lateinamerikanischer Revolutionäre begann er, sich auszumalen, wie es wäre, selbst eine Rebellion anzuführen.

Venezuela hatte seinen Namen, der so viel wie »Kleinvenedig« bedeutet, von einem spanischen Eroberer bekommen, den die an Seeufern errichteten Pfahlbauten der Einheimischen an die Lagunenstadt erinnerten. Im Jahr 1821 befreite Simón Bolívar das Land von spanischer Herrschaft. Es entwickelte sich zu einer für lateinamerikanische Verhältnisse relativ stabilen Republik, die vor allem für ihren Ölreichtum, ihre Schönheitsköniginnen und die regelmäßig abgehaltenen Wahlen bekannt war, in denen die beiden führenden Parteien sich ganz unaufgeregt in der Präsidentschaft abwechselten. Ende der Siebzigerjahre war das Land wohlhabender als die meisten anderen der Region, seine Bevölkerung besser gebildet und die Kluft zwischen Arm und Reich weniger stark ausgeprägt.

Die folgenden beiden Jahrzehnte erwiesen sich jedoch als katastrophal. Eine verheerende Kombination aus niedrigen Ölpreisen, steigenden Schulden, einer wachsenden Bevölkerung und einer unentschlossenen Regierung löste einen Inflationsschub, einen Rückgang der Reallöhne und einen Anstieg der Arbeitslosigkeit aus. Die Mittelschicht schmolz zusammen. Carlos Andrés Pérez, der 1989 als Präsident ins Amt kam, wurde vom IWF bedrängt, von seinen Wahlversprechen Abstand zu nehmen und seinem Land die damals übliche bittere Medizin zu verordnen: Maßnahmen zur Strukturanpassung.

Ähnlich den in Europa heftig umstrittenen Sparauflagen, die ein Vierteljahrhundert später Griechenland auferlegt wurden, sollte durch Haushaltsdisziplin und Schuldentilgung eine stabile Grundlage für neues Wachstum gelegt werden. Ökonomisch gesehen ein sinnvoller Plan, doch die unmittelbaren Auswirkungen waren schmerzlich: Die Preise für Konsumgüter schossen in die Höhe, soziale Dienstleistungen wurden gekürzt, und die Bürger machten ihrem Unmut darüber in Demonstrationen Luft. Am Ende wurde die Armee zur Wiederherstellung der Ordnung gerufen, und mehr als 330 Menschen verloren das Leben. So gelang es zwar, die Lage unter Kontrolle zu bekommen, aber die Toten sind bis heute nicht vergessen.

Im Jahr 1923 unternahm Hitler in München einen Putschversuch, der an der mangelnden Unterstützung durch die Reichswehr scheiterte. Etwas Ähnliches versuchte Hugo Chávez, damals ein ehrgeiziger Oberstleutnant, 1992 in Venezuela: Mit Panzern und Soldaten griff er den Präsidentenpalast an. Auch ihm misslang der Sturz der Regierung, weil nur wenige Offiziere bereit waren, ihr Leben zu riskieren. Nach seiner Verhaftung gestatteten ihm die Behörden, sich über das Fernsehen an seine Kameraden zu wenden und sie zur Aufgabe zu bewegen. Viele Venezolaner sahen damals zum ersten Mal sein Gesicht, das ihnen in der Folgezeit so vertraut werden sollte wie ihr eigenes. Chávez, adrett in seiner kakifarbenen Uniform und mit karmesinrotem Barett, räumte ein, dass seine Bewegung gescheitert sei – »por ahora«, vorerst jedenfalls. Bald machte der Witz die Runde, Chávez habe 30 Jahre Gefängnis verdient – eines für den Putschversuch und 29 für dessen Scheitern. Obwohl er, genau wie Hitler, Hochverrat begangen hatte, wurde er nach nur zwei Jahren freigelassen. Und wie bei Hitler, Mussolini und Perón bildete das Gefängnis das Sprungbrett zu einer politischen Karriere.

Als Außenministerin besuchte ich Venezuela in den Jahren 1997 und 1998. Mein Eindruck war, dass es sich um ein miserabel regiertes Land handelte, geführt von müden alten Männern, die längst den Kontakt zur Bevölkerung verloren hatten. Nicht nur ich sah das so. Doch 1998 schien die Zeit für einen neuen Präsidenten gekommen. Die Wähler verlangten einen Wechsel, und genau den versprach ihnen Chávez, der charismatische Außenseiter. Als Sozialist bezeichnete er sich damals noch nicht – das sollte erst einige Jahre später kommen. Stattdessen gab er sich als Patriot, der sich um Arbeiter, Hausmädchen, Campesinos und Köche kümmern wollte, auf die seit Langem niemand mehr achtete. Das überzeugte – der politische Neuling erhielt 56 Prozent der Stimmen.

Kaum im Amt, nutzte er die Gunst der Stunde und räumte Hindernisse für eine Erweiterung der Macht aus dem Weg. Im April 1999 hielt er ein Referendum über die Einberufung einer verfassunggebenden Versammlung ab. Sie verlängerte die Amtszeit des Präsidenten von maximal fünf auf zwölf Jahre, schaffte den Senat ab und übertrug Chávez die Entscheidung für die Beförderung von Offizieren. Der neue Präsident stürzte sich mit großem Enthusiasmus in seine Aufgabe, legte aber auch eine gewisse Aggressivität an den Tag. Womöglich drückte sich darin Verbitterung über die ärmlichen Verhältnisse aus, in denen er aufgewachsen war, wenngleich viele Venezolaner Schlimmeres durchgemacht hatten. Vielleicht war es auch nur seine Reaktion auf das, was ihn Lektüre und Lebenserfahrung gelehrt hatten.

Der Zorn, der Chávez antrieb, hätte kein Hindernis für seinen Erfolg sein müssen. Lincoln, Susan B. Anthony, Gandhi, Martin Luther King, Václav Havel, Mandela und viele andere große Führer haben in berechtigter Empörung die psychische Kraft gefunden, Jahre der Zweifel und Verfolgung zu überstehen. Doch nicht jedem ist es gegeben, mit solchen Emotionen umzugehen. Sind sie einmal entfesselt, können sie eine destruktive Energie freisetzen, die großes Potenzial in einen Fehlschlag verwandelt. Chávez hatte in seinen ersten Amtsjahren genügend Unterstützung aus dem Volk, um die Venezolaner zu einen. Stattdessen ließ er sich von seinem Zorn über die Ungerechtigkeit dazu hinreißen, die eine Hälfte des Landes mit Beschimpfungen zu überschütten, um den Applaus der anderen zu gewinnen.

Der kolumbianische Schriftsteller Gabriel García Márquez, der Chávez damals auf einer Reise nach Kuba begleitete, schrieb: »Ich war ganz von dem Gefühl erfüllt, gerade mit zwei sehr unterschiedlichen Männern gereist zu sein und geplaudert zu haben. Einem, dem die Laune des Schicksals die Gelegenheit gegeben hatte, sein Land zu retten. Und einem anderen, der bloß ein Blender war, jemand, den die Geschichte womöglich als einen ihrer vielen Despoten verzeichnen wird.«[2]

Chávez verlor nie seine Fähigkeit, die Menschen zu begeistern, aber ebenso oft verprellte er sie auch. Anstatt die Wunden der Nation zu heilen und seine Basis zu vergrößern, bezeichnete er die Reichen als verdorbene Oligarchen, verwöhnte Gören, Taschendiebe und Schweine; er nannte Wirtschaftsführer Vampire und Würmer, und katholische Priester bezeichnete er als Perverslinge. So herzlich er sich Bill Clinton und mir gegenüber gab, zog er andererseits oft gegen die USA vom Leder, weil er offenbar einen Buhmann brauchte – und gelegentlich tat er es wohl auch, um Fidel Castro, seinem Mentor in Havanna, zu gefallen. Die Kommunikationsstrategie von Chávez bestand darin, ein rhetorisches Feuerwerk in alle Richtungen abzubrennen. Jeden Tag und an vielen Abenden stand er am Rednerpult, trat im Fernsehen oder Radio auf, rühmte sich seiner Erfolge und machte sich in ungeschminkten Worten über alle lustig, die er als seine Feinde betrachtete.

Die venezolanische Gesellschaft war gewiss nicht reich, aber es gab dennoch Menschen, die über Besitz und Bildung verfügten und sich politisch in der Mitte oder rechts einordneten. Dem Militär gehörten Offiziere an, die während ihrer gesamten Karriere eng mit den Vereinigten Staaten zusammengearbeitet hatten. In diesen Kreisen machten sich die *Chavistas* mit ihren ständigen Beleidigungen keine Freunde. Diese Schicht wünschte nicht, dass aus Venezuela ein neues Kuba wurde; sie empfand Chávez als vulgär und verachtete ihn. In ihren Augen hatte er die Wahlen dadurch gewonnen, dass er dem Pöbel Versprechungen gemacht hatte, die er nie einhalten konnte.

Am 11. April 2002 versuchte die Opposition, zurückzugewinnen, was sie verloren hatte, und den Präsidenten aus dem Amt zu jagen. Hunderttausende Venezolaner, zumeist Angehörige der Mittelschicht, marschierten topfschlagend und unter Sprechchören zum Präsidentenpalast Miraflores. Die Armee, die nicht für ein Massaker verantwortlich sein wollte, weigerte sich, aus den Kasernen auszurücken. Aber die Nationalgarde ging mit Tränengas und schließlich auch mit scharfer Munition gegen die Menge vor. Es gab schätzungsweise 20 Tote und eine erhebliche Zahl von Verletzten. Die blutigen Bilder beherrschten die Nachrichten und verstärkten den Druck auf den Präsidenten. Chávez, der in seinem Amtssitz festsaß, gab schließlich nach. Gegen das Versprechen, mit seiner Familie nach Kuba ausfliegen zu dürfen, willigte er in einen Amtsverzicht ein. Nachdem ihm sicheres Geleit versprochen worden war, flog er mit einem Hubschrauber zu einem Marinestützpunkt und von dort zu einer Insel. Trotz der ihm gegebenen Zusicherungen musste er befürchten, vor Gericht gestellt oder einfach erschossen zu werden. Unterdessen feierten die Umstürzler ihren Triumph. Siegestrunken wählten sie eine Übergangsregierung, an deren Spitze ein Geschäftsmann stand, der umgehend die Verfassung außer Kraft setzte und seinen Freunden Posten zuschanzte. Die Regierung Bush in Washington gab eine nichtssagende Erklärung heraus, die den Aufstand weder begrüßte noch verurteilte, aber die Amtsenthebung von Chávez aufgrund der vorangegangenen Gewalttaten der Regierung doch zu akzeptieren schien.

Eine Rebellion kann jedoch nur erfolgreich sein, wenn sie über genügend Machtmittel oder öffentliche Unterstützung verfügt. Die venezolanische Opposition hatte von beidem etwas, aber nicht genug. Sie war außerdem zu sehr in Flügelkämpfen verstrickt, um ihre schwache Position zu erkennen. Es dauerte nicht lange, und die Chávez-Anhänger in den Streitkräften organisierten sich, während Bauern und Parteimitglieder in Massen nach Caracas strömten, um ihre Sympathie für den gestürzten Präsidenten zu bekunden. Die Menge wuchs von Stunde zu Stunde und die neue Regierung begann, sich schon vor der Rache der alten zu fürchten. Da sich das Blatt erkennbar gewendet hatte, hissten die Rebellen die weiße Flagge. Chávez widerrief seinen Amtsverzicht, fand einen vertrauenswürdigen Piloten, stieg wieder in den Militärhubschrauber und kehrte mit neuen Anschuldigungen gegen die Feinde in Venezuela und ihre Drahtzieher im Norden in den Miraflores-Palast zurück.

Noch Jahre später erzählte er gern davon, wie er in seinem Büro festsaß und verräterische Generäle damit drohten, den Palast zu bombardieren. Er sprach davon in bewegten, nicht ganz der Wahrheit entsprechenden, aber politisch sehr wirksamen Worten:

Wie könnte ich je vergessen, wie ich mich in diesen Stunden fühlte? ... Plötzlich ging die Tür auf, und meine Mutter trat ein ... Es war ein Moment des Todes, nicht des körperlichen Todes, aber des Todes der Seele, des Geistes. Ist das Ende gekommen, dachte ich? Und in diesem

Moment betrat meine Mutter das Präsidentenbüro, so kraftvoll wie der Arauca, wenn er in den Orinoco mündet. Und diese Frau hielt eine Rede, diese Bäuerin, eine Lehrerin vom Lande, die Armut und Kampf zu dem gemacht hatten, was sie war, und ich erinnere mich, dass meine Mutter mich ansah und sagte: »Du wirst niemals abtreten, denn dein Volk liebt dich.«[3]

Die Präsidentschaft von Hugo Chávez war Ausdruck echter Demokratie, brachte diese aber auch zugleich in Gefahr. Zu seinen ersten Maßnahmen gehörte es, der Justiz größere Unabhängigkeit zu geben, wofür er viel Beifall erhielt. Aber als die Gerichte dann später Entscheidungen zu seinen Ungunsten fällten, tauschte Chávez die Richter durch willfährige Kandidaten aus. Je mehr die Jahre ins Land gingen, desto konsequenter entließ er alle aus dem Beamtenapparat, die nicht mit seiner Politik einverstanden waren, schließlich einfach jeden, der sie nicht devot genug umsetzte. Er initiierte eine politische Graswurzelorganisation, die treue Anhänger belohnte und alle anderen unfair behandelte, und umgab sich mit einer privaten Schutztruppe, die kaum etwas anderes als eine Schlägerbande war, Gegner einschüchterte und Proteste unterdrückte. Widerspruch bezeichnete er als Bedrohung der Freiheit, und Fernseh- und Radiostationen, die nicht auf Parteilinie waren, entzog er kurzerhand die Sendelizenz.

Ähnlich wie Mussolini verstand er es, Politik als Spektakel zu inszenieren, als unterhaltsamen Kampf der Guten gegen die Bösen. Als er die Kontrolle der staatlichen Ölgesellschaft an sich riss, tat er dies nicht einfach per Erlass. Er feuerte die Topmanager persönlich, einen nach dem anderen, vor laufenden Fernsehkameras. Und wenn er ein privates Unternehmen verstaatlichte, dann fuhr er zum Firmensitz und verkündete es vor einem Dutzend Kameras. Nach dem traumatischen Erlebnis des gescheiterten Staatsstreichs im Jahr 2002 beklagte er sich bei Castro über mangelnde Sicherheit und bat ihn um Hilfe. Der kubanische *máximo líder* war dazu nur zu gern bereit. Bald war ganz Caracas verwanzt, und die cháveztreuen Fernseh- und Radiostationen brachten ausgewählte Aufnahmen, durch die politische Opponenten und unbotmäßige Kabinettsmitglieder gleichermaßen gedemütigt wurden.

El presidente genoss es, im Rampenlicht zu stehen, und lief vor Publikum stets zu Hochform auf. Ich habe viele Politiker erlebt, die nicht ohne ein gut vorbereitetes Redemanuskript ans Mikrofon treten konnten. Chávez aber war in der Lage, geschlagene neun Stunden vor laufenden Kameras zu reden, ohne irgendwelche Notizen und ohne Pause. Sein Redestil war der eines Jongleurs, er hielt ständig eine Vielzahl von Themen in der Schwebe.

Wenn er etwas erläuterte, konnte er eine Reihe von Statistiken herunterrattern, über die Verkommenheit seiner Vorgänger schimpfen, allgemein über die Ungerechtigkeit der Welt klagen, ein Gedicht über Widerstand und Hoffnung rezitieren, ein Mädchen in der ersten Reihe nach seiner Familie fragen, von den Naturschönheiten Venezuelas schwärmen, sich über die Gier der Kapitalisten lustig machen, die Güte seiner Großmutter und aller Großmütter überhaupt loben, sich selbst mit Bolívar vergleichen, behaupten, dass *El Libertador* nicht an Tuberkulose gestorben sei, sondern ermordet wurde, eine Geschichte von einem armen Bauern erzählen, der Ackerland vom Staat erhalten hatte, eine andere von einer Frau, die um lebensrettende Medikamente gebeten und sie bekommen hatte, um dann den USA vorzuwerfen, al-Qaida und den IS in die Welt gesetzt zu haben. Und das war bloß die Aufwärmphase. Er redete und redete, sang ein Liedchen, bot auch mal eine Tanzeinlage, fuchtelte wild mit den Armen, lobte sich selbst über den grünen Klee, dachte laut darüber nach, was er als Nächstes tun würde, forderte Applaus von seinen Zuhörern ein, und ganz am Ende, wenn das Publikum völlig erschöpft war, schloss er mit dem Schlachtruf: »Vaterland, Sozialismus oder Tod!«

Aber Chávez war nicht nur ein Mann der vielen Worte, er war auch unermüdlich aktiv. Er war ein Kämpfer, kein Zyniker oder Betrüger. Er unternahm alles, was in seiner Macht stand, um die politischen Geschicke zu seinen Gunsten zu beeinflussen, aber nicht nur deshalb gewann er eine Wahl nach der anderen, vier insgesamt. Ihm half auch, dass die Opposition zerstritten und der Ölpreis hoch war, wodurch er tatsächlich viele seiner Versprechen einlösen konnte. Während seiner Amtszeit erhielten seine Landsleute eine bessere Gesundheitsversorgung als je zuvor; sie hatten mehr zu essen, bezahlten weniger für Benzin und Speiseöl, verdienten mehr und konnten sich größere Wohnungen leisten. Zudem gab Chávez den einfachen Venezolanern das Gefühl, wichtig für das Land zu sein. Er wandte sich in seinen Reden direkt an sie, gab ihnen Sitz und Stimme in Aktionskomitees, Entscheidungsmacht in landwirtschaftlichen Kooperativen und Fabriken, warb um ihre Stimmen, beantwortete ihre Eingaben, fragte nach ihren Kindern und hörte ihren Geschichten zu.

Als er im März 2013 an Krebs starb, schrieb ein Bewunderer:

> *Vor 14 Jahren träumten die Kinder in meinem Barrio noch nicht davon, eines Tages auf die Universität zu gehen, geschweige denn davon, Ärzte in ihrer Gemeinde zu werden. Vor 14 Jahren fanden meine Nachbarn kaum Platz in ihren Blech- und Lehmhütten, und sie konnten sich nicht einmal vorstellen, in geräumigen Häusern mit Bädern zu leben, die fast nichts kosten. Vor 14 Jahren hatten nur die Leute in den Vierteln der Reichen das Gefühl, Bürger zu sein. Nun wissen wir, dass wir alle Bürger sind.*[4]

Als das Geld noch reichlich sprudelte, verteilte es Chávez nicht nur an die Armen in seinem eigenen Land, sondern kaufte sich damit auch Einfluss und belohnte Freunde in Kuba, Argentinien, Nicaragua, Ecuador, Bolivien und sogar der South Bronx, wo er Millionen für soziale Aktivitäten spendete und einmal sogar, einen Strohhut auf dem Kopf, mit New Yorker Kindern Salsa tanzte.

Diese Geschichte hätte ein glücklicheres Ende gefunden, wenn es für eine gute Regierung ausreichend wäre, mit vollen Händen Geld auszugeben. Was viele an Chávez liebten, war, dass er keine Grenzen zu kennen schien. Er wollte für seine Anhänger den Weihnachtsmann spielen, aber ein Präsident muss eben auch die harten Realitäten der Finanzpolitik berücksichtigen.

Chávez verschleuderte enorme Summen für Projekte, die in sich zusammenbrachen, weil er keinen Sinn dafür hatte, dass es erfahrener Kräfte bedurfte, um eine Ölgesellschaft, ein Unternehmen, einen landwirtschaftlichen Betrieb oder ein Justizministerium zu leiten. Es kann einem Staatsführer Popularität verschaffen, wenn die Lebensmittel und Haushaltsgeräte billiger werden, aber die Freude hat ein Ende, wenn die Läden schließlich dichtmachen und die Regale in den Supermärkten leer bleiben. Die Gehälter von Ministern und Polizeichefs zu kürzen mag auf den ersten Blick den Gerechtigkeitssinn befriedigen, aber wenn die – absehbaren – Folgen Inkompetenz und Bestechlichkeit sind, sollte man es vielleicht doch anders versuchen. Man könnte nun einwenden, »immerhin macht dieses Geld sehr viele Menschen froh«, und »Buchführung ist eine Last, Zahlen stören nur«, wie es im Musical *Evita* heißt.[5] Doch die gesamte Wirtschaft eines Landes auf die Öleinnahmen zu stützen funktioniert nur, solange die Preise hoch bleiben. Gehen sie in den Keller und sind keine finanziellen Reserven vorhanden, ist die Katastrophe da.

Chávez hat Venezuela ohne Zweifel tief greifend verändert, aber sicherlich nicht all seine Versprechungen wahr gemacht. Als er, noch viel zu jung, starb, hatten viele kompetente, gut verdienende Fachkräfte das Land verlassen, und die Restaurants, in denen sie früher verkehrten, bevölkerten nun Währungsspekulanten, Schmuggler, Drogenhändler und Inhaber öffentlicher Ämter, die nur an Selbstbereicherung interessiert waren. Ein ehemaliger Wirtschaftsplaner schätzt, dass unter Chávez ein Drittel der Öleinnahmen Venezuelas gestohlen oder verschwendet wurden. Das Misstrauen des Präsidenten gegenüber Washington hatte zur Folge, dass er die Vertreter der US-Behörde zur Drogenbekämpfung aus dem Land warf, was zu einem Anstieg der

Kokainimporte um 500 Prozent innerhalb von drei Jahren führte. Chávez sah sich auf der Seite der Arbeitnehmer, aber wenn seinen Projekten Streiks in die Quere kamen, ließ er auch Gewerkschaftsführer ins Gefängnis werfen. Er wollte seinen Anhängern ein ganz neues und höheres moralisches Bewusstsein einpflanzen, doch er hinterließ ein Land, in dem wie in kaum einem anderen das Verbrechen herrscht und in dessen Hauptstadt Caracas das Leben heute gefährlicher ist als in Bagdad.

Man kann über Chávez sagen, was man will, in die Liga solch unheilvoller Gestalten wie Mussolini, Hitler und Stalin gehört er nicht. Was er mit ihnen gemein hatte, war, dass er gesellschaftliche Missstände ausbeutete, Gegner benutzte, um seine persönliche Macht zu erweitern, sich selbst mit dem Glorienschein von Helden vergangener Tage umgab und die Rechte aller mit Füßen trat, die nicht mit ihm einer Meinung waren. Aber er begnügte sich damit, seine politischen Gegner zu demütigen, er brachte sie nicht um. Er schubste alle und jeden unaufhörlich und ohne Federlesens herum, aber er setzte nicht Brutalität mit Männlichkeit gleich. Die Tatsache, dass sich die gewöhnliche Kriminalität während seiner Herrschaft ausbreitete, zeigt auch, dass er gewisse Linien nicht überschritt. In einem echten Polizeistaat geht die Straßenkriminalität zurück – Lösegelderpressung war im »Dritten Reich« gewiss ein geringeres Problem als in Venezuela.

Chávez strebte die Präsidentschaft auf Lebenszeit an, und er erreichte sie auch, doch dann sorgte seine Krankheit dafür, dass er davon nicht lange profitieren konnte. Er ließ Venezuela ärmer zurück, als es 1999 bei seinem Amtsantritt gewesen war. Sein Nachfolger Nicolás Maduro ist ein starrsinniger Ideologe, ein ehemaliger Busfahrer und Gewerkschaftsführer, der sämtliche Fehler, aber keine der Tugenden des Präsidenten besitzt, dessen Amt er übernahm.

Maduro ist untersetzt und hat einen sauber gestutzten Schnurrbart. Ihm fehlen Witz, Charme und Ölreichtum, um wirklich in die Fußstapfen des von ihm verehrten Chávez treten zu können. Der neue Präsident übernahm das Ruder der Wirtschaft in rauer See und steuert sie nun geradewegs auf eine Klippe zu. Ohne Währungsreserven kann Venezuela keine Importwaren kaufen. Ohne Importe sind wichtige Versorgungsgüter nicht zu bekommen. Um dem abzuhelfen, ließ die Regierung die Gelddruckmaschinen anwerfen. Der Wert der nationalen Währung, des venezolanischen Bolívar, schmolz unter der höchsten Inflationsrate der Welt auf nahezu null zusammen. Das Ergebnis ist eine einzige Misere. Mit Löhnen und Renten können nicht einmal mehr die Grundnahrungsmittel bezahlt werden; ein Tube Zahnpasta kostet so viel wie ein halbes Wocheneinkommen. Mangelernährung ist heute in Venezuela ein weitverbreitetes Phänomen. Die einfachsten Medikamente sind nicht aufzutreiben, so viele Apotheken die Menschen auch abklappern. Der Mindestlohn wurde wiederholt angehoben, konnte aber mit der Inflation nicht Schritt halten und liegt nun bei etwa einem Achtel des Niveaus im benachbarten Kolumbien. Die heimische Produktion von Kaffee, Reis und Mais ist um 60 Prozent gefallen. Die Viehbestände des Landes sind um ein Drittel geschrumpft, und nach anderthalb Jahrzehnten Druck auf den privaten Sektor kann die Wirtschaft nicht einmal mehr die Grundbedürfnisse befriedigen.

Anfang 2017 machten die Bürger ihrem Unmut in monatelangen Demonstrationen Luft, skandierten Parolen gegen Maduro, geschützt mit Fahrradhelmen, Schienbeinschützern aus Pappe und selbst gebastelten Schilden, bemalt in den Landesfarben Gelb, Blau und Rot.

Der Präsident hätte die Krise durch ein Eingeständnis von Fehlern und eine versöhnliche Politik abmildern können. Das hätte ausländische Investoren veranlasst, die Situation neu einzuschätzen und bei Nachbarländern sowie weltweit Hilfsangebote ausgelöst. Stattdessen verstärkte er die Unterdrückung. Für Maduro gibt es nur zwei Möglichkeiten – Verrat an der *Chavista*-Revolution oder ihre Vollendung. Er ist ein starrsinniger und unverbesserlicher Revolutionär. Im Juli 2017 berief er Wahlen zu einer verfassunggebenden Versammlung ein, deren

Kandidaten sorgfältig aus willfährigen Anhängern ausgewählt wurden, um das Parlament zu entmachten. Ihre Aufgabe ist es, die von Chávez stammende Verfassung zu ersetzen, die Jahrhunderte überdauern sollte. Auf Maduros Weisung wurden große Oppositionsparteien verboten, politische Rivalen und sogar ehemalige Weggefährten eingesperrt oder ins Exil getrieben. Das löste Proteste aus, in deren Verlauf die Sicherheitskräfte bislang mehr als 120 Menschen töteten und viele Tausend verprügelten und einsperrten. Um die Revolte im Zaum zu halten, übernahmen Offiziere, teils aus dem Ruhestand reaktiviert, viele Funktionen in der Regierung und Privatwirtschaft, einschließlich der Ölförderung und der Verteilung von Lebensmitteln.

Maduro weigerte sich, auch nur die geringste Verantwortung für die Misere seines Landes zu akzeptieren. Schuld sind aus seiner Sicht allein Reaktionäre im Land und »an Umsturz und Machtergreifung ... interessierte Kräfte, die von den USA aus dirigiert und geführt werden«.[6] Letzteren Vorwurf konnte man leicht abtun, bis Donald Trump eines Tages von einem seiner Golfplätze aus Venezuela mit einer Militärintervention drohte. Diese diplomatische Fehlleistung war ein Geschenk des Himmels für Maduro, das er nun weidlich ausnutzt, um seine Stellung im eigenen Land und bei Sympathisanten des antiimperialistischen Kampfes Lateinamerikas, das in seiner Geschichte viele zweifelhafte US-amerikanische Militäreinsätze erlebt hat, zu festigen.

Das Beispiel Venezuela zeigt: Wenn die wirtschaftlichen und gesellschaftlichen Bedingungen verfallen und demokratische Politiker ihre Führungspflichten vernachlässigen, hat es ein begabter Rattenfänger leicht. Hugo Chávez war sicher kein reiner Blender; er vertrat einen Teil der Bevölkerung, der sich von der Demokratie ausgeschlossen fühlte. Diese Wähler trugen ihn ins höchste Staatsamt; sie unterstützten ihn in roten T-Shirts und Basecaps und waren begeistert von dem Sieg, den sie errungen hatten. Doch im 21. Jahrhundert einen Staat zu regieren ist alles andere als einfach und sicherlich schwieriger, als Chávez es sich vorgestellt hatte. Als er in die Klemme geriet, verließ er den Pfad der Demokratie und trieb mit der angehäuften Macht einen immer tieferen Keil zwischen seine Anhänger und alle, die sich ihm entgegenstellten. Das war nicht die klügste Vorgehensweise, aber es schien ihm die einfachste und entsprach zudem seiner Vorstellung von der Rolle, die ihm die Geschichte zugedacht hatte.

Chávez sehnte sich nach einem Platz an der Seite von Bolívar in der Ruhmeshalle seines Landes und Südamerikas. Dieses Streben brachte ihn in die Nähe des Faschismus. Auf der anderen Seite des Globus geriet ein ganz anderer Mann, der Chávez an Ehrgeiz nicht nachsteht, in eine sehr ähnliche Versuchung.

11

Erdoğan der Große

Ende 1997 reiste der Oberbürgermeister von Istanbul nach Siirt im Südosten der Türkei, um die Familie seiner Frau zu besuchen. Die malerische Stadt ist für ihre farbenfrohen handgewebten Decken und ihre 900 Jahre alte Moschee bekannt. Er hielt dort eine Rede, in der er auch aus einem populären nationalistischen Gedicht zitierte: »Die Demokratie ist nur der Zug, auf den wir aufsteigen, bis wir am Ziel sind. Die Moscheen sind unsere Kasernen, die Minarette unsere Bajonette, die Kuppeln unsere Helme und die Gläubigen unsere Soldaten.«[1]

Mit diesen Worten hätte Recep Tayyip Erdoğan normalerweise kein großes Aufsehen erregt, doch sein Land befand sich in einem Moment äußerster Anspannung. Eine verunsicherte Regierung, die Stärke demonstrieren wollte, ließ ihn unter dem Vorwurf, religiös motivierten Hass anzustacheln, verhaften. Er wurde verurteilt, musste von seinem Posten zurücktreten und durfte fünf Jahre lang kein öffentliches Amt mehr ausüben. Damit hoffte man, für das Ende der politischen Karriere des populären Oberbürgermeisters gesorgt zu haben, doch der Plan ging nicht auf – im Gegenteil. Die Affäre machte Erdoğan erst richtig bekannt und in den Augen vieler zum Helden. Ein Autokorso aus etwa 2000 Wagen begleitete ihn zum Gefängnis, und auch als er vier Monate später entlassen wurde, standen seine Bewunderer zur Begrüßung bereit.

75 Jahre lang hatte sich die Türkei, geprägt von vielen Millionen gläubiger Muslime, um eine Trennung von Staat und Religion bemüht. Das war schon schwer genug in Zeiten, als säkularistische Staatslenker in hohem Ansehen standen, doch als Erdoğan verhaftet wurde, hatten

eine marode Wirtschaft und zerstrittene Politiker eine stetig wachsende Verdrossenheit unter den Bürgern erzeugt. Die Regierung verbot islamistische Parteien, um das Protestpotenzial zu minimieren, doch es dauerte nur wenige Jahre, bis vergleichbare Organisationen unter neuem Namen ihren Platz eingenommen hatten. Die dynamischste und am besten geführte, die Partei für Gerechtigkeit und Entwicklung (AKP), wurde im August 2001 gegründet. Ihr Vorsitzender hieß Recep Tayyip Erdoğan.

Das türkische Volk ist von schwierigen Nachbarn umgeben. Im Osten grenzt das Land an den Iran, Armenien, Aserbaidschan und Georgien, im Süden an Syrien und den Irak, im Westen an Bulgarien und Griechenland und im Norden, auf der anderen Seite des Schwarzen Meeres, liegen die Russische Föderation, die Ukraine und Rumänien. Hier sind sich seit den Zeiten Alexanders des Großen die Händler und Heerscharen aus Europa, Asien und dem Nahen Osten begegnet, haben Waren getauscht und miteinander um die Macht gerungen. Im Jahr 1453 stürmten die osmanischen Türken Konstantinopel, gaben dem zerfallenden byzantinischen Kaiserreich den Gnadenstoß und gründeten eine muslimische Dynastie, die 400 Jahre lang ein Viertel der Welt beherrschte – ein Reich, so groß, dass es nicht nur über die weltweit größte Stadt mit einer jüdischen Bevölkerungsmehrheit, Saloniki, gebot, sondern auch über mehr Christen, als jede andere damalige Regierung.

Das Industriezeitalter und der immer stärker werdende Nationalgedanke setzten dem Osmanischen Reich erheblich zu, und seine Niederlage im Ersten Weltkrieg tat ein Übriges. Aus den Trümmern erhob sich der junge Staat Türkei; er wehrte die europäischen Mächte ab, die den Leichnam des gefallenen Reichs fleddern wollten, und proklamierte die Unabhängigkeit. An seiner Spitze stand Mustafa Kemal, ein Offizier mit fortschrittlichen Ideen, der als Atatürk, »Vater der Türken«, in die Geschichte eingehen sollte. Kemal war entschlossen, eine wirklich moderne Gesellschaft zu schaffen. Dazu ging er mit der

Axt an die Wurzeln der osmanischen Kultur – er schaffte das islamische Kalifat ab, löste die Religionsgerichte auf, latinisierte die türkische Schrift und schaute sich von der Schweiz das bürgerliche Gesetzbuch, von Deutschland das Wirtschaftsrecht, von Frankreich die Verwaltungsstruktur und von Italien das Strafgesetzbuch ab.

Atatürk und seine Nachfolger setzten vor allem auf Wissenschaft und betrachteten den Islam mit Argwohn. Unter ihrer Führung bestimmte der Staat, was in den Moscheen gepredigt werden konnte, baute im ganzen Land ein säkular ausgerichtetes Schulsystem auf, erließ Bestimmungen zur Gleichberechtigung der Frauen und warf jeden ins Gefängnis, der auf eine stärkere Rolle der Religion im öffentlichen Leben pochte. Im Jahr 1946, acht Jahre nach Atatürks Tod, wurde das Land eine parlamentarische Demokratie, aber eine, die innerhalb der säkularen Grenzen verblieb, die der verehrte Staatsgründer des türkischen Volks errichtet hatte. Der Wahlspruch, den Atatürk seiner Partei gegeben hatte, »Für das Volk, trotz des Volkes«,[2] brachte sowohl die hochfliegenden Intentionen des Kemalismus als auch seine Verachtung der Öffentlichkeit im Allgemeinen zum Ausdruck. In den folgenden Jahrzehnten wurden die Wahlkämpfe vor allem zwischen den Mitte-rechts- und Mitte-links-Parteien ausgetragen, wobei Erstere meistens den Sieg davontrugen. Die Türkei wurde enger Bündnispartner des Westens; seit 1952 gehört sie der NATO an und bemüht sich seit langer Zeit um die Mitgliedschaft in der Europäischen Union. Noch lange nach Atatürks Tod war sein Konterfei allgegenwärtig, und sein langer Schatten lag über dem ganzen Land.

Recep Tayyip Erdoğan stammt aus einem der ärmlicheren Viertel Istanbuls, das er in seiner Erinnerung jedoch voller Obstbäume und Felder sieht, wo Kinder sich beim Drachensteigen vergnügten, Murmeln spielten und sich herrlich schmutzig machen konnten, da damals noch nicht jeder Quadratmeter unter Asphalt und Pflaster verschwunden war. Sein Vater befuhr als Kapitän den Bosporus, und schon in jungen

Jahren trug Erdoğan als Imbissverkäufer zum Familienunterhalt bei. Die Sommerferien verbrachte er bei seinen Großeltern in der ländlich-konservativen Provinz weit nordöstlich der Stadt. Als er elf Jahre alt war, schrieb ihn seine Familie an einer religiös geprägten Schule ein, was für seine Karriereaussichten in der kemalistischen Türkei nicht besonders förderlich war. Doch wenn Erdoğan einmal einen Pfad eingeschlagen hatte, verfolgte er ihn zielstrebig. Er war fleißig, lernte viel, war ein ausgezeichneter Fußballspieler und entwickelte bereits in den oberen Klassen der Schule Interesse für Politik.

Damals, in den Siebzigerjahren, standen sich in vielen Ländern, auch der Türkei, eine marxistische Linke und eine nationalistische Rechte gegenüber. Der Ölpreisschock würgte die Wirtschaft ab und führte zu Engpässen bei Zucker, Margarine und Speiseöl. Aus Angst vor einer Revolte trat das Militär auf den Plan, fegte die zivilen Politiker hinweg und machte die Linke durch Folter, Morde und die Verhaftung einer halben Million Menschen mundtot.

Erdoğan und seine glaubenstreuen Genossen blieben von dieser Konfrontation verschont, zumal viele von ihnen abseits der großen Städte lebten. Es war eine Generation, die Atatürk nur noch aus Erzählungen kannte und keine natürliche Verbundenheit zur europäischen Kultur hatte, die ihr als das türkische Ideal vorgehalten wurde. Viele machten sich auch Sorgen um den Einfluss der Globalisierung auf ihr Leben. Was sie antrieb, war gar nicht so sehr politischer Ehrgeiz, als die Angst, durch Untätigkeit alles zu verlieren, was ihnen lieb und teuer war. Nach und nach wurden sie empfänglich für die Imame in Ägypten und im Iran, die sagen konnten, was ihren türkischen Glaubensbrüdern verboten war: dass der Westen darauf aus sei, die Gläubigen zu spalten und sie in Armut und Abhängigkeit zu halten. Wenn die Muslime ihr Schicksal verbessern wollten, dann müssten sie selbst bestimmen, was für sie gut sei, ihre Stimme erheben und gemeinsam handeln, um sich Gehör zu verschaffen.

Durch die Unterdrückung der politischen Linken hatte das Militär

Raum für die neue Bewegung geschaffen. Die dem Staat entfremdeten Armen, die sich um keine Ideologie mehr scharen konnten, suchten verstärkt Halt im Glauben. Als eine Partei auf den Plan trat, die eine »gerechte Ordnung« und eine Aufhebung der Trennung von Staat und Islam zu ihrem Ziel erklärte, liefen ihr die Türken in Scharen zu – 1991 hatte sie 200 000 Anhänger, 1995 waren es dann schon vier Millionen. »Andere Parteien haben Mitglieder«, verkündete stolz ein Parteiführer, »wir haben Gläubige.«[3] Die erstaunliche Popularität der Organisation versetzte säkulare Kreise in Angst und Schrecken. Im Jahr 1997 wurde sie vom Verfassungsgericht in der Hoffnung verboten, die Islamisten ebenso kleinhalten zu können wie die Kommunisten. Doch die marxistische Ideologie war von außen gekommen, der Glaube hingegen hatte tiefe Wurzeln im anatolischen Kernland.

Die Parlamentswahlen 2002 bescherten der AKP und ihrem Präsidentschaftskandidaten, die für einen radikalen Bruch mit der Vergangenheit eintraten, ideale Voraussetzungen für einen Erdrutschsieg. Noch keine drei Jahre lag es zurück, dass die Regierung nach einer Erdbebenkatastrophe nicht in der Lage gewesen war, für umfassende Hilfe zu sorgen. Die Nation hatte dieses Versagen noch in frischer Erinnerung. Dass darauf eine Wirtschaftskrise gefolgt war, hatte das Vertrauen der Bevölkerung weiter erschüttert. Der Staat war hoch verschuldet, die Währung schwach, die jährliche Inflationsrate lag bei über hundert Prozent, und ausländische Investoren sahen keinen Grund, die Löcher des lecken Wirtschaftsdampfers mit ihrem Geld zu stopfen. Um ihn wieder flottzumachen, verfügte die Regierung eine Mischung aus Liberalisierungen und Haushaltskürzungen, wie sie die Vorgänger von Hugo Chávez in Venezuela beschlossen hatten – mit vergleichbaren Ergebnissen. Nun gerieten die Wähler vollends in Rage. Zu der gespannten Lage trug bei, dass kurdische Kämpfer im Südosten des Landes gegen die Armee zu Felde zogen, was Tausende Zivilisten zwang, mit ihrem Hab und Gut im bereits überfüllten Istanbul Unterschlupf zu suchen.

All dies hieß noch lange nicht, dass sich die Wähler nun automatisch der AKP zuwenden würden. Jahrzehntelang hatten Atatürk und seine Nachfolger davor gewarnt, religiösen Parteien Raum zu geben, weil dies die Türkei in den Augen Europas nicht bloß rückständig erscheinen ließe, sondern die Türken tatsächlich zwingen würde, wieder wie ihre Urgroßväter zu leben. Wenn die AKP etwas erreichen wollte, musste sie solche Befürchtungen entkräften. Da half es, dass Erdoğan in seinem westlichen Anzug und mit seinem verbindlichen Auftreten so gar nicht wie ein religiöser Eiferer wirkte. Als Oberbürgermeister hatte er mit praktischen Verbesserungen von sich reden gemacht: Die Müllabfuhr und die Straßenreinigung funktionierten, der Strom fiel nur noch selten aus, und wenn man den Wasserhahn öffnete, konnte man seinen Durst löschen und musste nicht befürchten, krank zu werden. Auf Erdoğans Initiative trat die AKP nicht als islamistische, sondern als sozialkonservative, durchaus der Zukunft zugewandte Partei mit einer stark proeuropäischen Ausrichtung in Erscheinung. In der Wahlwerbung wurden AKP-Mitglieder als Geschäftsleute und Freiberufler vorgestellt, auch berufstätige Frauen, die das Haar unverhüllt trugen, waren darunter. Ihre Kandidaten hielten Wahlveranstaltungen selbst in Lokalen ab, in denen Alkohol ausgeschenkt wurde. Wahlwerber waren angewiesen, sich in der Diskussion auf Alltagsprobleme zu konzentrieren, stets zu lächeln und es zu vermeiden, sich als »moralische Besserwisser« aufzuspielen.

Die Anstrengungen, die gemacht wurden, um die Skeptiker zu beruhigen, zahlten sich aus. Am Wahltag scheiterten die drei Parteien, die bislang die Regierungskoalition gestellt hatten, sämtlich an der Zehnprozenthürde – ein völlig überraschendes Ergebnis. Gemäß der Verfassung wurden ihre Stimmen der Partei mit den meisten Stimmen zugeschlagen. Das bedeutete, dass die AKP, die knapp über 30 Prozent erhalten hatte, mehr als die Hälfte der Parlamentssitze einnehmen konnte und damit über eine absolute Mehrheit verfügte.

Die Türkei hatte sich mit der repräsentativen Demokratie seit jeher schwergetan. Atatürk orientierte sich in mancher Hinsicht am Westen, aber nicht was freie Wahlen, unabhängige Gerichte oder die Religions- und Meinungsfreiheit betraf. Wäre dem so gewesen, hätten ihm Hitler und Mussolini nicht so viel Bewunderung gezollt. Beide waren sehr angetan von seinem aggressiven Nationalismus – einschließlich der Verfolgung von Minderheiten und der Unterdrückung des Klerus – und der Entschiedenheit, mit der er ihn durchsetzte. Hitler bezeichnete den charismatischen Türken gar als »leuchtenden Stern« in der Finsternis der Zwanzigerjahre.[4] Nach Kemals Tod wahrte das Militär gemeinsam mit dem Verfassungsgericht sein Erbe. Dreimal, in den Jahren 1960, 1971 und 1980, schritt die Armee ein, als nach ihrem Dafürhalten die zivile Regierung ihrer Aufgabe nicht gewachsen war. Und auch 1997 hatte das Militär beim Rücktritt der damaligen Koalitionsregierung und bei Erdoğans Verhaftung Druck ausgeübt. Als Außenministerin der USA erklärte ich seinerzeit: »... was auch immer in der Türkei geschieht ... und über welche Veränderungen die Menschen dort auch nachdenken, sie müssen in einem demokratischen Kontext stattfinden.«[5] Mit anderen Worten, bitte die Verfassung achten und keinen Putsch mehr.

Im März 2003 trat der neue Ministerpräsident sein Amt an, wohl wissend, dass mächtige Elemente im Establishment nur darauf lauerten, dass er einen Fehler machte. Sobald sich eine Gelegenheit bot, würden sie ihn beschuldigen, er höhle den Säkularismus aus und verrate das Erbe von Atatürk. Erdoğans Bewegungsspielraum war auch durch einen noch vom vorherigen Parlament gewählten, unerschütterlich säkularistischen Präsidenten, Ahmet Necdet Sezer, eingeschränkt. Dieser konnte sein Veto gegen Gesetze einlegen und über die Besetzung von Schlüsselpositionen entscheiden. Allerdings zeigte er sich auch etwas kleinkariert, weigerte er sich doch, die Frau des Ministerpräsidenten in seinem Palast zu empfangen, weil sie ein Kopftuch trug.

Von meinen Türkeibesuchen in dieser Zeit weiß ich aus eigener Anschauung, welche Emotionen dieses scheinbar triviale, bis heute ungelöste Problem freisetzt. Bei einer Gesprächsrunde, zu der ich eingeladen war, trugen unter den Frauen im Publikum auch einige wenige ein Kopftuch. Als dann die Fragen der Zuhörerschaft an die Reihe kamen, wollte man von mir wissen, wie ich dazu stehe. Für mich war die Antwort ganz klar: »Was jemand mit seinem Haar macht, sollte ganz allein die Angelegenheit jener Person sein; das ist eine rein individuelle Sache.« Diese unparteiische Antwort stellte niemand zufrieden. Wo ich den Wert der Individualität sah, sahen die Frauen beider Lager ein fundamentales Identitätsproblem. Für sie ging es um nicht weniger als um die Frage, was es bedeutete, Türkin zu sein. Und die konnte man nicht einfach beiseitewischen, indem man erklärte, sie sei belanglos.

Während dieses Besuchs hatte ich auch Gelegenheit, meine Bekanntschaft mit Istanbul zu vertiefen, der schönsten Stadt der Welt – abgesehen von meinem Geburtsort Prag. Ich war schon viele Male dort gewesen, auch mit zwei meiner Enkelkinder, und ich bin von diesem Land schlichtweg fasziniert. Doch es gab schon immer einen unschönen Gegensatz zwischen den palastartigen Anwesen der Reichen, die den Bosporus überblicken, und den dicht bebauten Wohnvierteln, in denen die meisten Bürger leben. Für die Durchschnittsfamilie war Erdoğans erste Amtszeit ein Gewinn, doch in den Villenvierteln blieb man skeptisch.

Der frischgebackene Regierungschef umschiffte sorgsam alle Themen, die religiösen Funkenschlag auslösen konnten, und konzentrierte sich ganz darauf, für mehr Wohlstand zu sorgen. Als er das Ruder übernahm, befand sich die Wirtschaft gerade in einer Erholungsphase, und das verstand er zu nutzen. Innerhalb eines Jahres fiel die Inflationsrate von 47 auf 22 Prozent, und bald stabilisierte sie sich im einstelligen Bereich.

Das lockte zahlreiche ausländische Investoren an, die Erdoğan eifrig umwarb, wobei ihm seine Erfahrung als Oberbürgermeister zugutekam. Er finanzierte den Bau von Brücken, Straßen, Krankenhäusern und Flughäfen und lockte so noch mehr Kapital an. Es wurde eine

Gesundheits- und Sozialreform eingeleitet, in deren Folge sich die Kindersterblichkeit halbierte und die durchschnittliche Lebenserwartung um fünf Jahre stieg. Unter Erdoğans Regierung öffneten sich für die Türken auch stärker die Tore zur Welt, als die staatliche Fluggesellschaft zahlreiche neue Ziele ansteuerte. Die Regierung legte ein Kreditprogramm für den Wohnungsbau auf, das Hunderttausenden Familien den Kauf eines Eigenheims ermöglichte. In den Vorstädten machte der Wildwuchs von Barackenvierteln schönen Wohnhäusern mit gut besuchten Cafés und vollen Läden Platz.

Zehn Jahre nach Erdoğans Amtsantritt war die Türkei als die Werkbank Europas bekannt, das Wirtschaftsvolumen hatte sich verdreifacht, das Durchschnittseinkommen verdoppelt, ebenso die Zahl der Bürger, die sich zur Mittelschicht zählen konnten. Die AKP strich sechs Nullen von der Währung, sodass kein Durstiger mehr Millionen türkischer Lira aus der Tasche ziehen musste, um sich eine Tasse Tee oder ein Glas Raki zu gönnen.

Die Türkei verstärkte auch ihre Bemühungen um die Aufnahme in die EU, die Erdoğan im Wahlkampf 2002 als eines seiner wichtigsten Ziele genannt hatte. In den Jahren der Clinton-Regierung hatte ich meinen europäischen Amtskollegen empfohlen, diesen schon lange gehegten Wunsch der Türkei wohlwollend zu prüfen. Um ihre Chancen zu verbessern, hatte die Türkei bereits die Todesstrafe abgeschafft und dann, unter Erdoğan, die Zivilkontrolle über das Militär verstärkt und neue Gesetze zum Schutz der Meinungsfreiheit, von Minderheiten und von Frauen erlassen. Diese Maßnahmen konnten als Durchbruch betrachtet werden, und so begannen formelle Verhandlungen.

Über all dem ließ der Ministerpräsident niemals für eine Sekunde die Politik aus dem Auge. Eine schwache Opposition erleichterte es Erdoğan, die AKP zu einem mächtigen Apparat aufzubauen, befeuert von der Energie der Gläubigen, unterstützt von den Anhängern aus der Mittelschicht und finanziert durch die Wirtschaftsbosse, die auf der Seite der Gewinner stehen. Das ganze Jahr über waren Freiwillige im Einsatz, besuchten Kranke, organisierten Nachbarschaftstreffen, halfen den Arbeitslosen, eine Stellung, und den Obdachlosen, eine Wohnung zu finden. Bei den Wahlen 2007 erreichte die AKP 46 Prozent, mehr als doppelt so viel wie alle anderen Parteien, und erhielt 341 der 550 Parlamentssitze. Diese klare Führung ermöglichte es dem Ministerpräsidenten, zu Beginn seiner zweiten Amtszeit einen neuen, mehr auf seiner Linie liegenden Staatspräsidenten wählen zu lassen.

Im Höhenflug der Umfragewerte machte sich Erdoğan daran, die bereits angesammelte Macht zum weiteren Ausbau seiner Position zu nutzen. Schließlich hatte er immer noch Feinde. Im Jahr 2008 warf die Staatsanwaltschaft der AKP vor, die Trennung von Religion und Staat zu missachten. Hätte sie damit vor dem Verfassungsgericht Erfolg gehabt, was durchaus im Bereich des Möglichen lag, wäre die Partei verboten worden und Erdoğans Karriere zu Ende gewesen. Die Entscheidung der Richter fiel zugunsten der AKP aus, wenn auch denkbar knapp mit einer Mehrheit von nur einer Stimme.

Der Ministerpräsident war nicht erpicht darauf, noch einmal in eine solch prekäre Lage zu geraten, also machte er sich daran, die staatlichen Institutionen, die seine Zukunft bedroht hatten, umzubauen. Dabei griff er auf die harten Methoden Atatürks zurück, um die Strukturen zu zertrümmern, die sein legendärer Vorgänger errichtet hatte. Es begann damit, dass er Hunderte Offiziere, teils bereits im Ruhestand, verhaften und vor Gericht stellen ließ. Die Vorwürfe lauteten unter anderem Vorbereitung eines Putsches und Korruption. Einige Anschuldigungen waren zutreffend, andere frei erfunden. Weiter zog Erdoğan die Daumenschrauben für die Presse an und sorgte für Gesetze, die es der Regierung ermöglichten, ihr unliebsame Presseorgane einfach zu enteignen. Und er sorgte dafür, die Kammern der Gerichte zu vergrößern, was ihm die Möglichkeit bot, Richter zu ernennen, auf deren Loyalität er zählen konnte.

Auch mit seinen Ansichten zur türkischen Identität kam Erdoğan nun stärker aus der Deckung. Während seiner Amtszeit eröffneten mehr als 9000 neue Moscheen, und die Zahl der Kinder, die eine Religionsschule besuchten, stieg von 63 000 auf 1,5 Millionen. Für alle Schüler ist nun sunnitischer Religionsunterricht Pflicht. In seinen Reden nennt Erdoğan heute ungehemmt den Islam die Quelle der türkischen Einheit und betont, wie wichtig es sei, eine »fromme Generation«[6] heranzuziehen. Er hat Schwulenparaden verboten und LGBT-Aktivitäten als »unvereinbar mit den Werten unserer Nation« bezeichnet. In hochpolitischer Weise beschwört er den »heiligen Pfad«[7] der AKP als Gegenpol zum angeblichen Atheismus seiner Gegner.

Nach und nach wurde Erdoğan, der einst für Einheit stand, zum Polarisier, der gegen Säkularisten und Liberale hetzt. Schon hat er Schritte unternommen, eine der größten historischen Leistungen Atatürks rückgängig zu machen. Die Verfassung garantiert Frauen bisher dieselben Rechte wie Männern, doch Erdoğan hat nun vorgeschlagen, dies auf »türkische Weise« zu interpretieren, und das heißt, Geburtenkontrolle zu verurteilen und Frauen zu drängen, drei oder mehr Kinder zu bekommen. Überhaupt sind berufstätige Frauen in seinen Augen »Halbmenschen«.[8] Im Jahr 2016 regte ein parlamentarischer Ausschuss an, das Heiratsalter auf 15 Jahre herabzusetzen und ein Gesetz zu erlassen, das Vergewaltigern Straffreiheit zusichert, wenn sie ihr Opfer heiraten.

Trotz der guten Umfragewerte der AKP sind nicht alle vom Anbruch dieser neuen Zeit begeistert. In Prag versammelten sich die Demonstranten 1989 auf dem Wenzelsplatz. In Kairo war es 2011 der Tahrir-Platz. In Istanbul machte sich die Unzufriedenheit 2013 im Gezi-Park unweit des Taksim-Platzes Luft, einem zentral gelegenen Verkehrsknotenpunkt mit patriotischen Denkmälern und Imbissläden. Der unmittelbare Auslöser der Proteste war der Plan der Regierung, im Gezi-Park Bäume zu fällen und die Grünfläche mit einem weiteren Einkaufszentrum zuzupflastern. Beflügelt durch die sozialen Medien gewann die Besetzung des Platzes Unterstützer in 70 Städten. Die Menschen sangen, skandierten Parolen und campierten dort tagelang, doch das fand ein jähes Ende, als Tränengas und Gummigeschosse zum Einsatz kamen. Dieses Aufflackern des Volkszorns, so kurz es gewesen war, war von dem Gefühl begleitet, dass sich etwas Neues regte. Zum ersten Mal hatten sich die vielen unterschiedlichen Strömungen der Erdoğan-Gegner an einem Ort zusammengefunden: Liberale, Umweltschützer, Feministinnen, säkulare Nationalisten, Akademiker und nach Unabhängigkeit strebende Kurden. Was sich auf dem Taksim-Platz ereignete, hätte den Beginn einer geeinten Oppositionsbewegung gegen die AKP darstellen können – wäre dieser Schwung nicht durch ein politisches Erdbeben zunichtegemacht worden.

Am 15. Juli 2016 versuchte eine Gruppe von Militärs, Erdoğan zu töten und die Regierung an sich zu reißen. An einem Freitag um zehn Uhr abends riegelten Putschisten mit Panzern den Flughafen von Istanbul ab, verhafteten regierungstreue Offiziere, ließen Kampfjets im Tiefflug über Ankara jagen und das Parlamentsgebäude bombardieren. Das war der erste militärische Angriff, den die Hauptstadt seit dem 15. Jahrhundert erlebte. Die Putschisten besetzten eine Handvoll strategisch wichtiger Punkte in den beiden größten Städten. Außerdem schickten sie eine Kommandoeinheit an die Südwestküste mit dem Befehl, Erdoğan, der dort Urlaub machte, zu ermorden. Doch zum Glück kam das Killerkommando zu spät. Der Präsident war gewarnt worden und bereits nach Istanbul zurückgeflogen.

Der Putsch hatte von Anfang an keine Chance. Das Vorhaben war durch Indiskretionen bereits im Voraus bekannt geworden, was die Verschwörer gezwungen hatte loszuschlagen, obwohl noch nicht alle Vorbereitungen abgeschlossen waren. Es gelang ihnen auch nicht, die Öffentlichkeit auf ihre Seite zu ziehen. Nachdem die Beseitigung Erdoğans gescheitert war, konnte er über die Medien sein riesiges Netzwerk in der Partei und den Moscheen um Unterstützung aufrufen. Und seine Anhänger ließen ihn nicht im Stich. In diesen Krisenstunden standen die meisten hochrangigen Offiziere zur Regierung. Die Oppositionsparteien, die unabhängigen Medien, die Leitfiguren der Zivilgesellschaft – alle verurteilten einhellig den Putschversuch. Die ganze Nacht über waren Zehntausende Türken auf den Straßen, um ihre Loyalität gegenüber der Regierung zum Ausdruck zu bringen. Baufirmen stellten schweres Gerät zur Verfügung, um die Panzer der Putschisten aufzuhalten. Aus Lautsprechern tönten muslimische Gebete. Schon im Morgengrauen war der Putsch zusammengebrochen, allerdings hatten dabei mehr als 300 Menschen, in der Mehrzahl Zivilisten, ihr Leben verloren.

Im Unterschied zu früheren Rebellionen war es dem Militär diesmal nicht darum gegangen, Kemals Erbe zu wahren, obwohl einige Offiziere womöglich auch dies motiviert hatte. Viele Putschisten sollen einer religiösen und sozialen Bewegung angehört haben, die seit Jahrzehnten in der Türkei aktiv ist. Ihr Anführer ist Fethullah Gülen, ein muslimischer Geistlicher und Lehrer, der 1999 in die USA emigrierte. Sollte das wahr sein, so handelte es sich wohl vor allem um ein Zerwürfnis unter Freunden.

Gülen und Erdoğan hatten sich viele Jahre nahegestanden. Wenn ein Wirtschaftsführer oder ein Zeitungsherausgeber einen von ihnen unterstützte, dann mit großer Wahrscheinlichkeit auch den anderen. Beide strebten danach, die säkularistische Ausrichtung des türkischen Staates zu beenden und dem Glauben mehr Raum zu verschaffen. Mit Unterstützung der AKP nutzten viele Gülen-Getreue ihre politischen Verbindungen und ihre Hochschulbildung, um in einflussreiche Positionen im Militär, bei der Polizei, in den Ministerien, an Gerichten und Universitäten aufzusteigen. Die internationalen Kontakte von Gülens Organisation, die in 160 Ländern vertreten war, halfen der Türkei, neue Verbindungen in Afrika und Asien aufzubauen.

Nahezu jeder, der nach der Jahrtausendwende etwas mit der Türkei zu tun hatte, wusste, wer Gülen war, kannte seine zahlreichen Bildungs- und Hilfsprogramme und sein Eintreten für die Türkei. Ich habe Gülen nie persönlich kennengelernt, aber an einem Essen teilgenommen, das seine Gesellschaft 2008 in Houston gab. Von außen betrachtet, widmet sie sich vor allem humanitären Belangen wie dem Dialog zwischen den Religionen und friedlicher Konfliktlösung. Ihre akademischen Angebote sind von hoher Qualität, und von ihren Lehrern wird erwartet, dass sie anderen ein Beispiel an Frömmigkeit und Hilfsbereitschaft sind. Viele ihrer internationalen Aktivitäten, zu denen auch der Betrieb von 150 Charter-Schulen in den Vereinigten Staaten zählt, werden ganz unabhängig von Gülen organisiert und haben wenig mit türkischer Politik zu tun. Erdoğan und sein Kreis in der Türkei sind jedoch überzeugt, dass der Geistliche und seine Anhänger das Ziel verfolgen, die AKP zu vernichten.

Schon kurz nach den Wahlen 2011, die – wie nun schon gewohnt – mit einem Sieg Erdoğans endeten, kam es zum Zerwürfnis zwischen ihm und Gülen. Was genau vorfiel, ist nicht bekannt, doch plötzlich war es kein Vorteil mehr, Gülen nahezustehen, wenn man einen Regierungsvertrag oder einen leitenden Posten bekommen wollte. In den Jahren 2013 und 2014 schlug Gülen zurück, indem er Korruption in Erdoğans Regierung offenlegte. Dazu gehörte auch die Veröffentlichung eines Telefongesprächs, in dem der Ministerpräsident seinen Sohn anwies, Geld aus ihrer Wohnung verschwinden zu lassen. Erdoğan zahlte es Gülen heim, indem er ihn einen Terroristen nannte und die Bemühungen verstärkte, seine Anhänger aus wichtigen Ämtern zu entfernen.

Der Putschversuch sollte Erdoğan erledigen, machte ihn aber nur noch stärker, genau wie seine Verhaftung 1997. Erdoğan bezeichnete den Widerstand gegen diesen Umsturzversuch als »den zweiten Unabhängigkeitskrieg«[9] der türkischen Republik und nutzte das Ereignis als Vorwand, die ganze Türkei in einer Manier, die an Atatürk erinnert, mit seinem Konterfei zuzupflastern, nicht zuletzt an den Gedenkstätten für die Opfer der gegen ihn gerichteten Rebellion. Der Putsch verschaffte ihm einen Freibrief, gegen jeden vorzugehen, der ihm missfiel, und dies als Bekämpfung von Landesverrat zu kaschieren.

Mit Billigung des Parlaments rief er den Notstand aus. Sicherheitskräfte machten Jagd auf die Drahtzieher des Putsches und ihre Angehörigen, Freunde und Mitarbeiter. In kürzester Zeit weitete sich das Fangnetz auf Terrorverdächtige jedweder Art aus, und zu solchen wurden auch Leute erklärt, die durch Wort und Schrift, etwa in Blogs, kritische und angeblich gefährliche Ansichten über Erdoğan und den Staat geäußert hatten. Innerhalb weniger Monate wurden mehr als 140 000 Regierungsmitarbeiter entlassen, 16 000 Angehörige des Militärs und der Polizei geschasst, 6300 Lehrer gefeuert, 2500 Journalisten eingesperrt, 1000 Firmen dichtgemacht, 180 Medien verboten, 15 Universitäten geschlossen und 20 Prozent der Richter zum Rücktritt gezwungen.

Einige der Verhafteten hatten sich sicherlich etwas zuschulden kommen lassen und Bestrafung verdient. Doch die Regierung schoss in ihrer Reaktion weit über das Ziel legitimer Strafverfolgung hinaus. Im Rundumschlag wurden die Gefängnisse auch mit Parlamentariern der Opposition, kurdischen Aktivisten, angesehenen Wissenschaftlern amerikanischer Universitäten, einem Basketball-Profi und leitendem Personal von NGOs gefüllt, die nichts mit Gülen zu tun hatten – ja sich nicht selten sogar öffentlich gegen den Putsch ausgesprochen hatten.

Bereits 2006 hatte Erdoğan erklärt, die Türkei brauche ein politisches System nach dem Vorbild der USA, mit einem starken Präsidenten anstatt eines von seiner Partei abhängigen Premiers. Wen er sich in der Rolle dieses machtvollen Staatsoberhaupts vorstellte, daran bestand kein Zweifel. Schließlich war ja auch Atatürk Präsident und nicht Premier gewesen – warum nicht auch Erdoğan? Im Jahr 2014 kandidierte er als Staatspräsident und gewann die Wahl, wenn auch denkbar knapp mit 51 Prozent. Immerhin war es das erste Mal, dass die AKP die absolute Mehrheit der abgegebenen Stimmen auf sich vereinen konnte. Doch ohne Änderung der Verfassung ließ sich der Traum von der machtvollen Präsidentschaft nicht verwirklichen. Da kam der gescheiterte Staatsstreich gerade recht.

Im Frühjahr 2017 ließ Erdoğan mithilfe eines Referendums das Amt des Ministerpräsidenten abschaffen und übertrug dessen Machtbefugnisse auf sich selbst. Zugleich sorgte er dafür, dass die Uhr seiner Amtszeit wieder auf null gestellt wurde, sodass er nun, seine Wiederwahl vorausgesetzt, bis 2029 im Amt bleiben kann. Solange der Ausnahmezustand in Kraft ist, kann er Gesetze per Dekret erlassen, Bürger nach Gutdünken einsperren und Verhafteten den Rechtsbeistand verweigern. Das Referendum des Präsidenten, das nur eine hauchdünne Mehrheit fand, offenbart die Spaltung der türkischen Gesellschaft. In den meisten größeren Städten und in den europanahen Gebieten der Ägäis stieß es auf Ablehnung. Unterstützt wurde es auf dem Land, wo die AKP nach wie vor mit dem wirtschaftlichen Aufschwung und sozialkonservativen Werten punkten kann. Das Ergebnis führte dazu, dass Erdoğan sich nun deutlich weniger zurückhalten muss.

In Europa wurde das Referendum sehr kühl aufgenommen. Im Vorfeld der Abstimmung verboten die niederländische und die deutsche Regierung Wahlkampfauftritte von Erdoğans Kabinettsmitgliedern vor türkischen Staatsangehörigen in ihren Ländern. Erdoğan fand dafür harsche Worte: »Was geschieht, ist Nazismus. Was geschieht, ist Faschismus.«[10] Nach dem Referendum kritisierte die EU, der gesamte Wahlprozess habe eine Schräglage in Richtung »Ja« gehabt, ein schwer zu entkräftender Vorwurf, den der türkische Präsident entschieden von sich wies.

Der Krieg der Worte schadet sowohl der Türkei als auch Europa, und auch wenn die Geschichte zwei Seiten hat, so hat Erdoğans Dünnhäutigkeit doch zur beiderseitigen Irritation beigetragen. »Wenn der Westen jemanden einen Diktator nennt«, erklärte er, »dann ist das in meinen Augen ein Lob.«[11] Bei einer Kundgebung in Ankara anlässlich des ersten Jahrestags der Niederschlagung des Putsches machte er deutlich, was er von der Meinung der anderen auf dem Kontinent hält:

»Und ich persönlich achte nicht darauf, was Hans und Georg dazu sagen. Ich achte darauf, was Ahmet, Mehmet, Hasan, Hüseyin, Ayse, Fatma und Hatice sagen.«[12]

Vor einigen Jahren, als Erdoğan gerade Ministerpräsident geworden war, nahm ich an Sitzungen mit ihm in New York teil. Damals war er hauptsächlich an ausländischen Investitionen interessiert. Auf Religion angesprochen, brachte er das – durchaus überzeugende – Argument, dass es in Europa viele Parteien gäbe, die sich als Christdemokraten oder Christsoziale bezeichneten, was denn nun so Besonderes an muslimischen Demokraten wäre? Er wirkte damals auf mich wie ein Mensch ohne großes Charisma, aber mit einer enormen Willenskraft, jemand, der nicht leicht umzustimmen ist. Seitdem habe ich keinen Grund gefunden, meine damalige Einschätzung zu korrigieren.

Positiv ist zu vermerken, dass Erdoğan das Land trotz aller politischen Turbulenzen wirtschaftlich nicht abgeschottet hat; die Türkei ist nach wie vor bestrebt, ihr Glück auf den globalen Märkten zu suchen. Das ist wichtig, weil die Republik mit großen Plänen auf ihre Hundertjahrfeier zusteuert. Sollte Erdoğans »Vision 2023« aufgehen, wird die Türkei unter die zehn größten Volkswirtschaften der Welt aufrücken, 50 Millionen Touristen im Jahr anlocken und Mitglied der EU werden.

Doch wenn auch nur eines dieser Ziele erreicht werden soll, muss der Präsident den Kurs ändern, den er in den letzten Jahren eingeschlagen hat. Es mag bei den Wählern gut ankommen, Europa und die Vereinigten Staaten mit scharfen Worten zu kritisieren, doch ohne ihre Hilfe wird die Türkei weder ihre wirtschaftlichen noch ihre sicherheitspolitischen Ziele erreichen. Erdoğans altes politisches Mantra, »Null Probleme mit den Nachbarn«, spottet inzwischen der Realität. Die Türkei spielt eine ungeschickte Rolle in Syrien und offenbart fundamentale strategische Differenzen mit den arabischen Staaten und Iran. Erdoğan machte sich auch keine Freunde in Israel, als er die

Politik des Landes gegenüber den Palästinensern durch die Behauptung geißelte, sie habe »Hitler in Sachen Barbarei übertroffen«.[13] Seine Annäherung an Russland folgt einem Zickzackkurs, in dem in einem Monat scharfe verbale Attacken fallen und im nächsten ein umstrittener Waffenhandel geschlossen wird. Und kein Land sperrt heute so viele Journalisten ein wie die Regierung in Ankara.

Der Fairness halber muss man sagen, dass die Türkei ernsthaft von Terroristen bedroht wird, sowohl vom Islamischen Staat als auch von der Kurdischen Arbeiterpartei, der PKK. Zudem ist die Türkei wie kein anderes Land mit der Flüchtlingskrise in Europa belastet. Und selbst wenn die Türkei alles täte, was man von ihr verlangt, es würde nicht genügen, die Aufnahme in die EU zu erreichen, bedenkt man die Ablehnung der griechischen Zyprioten, die Islamophobie und die kulturellen Differenzen. Sie führen dazu, dass jeder Annäherungsversuch Ankaras damit beantwortet wird, dass man das erstrebte Ziel ein Stückchen weiter in die Ferne rückt. Die Türkei fordert mit Recht den Respekt des Westens ein, sie hat ihn verdient, denn immerhin ist sie seit mehr als sieben Jahrzehnten NATO-Bündnispartner und stellt derzeit die zweitgrößte Armee der Allianz.

Im Inneren ist die Türkei ein tief gespaltenes Land, und Erdoğan wird als Präsident entscheiden müssen, wie er am besten damit umgeht. Die Demokratie in seinem Land ist noch nicht verloren; er müsste bloß auf die ständigen Anschuldigungen verzichten und den Dialog suchen, die Kritik der moderaten Kräfte in seiner eigenen Partei annehmen und aufhören, legitime politische Opposition mit Verrat gleichzusetzen.

Keinem türkischen Staatslenker ist es bislang gelungen, eine demokratische Gesellschaft aufzubauen, in der Bürger, die weit auseinanderliegende Vorstellungen von dem haben, was es bedeutet, Türke oder Türkin zu sein, produktiv, frei und in Frieden zusammenleben. Es hat wohl auch bislang keiner ernsthaft versucht. Das wäre ein lohnendes Lebensziel für einen Staatsmann. Könnte Erdoğan diesen Pfad einschlagen? Ich denke, ja, aber nur, wenn er akzeptierte, dass das Haupthindernis für den Fortschritt nicht die Anhänger Gülens sind, auch nicht die Terroristen und schon gar nicht konkurrierende politische Parteien – es ist die Stimme in ihm selbst, die ihm sagt, er und nur er wisse, was am besten für die Türkei ist. Das ist der Sirenengesang, der Macht zu einem Selbstzweck werden lässt – und geradewegs in die Tyrannei führt.

12

Der Mann des KGB

Wladimir Putin ist kein Anhänger demokratischer Prinzipien, offiziell lehnt er die Demokratie allerdings nicht ab. Er verachtet die westlichen Werte, gibt aber vor, mit ihnen im Einklang zu sein. Es kümmert ihn nicht, was nächstes Jahr im Menschenrechtsbericht des US-Außenministeriums stehen wird, denn bislang hat ihn in seinem eigenen Land noch niemand für die Sünden der Vergangenheit, die ihm darin angekreidet wurden, politisch zur Rechenschaft gezogen. Ungeniert tischt er die gröbsten Lügen auf, und wirft man ihm einen Übergriff vor, beschuldigt er das Opfer. Er hat viele, darunter offenbar auch den amerikanischen Präsidenten, davon überzeugt, dass er ein meisterhafter Stratege und ein Mann von Stärke und Durchsetzungswillen ist. Allein für Russland wäre dies ernüchternd, doch wie Mussolini 90 Jahre zuvor wird Putin aufmerksam von Staatsführern beobachtet, die versucht sind, seinem Beispiel zu folgen. Einige haben damit bereits begonnen.

Putin wurde 1952 als Kind von Eltern geboren, die nur knapp den Zweiten Weltkrieg überlebt hatten. In der Hungersnot in Leningrad während der Belagerung durch die Deutschen war seine Mutter geschwächt zusammengebrochen und bereits neben anderen Toten zur Bestattung aufgebahrt worden, ehe man sie wiederbeleben konnte. Putins Vater, Mitarbeiter von Stalins Geheimpolizei, hatte die Aufgabe, in Estland hinter den deutschen Linien Sabotageakte auszuführen. Seine Einheit sprengte ein Munitionsdepot, wurde aber von feindlich gesinnten Einheimischen verraten. Die Deutschen jagten Putin senior mit Spürhunden; er rettete sich, indem er in einem Sumpf unter Wasser tauchte und ein Schilfrohr als Schnorchel benutzte. Von den 28 Männern seiner Einheit entkamen nur vier der Gefangenschaft oder dem Tod. In einem Kampfeinsatz kurz darauf wurde er durch eine Granate am Bein verletzt und von seinen Kameraden über einen zugefrorenen Fluss ins Lazarett geschleppt. Den Rest seines Lebens humpelte er. Ohne diese spektakulären Rettungen hätte Wladimir Putin nicht das Licht der Welt erblickt.

Der Mann, der seit Stalin Russland länger als jeder andere regiert, beschreibt sich selbst als »reines und durch und durch erfolgreiches Produkt der sowjetischen patriotischen Erziehung«.[1] Als kraftstrotzender und rastloser Jugendlicher lebte er seine Energie in Kampfsportarten aus und brachte es mit seinen gekonnten Wurf-, Hebel- und Festhaltetechniken bis zum Judomeister von Moskau. Mit 23 Jahren erfüllte er sich einen durch die Begeisterung für Spionagegeschichten inspirierten Kindheitstraum und wurde Agent des KGB. Stationiert in Ostdeutschland, angeblich als Dolmetscher, erlebte er 1989 den Mauerfall und damit das Ende des politischen und ideologischen Systems, dem er und seine Eltern ihr Leben gewidmet hatten. Dies war der Ursprung von Putins selbst gewählter Bestimmung als Heilsbringer. Zwei Jahre später, als die Sowjetunion auseinanderbrach, arbeitete er für den Bürgermeister von Sankt Petersburg. Pflichtschuldigst hängten seine Kollegen das Foto ihres neuen Präsidenten Boris Jelzin auf. Putin aber entschied sich für ein Porträt Peters des Großen.

Wie meine Weltsicht war auch die des ehemaligen KGB-Agenten Putin durch den Kalten Krieg geprägt, nur dass es bei ihm von der entgegengesetzten Warte aus geschah. Wie ich bereits gesagt habe, gab es in jenen Tagen niemanden ohne Schuld. Beide Seiten bemühten sich in jedweder Weltregion um Verbündete, ohne sich letztlich von Skrupeln leiten zu lassen, wenn es darum ging, den jeweiligen Favoriten zu unterstützen. Der grundlegende Unterschied dabei war, dass sich der Westen auf die Seite der Freiheit schlug, wenn er konnte, während die Kommunisten die Demokratie als Finte der Bourgeoisie verdammten.

Als Jelzin 1991 an die Macht kam, hofften die Vereinigen Staaten auf einen Neuanfang in den Beziehungen zu Moskau, und die ersten Anzeichen waren durchaus positiv. Die Russen hatten Präsident Bush senior dabei unterstützt, Saddam Husseins Invasion in Kuwait zurückzuschlagen; danach luden Jelzin und Bush gemeinsam zur Madrider Friedenskonferenz ein, auf der man den Nahostkonflikt zu entschärfen hoffte. Unter der Oberfläche jedoch prallten die gegensätzlichen Erfahrungen und Perspektiven Russlands und der USA aufeinander, was sich durch einige wenige Demonstrationen der Zusammenarbeit nicht ausräumen ließ.

Kurz vor dem Zusammenbruch der Sowjetunion war ich an einer Studie über die russische Haltung zu Demokratie und freiem Unternehmertum beteiligt gewesen. Wie sich zeigte, war die Bevölkerung des Kommunismus zwar überdrüssig, hatte jedoch kaum eine Vorstellung vom Wesen der Demokratie. Die Menschen hatten es tief verinnerlicht, vom Staat mit Arbeitsplätzen, Wohnraum und anderen Leistungen versorgt zu werden. An das Sowjetsystem gewöhnt, besaßen sie keine Vorstellung von wettbewerbsorientierten Märkten und fanden es seltsam, ja sogar verstörend, als Voraussetzung für eine bessere Entlohnung eine höhere Arbeitsproduktivität zu erbringen. Pressefreiheit klang zwar gut, war für sie aber kaum von Bedeutung.

Daraus schloss ich, dass die jahrhundertelangen autoritären Regime im Leben der Russen unauslöschliche Spuren hinterlassen hatten – was letztlich nicht verwunderte. Hier war Geduld vonnöten, und hätte sich der Übergang von dem zentralisierten System hin zur Marktwirtschaft eher schrittweise vollzogen – vielleicht über einen zehnmal längeren Zeitraum –, wäre er womöglich gelungen, und es hätte sich eine Demokratie etablieren können. Aber Geschichte spielt sich nicht auf dem Schachbrett ab, und Jelzin blieb keine Zeit, seine nächsten Schritte zu planen. Vielmehr musste er improvisieren, während er von allen Seiten mit unausgegorenen Ratschlägen bombardiert wurde, denen er teils auch folgte. In dieser Zeit des Übergangs von einer Ära zur nächsten kollabierte die Wirtschaft des Landes ebenso rasch wie zuvor die Sowjetunion.

Während der Weltwirtschaftskrise in den Dreißigerjahren verringerte sich die Wirtschaftsleistung in den Vereinigten Staaten um ein Drittel. In den Neunzigern schrumpfte Russlands Bruttoinlandsprodukt um mehr als die Hälfte. Die Steuereinnahmen brachen ein, und Gleiches galt für die ausländischen Investitionen. Hungrige Menschen kauften die Regale in den Lebensmittelläden leer, und geschäftliche Transaktionen wurden notgedrungen oft auf Tauschbasis abgewickelt. Im Durchschnitt arbeiteten die Russen weniger, wurden häufiger krank und hatten eine geringere Lebenserwartung. Gegen Ende jener Dekade lebten 70 Prozent der Bevölkerung am Existenzminimum oder darunter. Gleichzeitig verleibten sich Angehörige der privilegierten Schicht Betriebe aus dem Staatsbesitz für den Bruchteil ihres eigentlichen Werts ein, um deren Aktivposten zu Geld zu machen und die daraus gewonnenen Profite auf Offshore-Konten zu transferieren. Wohlmeinende Beobachter im Westen rieten zum Durchhalten und machten einen Mangel an demokratischer Tradition für die Krise verantwortlich. Am 1. Januar 2000 aber erschien im Kreml ein neuer Staatschef, der dem Westen die Schuld an allen Problemen des Landes gab und danach strebte, eine andere Tradition wiederzuerwecken – und zwar eine russische.

Wie einige der anderen in diesem Buch beschriebenen Persönlichkeiten gelangte Wladimir Putin an die Macht, weil man seine Vorgänger als Versager ansah. Und auch ihm traute man keine lange Amtszeit zu. Kaum jemand in der internationalen Gemeinschaft hatte zuvor von ihm gehört, und selbst in Russland war er nicht sonderlich bekannt. Wer war er, und warum hatte sich Jelzin für ihn entschieden? Als ich in jenem Januar nach Moskau fuhr, war ich entschlossen, es herauszufinden.

Als ich zu unserem Treffen erschien, machte Putin als Erstes eine Bemerkung über die außergewöhnliche Brosche, die ich trug. Ich antwortete, die beiden Heißluftballons sollten zeigen, wie die Hoffnungen in Russland stiegen. Er lächelte, dann wurde er ernst, wandte sich an die Kameras und sagte: »Die USA setzen uns … unter Druck.«[2] Als die Journalisten gegangen waren, legte er noch einmal ein dünnes Lächeln auf und erklärte mir: »Das habe ich nur gesagt, damit Ihnen Ihre Kritiker zu Hause nicht vorwerfen, zu nachgiebig zu sein.«[3] Kaum hatten wir uns an den Tisch gesetzt, schob er den Stapel mit den von seinen Mitarbeitern vorbereiteten Gesprächspunkten beiseite – eine simple Geste, aber auch eine Demonstration seiner Unabhängigkeit von der Kreml-Bürokratie. Was ich zur Einleitung sagte, könnte auch heute noch gelten. »Über Russland wird in meinem Land sehr kontrovers debattiert, und das Gleiche gilt wohl in Ihrem Land für die USA. Das ist zum Teil auf tatsächliche Meinungsverschiedenheiten zurückzuführen, zum Teil aber auch auf die Wahlen, die in beiden Ländern stattfinden. Den Leuten, die uns für unsere Zusammenarbeit kritisieren, können wir nur dadurch begegnen, indem wir Erfolge vorweisen.«[4]

Im Verlauf unserer weiteren Gespräche staunte ich über den Unterschied zwischen dem zugeknöpften Putin und dem »aufgeknöpften« Jelzin. Der neue Präsident griff nicht zu Drohungen, Bitten oder Schmeicheleien. Er sprach voller Ernst über die Notwendigkeit, die Wirtschaft seines Landes mittels neuer Verträge, Beseitigung der Korruption und der Schaffung eines investitionsfreundlichen Klimas in Schwung zu bringen. Zugleich äußerte er Zweifel, dass den Vereinigten Staaten – trotz ihrer hehren Absichtserklärungen – wirklich am Wohlergehen Russlands gelegen sei. Schließlich würden in den USA nur Gorbatschow – der Zerstörer der Sowjetunion – und Jelzin wertgeschätzt, der bei seinem Rücktritt eine Zustimmungsrate von nur noch acht Prozent der Bevölkerung hatte. Insbesondere ärgerten Putin die von uns geäußerten Bedenken hinsichtlich der Menschenrechtsverletzungen in Tschetschenien und Zentralasien. Terroristen würden die gesamte Region überlaufen, erklärte er, und nur mit entschiedenen Maßnahmen könne man die gefährdeten Gebiete unter Kontrolle halten. »Versuchen Sie nicht, Russland aus dieser Region zu drängen«, warnte er, »denn dann herrschen dort bald iranische oder afghanische Verhältnisse.«[5]

Auf dem Heimflug schrieb ich meine Eindrücke nieder:

Putin ist klein und blass und so kalt, dass er an eine Echse erinnert. Er war in Ostdeutschland, als die Berliner Mauer fiel, und sagt, er verstehe, warum es dazu kommen musste – eine auf Mauern und Schranken gestützte Position sei einfach unhaltbar. Er habe jedoch erwartet, dass sich stattdessen etwas Neues entwickele, ohne dass so etwas zur Sprache gekommen sei. Die Sowjets ließen einfach alles fallen und zogen sich zurück. Viele Probleme hätten vermieden werden können, wenn sie nicht so überstürzt von der Bildfläche verschwunden wären. Die Ereignisse in seinem Land sind Putin peinlich, und er hat fest vor, es wieder zur Größe zu führen.

Wie Chávez in Venezuela erhielt auch Putin anfangs Auftrieb durch gestiegene Ölpreise, und wie Erdoğan profitierte er von den unpopulären, aber notwendigen Reformen, die von seinem Amtsvorgänger eingeleitet worden waren. In Putins erstem Jahr als Staatspräsident erreichte das jährliche Wirtschaftswachstum fast sieben Prozent – ein Wert wie in den asiatischen Tigerstaaten. Dadurch konnte die Regierung Gehälter und Pensionen wieder anheben. Der Rubel gewann an Wert, wodurch landwirtschaftliche und andere Produkte leichter Zugang zu den Märkten fanden. Die Devisenreserven vervierfachten sich, und die Mittelschicht wuchs. Nach der Durststrecke der Neunzigerjahre erfreuten sich die Russen wieder gut gefüllter Geldbeutel, sodass sie Autos kaufen, Hypotheken aufnehmen, Restaurants besuchen und sogar nach Europa oder auf die Krim in Urlaub fahren konnten. Unsere Botschaft in Moskau berichtete über diese Eindrücke: »Russland hat neuen Schwung gefasst.«

Putin ist nicht gerade ein mitreißender Redner, weder vollführt er großen Gesten, noch hämmert er aufs Rednerpult, und er verfügt auch nicht über den Ansatz einer originellen Rhetorik. Aber durch seine unerschütterliche Ruhe vermittelt er Beständigkeit, und er erfüllt seine Pflichten. Seit vielen Jahren tritt er in stundenlangen Fernsehsendungen auf, um Fragen von Politikern, aber auch von Bürgern zu beantworten. Und wann immer er ein Hilfegesuch hört, folgt mit Sicherheit ein gut dokumentierter Bericht der Regierung, wie eine Familie unterstützt oder ein Problem gelöst wurde. Putin ist brillant, wenn es darum geht, den Menschen zu sagen, was sie hören wollen – auch deshalb, weil es ihn wirklich mit Stolz erfüllt, Russe zu sein. Bei seinen Besuchen in Sankt Petersburg weist er auf die vielen Beiträge seines Landes zur barocken und neoklassizistischen Architektur, zur Goldschmiedekunst, Musik, Literatur und Malerei hin. Er rückte die Religion zurück ins Zentrum des öffentlichen Lebens, da er verstand, dass die Ehrfurcht, die viele Russen für ihre zwiebeltürmigen Basiliken, ihre liturgischen Riten und ihre geliebten Ikonen empfinden, auch durch sieben Jahrzehnte des Kommunismus nicht ausgelöscht worden war. Aber der Präsident beschwört auch die militärische Vergangenheit. Er erinnert sein Volk daran, dass ihre Vorfahren 1812 im Vaterländischen Krieg gegen Napoleon dessen Grande Armée ausbluten ließen und später – mit nur wenig Hilfe von anderen, wie er es darstellt – die Welt von Hitler befreiten.

Außerdem ist Putin ein Meister der Selbstinszenierung. Man kann sich wohl kaum einen anderen russischen Staatschef vorstellen (Jelzin? Breschnew? Lenin?), der sich vor den Kameras aufbaut, um Judogriffe vorzuführen, mit nacktem Oberkörper einen noch zappelnden Fisch zu präsentieren, eine Armbrust abzuschießen, einem Polarbär die Pfote zu schütteln, einem Delfin einen Nasenkuss zu geben oder einen Betäubungsschuss auf einen angriffslustigen Tiger abzufeuern. 2012 zwängte der 60-jährige Putin seinen nicht mehr ganz ranken Körper in einen weißen Overall, sprang in den Pilotensessel eines Kleinflugzeugs und zeigte einem Schwarm von offenbar begriffsstutzigen sibirischen Kranichen, wohin ihr Migrationszug sie zu führen habe. So was hatte nicht einmal Mussolini fertiggebracht.

Doch leider mangelt es Putins Show an Unterhaltungswert für all jene, die sich für Russland ein offeneres politisches System mit herzlicheren Verbindungen zum Westen erhofft hatten. Der Präsident verweist auf die schwierigen Verhältnisse in den Neunzigerjahren, um demokratische Institutionen zu diskreditieren und Washington zu beschuldigen, es würde sein Land einkesseln oder, in der Terminologie des Kalten Kriegs, eindämmen. Seiner Vorstellung nach liegen amerikanische Entscheidungsträger nachts wach, um sich Strategien zur Schwächung Russlands auszudenken. Wie sonst sollte er die NATO-Osterweiterung, die Unterstützung der Demokratien vor den russischen Grenzen und die Stationierung eines Raketenabwehrsystems in Mitteleuropa deuten? Putin weigert sich zu akzeptieren, dass andere Länder ebenfalls Rechte haben und ehemalige Sowjetrepubliken sowie sowjetische Satellitenstaaten nach Jahrzehnten der Bevormundung durch Moskau ihre Unabhängigkeit schätzen und auch weiterhin in Europa eingebunden sein möchten. Die NATO nahm die neuen Mitglieder auf, weil sie unbedingt aufgenommen werden wollten und weil es alte Spannungen wie die zwischen Tschechen und Deutschen zu verhindern galt. Das Raketenabwehrsystem war für den Verteidigungsfall gegen den Iran installiert worden. In den schwierigen Neunzigerjahren hatte die Politik der Vereinigten Staaten durchweg zum Ziel, dafür zu sorgen, dass Russland wieder Fuß fassen konnte und Teil des Westens wurde – und nicht, das Land zu bedrohen oder es in seinen Bestrebungen zu behindern.

Legt man Putin diese Tatsachen vor, weigert er sich, sie zu akzeptieren. Politisch steht er stärker unter dem Druck der nationalistischen Rechten als dem der kleineren, eher moderaten Mitte und der Linken. Er beharrt darauf, mit seiner Regierung nichts durchzuführen, was von anderen nicht bereits durchgeführt worden war: in fremde Länder einfallen, sich in die Nationalwahlen anderer Staaten einmischen, ökonomischen Druck ausüben und falsche Geschichten in den Medien lancieren. Wann immer er sich über Amerikas »fast unbegrenzte, hypertrophierte Anwendung von Gewalt in den internationalen Beziehungen«[6] beschwert, ist ihm zu Hause der Beifall sicher. Hinzu kommt: Wenn Russland keine Feinde hätte, würden ihm die Vorwände fehlen, um weiterhin die Macht in seinen Händen zu festigen.

Katharina die Große segelte 1787 mit einer Gruppe ausländischer Gesandter auf dem Dnjepr zur Krim, die Russland kurz zuvor dem Osmanischen Reich abgenommen hatte. Unter Leitung von Katharinas Berater und Geliebten Gregori Potemkin bemühte man sich fieberhaft, die zu Besuch weilenden Würdenträger zu beeindrucken, indem man mobile, mit fröhlichen Bauern und hübschen Häusern ausgestattete Dörfer aufstellte, die man ihnen entlang der Strecke immer wieder präsentierte.

In gewisser Hinsicht hat Wladimir Putins Russland Züge dieser potemkinschen Dörfer. Zwar gibt es in dem politischen System Russlands Oppositionsparteien, doch die meisten sind inhaltsleer und nur dazu gedacht, den Schein eines politischen Wettbewerbs zu wahren. Wahlen sind zu einem Ritual verkommen, das die Amtszeiten der favorisierten Kandidaten verlängert. Aus den Fernsehanstalten wurden reine Propagandaorgane. Und wann immer die – eigentlich zahme – Zivilgesellschaft auch nur ein wenig aufmuckt, wird sie als »Büttel des Auslands« beschimpft. Ein Jurastudent sagte einmal in Moskau zu einem Reporter: »Wir haben keine Demokratie. Unser Parlament ist nicht echt, unsere Politiker sind nicht echt und unsere Massenmedien auch nicht.«[7]

Putin ist nur deshalb kein ausgewachsener Faschist, weil er es nicht nötig hat. Stattdessen studierte er als Minister- und Staatspräsident Stalins Handbuch des totalitären Politikers und unterstrich darin interessante Passagen, um darauf zurückzugreifen, wenn es ihm angebracht erscheint. Im Lauf seiner Amtszeiten vermehrte er seine Macht beständig auf Kosten der Provinzgouverneure, der Legislative, der Gerichte, des Privatsektors und der Presse. Eine verdächtig hohe Zahl von Menschen, die an ihm etwas zu bemängeln hatten, wurde später wegen dubioser Vergehen inhaftiert oder unter nie geklärten Umständen ermordet. In Putins »vertikalem Staat« bleibt die Befehlsgewalt – darunter auch die Leitung der staatlichen Öl- und Gasgesellschaften – fest in Händen ehemaliger KGB-Leute und anderer früherer Angehöriger der Sicherheits- und Spionagedienste. Ein Netz staatlich geführter Unternehmen und Banken, viele mit verdeckten Verbindungen zu Offshore-Gesellschaften, stellen privilegierten Freunden oder für die Umsetzung bevorzugter Projekte Schmiergelder zur Verfügung. Anstatt wie China die Diversifizierung zu fördern, hat der russische Staat seinen Anteil an der Wirtschaftsleistung seit 2005 mehr als verdoppelt.

Putin will seine Untertanen gern glauben machen, er sei politisch unangreifbar. Tag für Tag sorgt er deshalb dafür, potenzielle Rivalen von dem Versuch – oder dem riskanten Unternehmen – abzubringen, eine ernsthafte landesweite Koalition gegen ihn zu schmieden. Er bevorzugt Gegner, die sich gegenseitig in ihren Wohnungen besuchen, Wodka trinken und sich in Tiraden ergehen, wie hoffnungslos dies alles sei. Tatsächlich haben das viele getan.

Um seinen Nimbus zu wahren, hat sich Putin niemals tiefer auf eine Ideologie oder eine Partei eingelassen. Viel lieber möchte er sich als Repräsentant der gesamten Nation verstanden wissen. Obwohl er bösartig werden kann, wenn er Opponenten angreift, legt er es im Gegensatz zu Chávez und Erdoğan nicht bewusst auf Polarisierung an. Und anders als Europas Rechte behandelt er Juden und Muslime mit Respekt. Den Großteil seiner verbalen Munition bewahrt er sich für ausländische Gegner auf, jene angeblich arroganten Heuchler, die im Glashaus leben, über Russland Lügen verbreiten und sich verschworen haben, sein Land einzukreisen und zu strangulieren. Wenn er gegen einen inländischen Opponenten zu Felde zieht, geht er nicht auf politische Fragen ein, sondern beschuldigt ihn des Verrats. Der Vorwurf des Hochverrats ist das schärfste Schwert, denn selbst wenn er sich nicht beweisen lässt, bleibt der Ruch mangelnder Loyalität haften. Putin konnte den Korruptionsverdacht von sich abwenden, indem er andere, ihm Unliebsame, damit bedachte und dann für dramatische Medienberichte sorgte, die zeigten, wie Gouverneure, Bürokraten oder sonstige Amtsinhaber in Handschellen abgeführt, ihre Wohnungen durchsucht und Berge von Bargeld beschlagnahmt wurden. Die meisten Bürger Russlands halten die Korruption für ein großes Problem; viele meinen, Putin sei die Lösung.

Der Staatspräsident betrachtet nichts als selbstverständlich. Der Föderale Dienst der Russischen Föderation (FSB), die Nachfolgeorganisation des KGB, steht unter seiner persönlichen Kontrolle. Er gründete eine eigene, von der Armee unabhängige Nationalgarde, die bei eventuellen Protestaktionen eingesetzt wird. Außerdem tat sich die russische Regierung in den vergangenen Jahren mit kriminellen Hackergruppen zusammen, um an vertrauliche Informationen von für sie interessanten Personen zu gelangen.

Ende 2016 meldeten Nachrichtendienste der USA, Moskau habe durch Manipulationen im Internet Einfluss auf den amerikanischen Präsidentschaftswahlkampf genommen, um Donald Trump, Putins bevorzugten Kandidaten für das Amt, zum Einzug ins Weiße Haus zu verhelfen. Ähnlich krasse Übergriffe fanden auch bei Wahlen in Frankreich, Italien, Großbritannien, Spanien, den Niederlanden, den baltischen Staaten, der Tschechischen Republik, der Ukraine und Georgien (und wohl einigen mehr) statt. Zu den hierbei bevorzugten Methoden gehören der Diebstahl und die Veröffentlichung wahlkampfrelevanter E-Mails, die Fälschung von Dokumenten, die Verwendung von Scheinidentitäten auf Facebook und die Verbreitung frei erfundener, manchmal verleumderischer »Nachrichten«, die in der Folge in den sozialen Medien aufgegriffen und weitergepostet werden. Konfrontiert mit diesen Anschuldigungen, reagiert Russland wie immer, wenn es in der Kritik steht: Jedwede Beteiligung wird kategorisch abgestritten, um sogleich in einer Retourkutsche dem Westen das Gleiche vorzuwerfen. So hat Putin erklärt, selbst wenn sich Russland in Wahlen eingeschaltet hätte, verfügten die USA doch über genügend Mittel, um genau dies zu tun. Dabei übersieht er allerdings einen Unterschied: Es ist etwas anderes, ob man eine Demokratie ersticken oder sie stärken und erhalten will.

Russlands Vorreiterrolle bei der Verwendung sozialer Medien als Waffe beruht weniger auf einem besonderen Talent fürs Hacken als auf Putins Erfahrungen aus seiner Zeit beim KGB, wo es ein Lebensstil und zugleich eine Kunst war, Falschinformationen zu verbreiten. Heute aber hat dies weit stärkere Auswirkungen als während des Kalten Kriegs, weil man es mit einer größeren Zielgruppe zu tun hat, die sich außerdem viel leichter manipulieren lässt. Facebook hat zwei Milliarden aktive Nutzer.

Was aber treibt Russland zu diesen Aktionen? Höchstwahrscheinlich will es die Demokratie diskreditieren, in Europa Zwist säen, die transatlantische Partnerschaft schwächen und jene Regierungen bestrafen, die es wagen, sich gegen Moskau zu stellen. Dahinter verbirgt sich keine ideologische Agenda, sondern es geht schlichtweg um Macht. Russlands Internetkrieger gehören weder zu den Liberalen noch zu den Konservativen; sie helfen sowohl Bewegungen der extremen Rechten wie auch der extremen Linken, um die öffentliche Meinung aufzuhetzen und Konflikte zu schüren. Diese Art des Cyberkriegs gehört zu den neuen Machtinstrumenten der Welt, und die Staaten der Erde stehen vor zwei Fragen: Wie können wir uns davor schützen? Und wie können wir die gleiche Schlagkraft erlangen?

Nachdem sich der Kommunismus erledigt hat, bleibt einem autokratischen Staatschef in Russland als Standardparole nur noch der Nationalismus. Und genau das ist das Horn, in das Putin mit seinen pompösen Militärparaden und seinen häufigen Beschwörungen einer heldenhaften Vergangenheit immer wieder stößt. Er will den Bürgern einreden, dass allein er in der Lage sei, seinem Land den ihm zustehenden Rang in der Welt zurückzuerobern. Und wenn man dazu gelegentlich grob werden müsse, dann ließe sich das eben nicht ändern. Sarkastisch erklärt er, manche Leute meinten, der russische Bär solle »künftig nur Beeren und Honig fressen. Vielleicht wird man ihn dann in Ruhe lassen? Nein, das wird man nicht! Weil jemand immer darauf aus sein wird, den Bär in Ketten zu legen. Und sobald das gelingt, wird man ihm Krallen und Zähne ausreißen«.[8]

Regierungskritische Demonstrationen führten im Winter 2013/2014 dazu, dass der gewählte Staatspräsident der Ukraine, Wiktor Janukowytsch, aus dem Land flüchten musste. Zurück ließ er ein Anwesen mit 50 Luxuslimousinen, 20 Privatflugzeugen, mehreren Rennbooten, einem riesigen Piratenschiff aus Holz mit einem großen Speisesaal, dem Gemälde eines seiner Berater im Kostüm von Julius Cäsar, einer Karaokeanlage, einem Toilettensitz aus Gold sowie einem Streichelzoo mit Straußen und zehn verschiedenen Fasanenarten. Die Regierungskritiker hatten Janukowytsch der Korruption beschuldigt, was von ihm empört zurückgewiesen worden war.

Als Putin beschloss, die Turbulenzen in der Ukraine auszunutzen, geschah dies auch aus der von den meisten Russen geteilten Überzeugung, dass die Krim rechtmäßig zu Russland gehört. Schon 1991, als die UdSSR auseinanderbrach, hatte Jelzins Außenminister seinen amerikanischen Kollegen James Baker gewarnt: »Wenn sich die Ukraine lossagt, wird das sowohl für die Beziehungen zwischen Russland und der Ukraine als auch für den Status der Krim und der Donbass-Region ungeahnte Folgen haben. Auch die Ostukraine könnte dann zum Thema werden.«[9]

Bis zum Jahr 2014 musste sich Russland mit den einmal gezogenen Grenzen begnügen, aber in jenem Winter – während der Aufstände in der Ukraine und als die Welt durch die Ereignisse in Syrien und im Irak abgelenkt war – setzte Putin zu seinem Schachzug an.

Es glich schon einer Farce, wie Russland die Ereignisse manipulierte, gleichzeitig aber alles abstritt und die Krim in einem Handstreich mithilfe von Waffen und Soldaten besetzte, die es angeblich gar nicht gab. Außerdem schickte der Kreml Ausrüstung und Milizionäre in die Ostukraine, um dort die russischstämmigen Separatisten zu unterstützen. Auch dies wurde von offizieller Seite vehement bestritten, obwohl es die westlichen Geheimdienste mit Fotos belegen konnten und die Leichen sehr realer russischer Soldaten zur Bestattung zurück über die Grenze gebracht werden mussten. Im Juli 2014 wurde ein Flugzeug der Malaysia Airlines im Luftraum über der Ukraine abgeschossen, wobei 298 Insassen, darunter 80 Kinder, ums Leben kamen. Die niederländische Untersuchungskommission fand eindeutige Beweise, dass die Maschine von einer in dem von moskautreuen Separatisten kontrollierten Gebiet abgefeuerten, in Russland hergestellten Rakete getroffen worden war. Putin jedoch behauptete, bei der Untersuchung habe man sich von politischen Zielen leiten lassen, und gab ukrainischen Faschisten die Schuld an dem schrecklichen Vorfall. Bei all dem muss ich an den einleitenden Satz einer Folge der amerikanischen Fernsehserie *The Wire* denken: »Eine Lüge ist keine Seite der Geschichte, nur eine Lüge.«[10]

In den letzten Jahren streifte der russische Bär auch durch Zentralasien, den Kaukasus, die Balkanstaaten sowie durch Syrien, wo er sein beträchtliches Gewicht zugunsten von Baschar al-Assad in die Waagschale warf, einem Tyrannen mit dem Blut Tausender Opfer an den Händen. Angesichts solch aggressiver Schritte, zusätzlich zu den ohnehin schon bestehenden Konflikten um die Ukraine, die russischen Hacker und die offenkundige Einmischung in Wahlen, hat sich eine gewisse Hysterie in die Beziehungen zwischen Moskau und Washington eingeschlichen. Sicherlich hat Putin recht, wenn er davon ausgeht, dass ihn die Vereinigten Staaten daran hindern wollen, seine militärische Macht weit über seine Staatsgrenzen hinweg auszudehnen, denn das entspricht den Tatsachen. Hingegen irrt er, wenn er meint, dass sich die USA ein geschwächtes und an den Rand gedrängtes Russland als

Gegenüber wünschen. Was wir wünschen – und was auch der Rest der Welt gern hätte –, ist ein Russland, das anderen jenen Respekt entgegenbringt, den es auch für sich selbst einfordert. Das wäre nicht zu viel verlangt.

Bei unserer ersten Begegnung im Jahr 2000 eröffnete mir Putin: »Ich mag chinesisches Essen und finde es lustig, mit Stäbchen zu essen. Ich mache auch schon ziemlich lange Judo, aber das ist alles nur exotisches Zeug. Es entspricht nicht unserer Mentalität – wir sind Europäer. Russland muss fester Bestandteil des Westens sein.«[11] Mit solchen Bemerkungen will er entwaffnend wirken, tatsächlich aber hat Russland allen Grund, den Zugang zu den westlichen Märkten zu schätzen und mit den wichtigsten Staaten Europas ein freundschaftliches Verhältnis zu pflegen. Dass ihm nur wenige Führungspersönlichkeiten von internationaler Geltung über den Weg trauen, ist eine Belastung für Putin und Russland. Als man in Russland am 9. Mai 2017 mit dem »Tag des Sieges« den wichtigsten Feiertag im Kalender der Patrioten beging, stand als hochrangiger Staatsgast einzig der Präsident der Republik Moldau auf der Tribüne.

Russlands Außenminister Sergei Lawrow bemerkt gern schadenfroh, wir befänden uns inzwischen in der »postwestlichen Weltordnung«. Abgesehen von der Frage, ob das stimmt – und wenn ja, was es bedeutet –, ist nicht klar, warum Lawrow meint, Russland könnte von einer vom Osten dominierten Weltordnung profitieren. Der natürliche Gegenspieler Russlands ist eher China als Europa oder die Vereinigten Staaten. Außerdem kommt es weniger darauf an, wie die Weltordnung definiert wird, als darauf, wie sie funktioniert. Putins Konzept, das sich offenbar nach dem Prinzip richtet, jeder Staat und jeder Staatschef boxt sich allein durch, entspricht zwar der Realität, doch ich würde es eher als zynisch bezeichnen.

Ich habe bereits an früherer Stelle Oswald Spenglers vor einem Jahrhundert formulierte düstere Zukunftsvision zitiert, derzufolge das Zeitalter der Demokratie, des Humanitarismus und der Freiheit sich seinem Ende zuneige; die Massen würden sich resigniert dem Sieg der starken Männer, der Cäsaren, beugen und ihnen gehorchen. Die Gefahr, die Putin tatsächlich darstellt, besteht darin, dass ihn andere Staatsführer, die trotz politischer und rechtlicher Schranken nach unbegrenzter Macht streben, zum Vorbild nehmen.

Seit Ende des Kalten Kriegs verweisen prodemokratische Gruppen auf die Bedeutung positiver Beispiele, die ein Land dem anderen geben kann. Dass Staaten wie Argentinien und Chile in den Achtzigerjahren ihre Militärregierungen überwinden konnten, war in den darauffolgenden Jahrzehnten wegweisend für ganz Mittelamerika. Die Philippinen befreiten sich 1986 von Marcos und standen dann 1998 Indonesien bei, als es seinen Diktator Suharto abschüttelte. Heute allerdings müssen jene, die eine Demokratie aufgebaut haben, erleben, dass ihre Methoden Menschen dienen, die danach trachten, Demokratien zu zerstören. Auf der ganzen Welt lernen repressive Regierungen aus den Erfahrungen anderer. Gäbe es eine Ausbildungsstätte für Despoten, könnte man sich Seminare mit folgenden Themen vorstellen: Wie manipuliere ich eine Verfassungsabstimmung? Wie schüchtere ich die Medien ein? Wie schalte ich politische Gegner mithilfe konstruierter Vorwürfe und Falschmeldungen aus? Wie setze ich eine Menschenrechtskommission ein, die Menschenrechtsverletzungen deckt? Wie vereinnahme ich gesetzgebende Organe, und wie isoliere, unterdrücke und demoralisiere ich politische Opponenten dergestalt, dass sich niemand vorstellen kann, man könnte mich jemals entmachten?

Kurz nach Hitlers »Machtergreifung« erklärte Mussolini einem seiner Mitarbeiter: »Der faschistische Gedanke wird die Welt erobern, ich habe Hitler viele gute Ansätze zeigen können. Jetzt wird er meinem Beispiel folgen.«[12]

Putins Regentschaft steht auf tönernen Füßen. Die in der ersten Dekade seiner Amtszeit prosperierende Wirtschaft hat nach wie vor eine geringere Leistung als die Italiens oder Kanadas, und es besteht wenig Aussicht auf Besserung. Freies Unternehmertum findet man nur selten; aufgrund von Sanktionen, undurchsichtigen Regeln für geschäftliche Transaktionen und der leidigen Notwendigkeit von Bestechungen ziehen sich ausländische Investoren aus dem Land zurück. Die Einkommen sind ungerechter verteilt als in jedem anderen führenden Land – ein Rückfall in die Zeit des Zarenregimes. Russlands Bevölkerung altert. Politisch gibt es Hinweise (etwa eine geringere Wahlbeteiligung), dass sie des »Putinismus« überdrüssig wird, obwohl sie noch keine Ansätze zeigt, gegen dessen Repräsentanten aufzubegehren. Auf internationaler Ebene beginnt man, Putins Täuschungsmanöver zu durchschauen. Doch zugleich ist es ihm gelungen, anderen »viele gute Ansätze zu zeigen«. Paradoxer- und beunruhigenderweise wird er am aufmerksamsten von einem Staatschef in Mitteleuropa beobachtet, der im Fall der Berliner Mauer – im Gegensatz zum KGB – einen Grund zum Feiern sah.

13

»Wir sind wir!«

Am 16. Juni 1989 ehrten die Ungarn einen Mann, der über drei Jahrzehnte zuvor gestorben war. Eine Viertelmillion Menschen kam zur Umbettung des Leichnams von Imre Nagy in Budapest auf den Heldenplatz und versammelte sich unter dem hoch aufragenden Milleniumsdenkmal, das die tausendjährige Geschichte des magyarischen Volkes symbolisiert. Alle Blicke richteten sich auf den blumengeschmückten Sarg des Anführers eines Volkaufstands, der 1956 von den Sowjets niedergeschlagen worden war. Aus Furcht vor der eigenen Bevölkerung hatte die ungarische Regierung damals ihr Wort gebrochen, Nagy in aller Heimlichkeit den Prozess gemacht und ihn zum Tod durch den Strang verurteilt. Sein Leichnam war anschließend in einem Massengrab eines abgelegenen Friedhofs verscharrt worden. Auf den intensiven Druck einer rasch anwachsenden Demokratiebewegung hin erlaubten die Behörden im Sommer 1989 schließlich Nagys Exhumierung und sein öffentliches Begräbnis, warnten aber vor jedwedem Versuch, diese feierliche Zeremonie zu politischen Zwecken zu missbrauchen. Folgsam bemühten sich die Redner, alles zu vermeiden, was den revolutionären Charakter dieser Feier verdeutlicht hätte. Doch im Lauf der Stunden wuchs in der Menge die Unruhe. Schließlich erhob sich der letzte Redner, ein hochgewachsener Mann von 26 Jahren mit wirrem dunklem Haar und kurz geschorenem Bart.

»Wir Jungen«, erklärte er den gespannten Zuhörern, »verstehen sehr viel nicht, was für die ältere Generation vielleicht natürlich ist ... Wir verstehen auch nicht, dass sich die Partei- und Staatsführer, die einst verordneten, dass man uns die Revolution aus gefälschten Geschichtsbüchern beibrachte, heute beinahe danach drängen, diese Särge wie einen Glück bringenden Talisman zu berühren. Wir sind der Meinung, dass wir ihnen nicht dankbar dafür sein müssen, dass wir nach 31 Jahren unsere Toten bestatten dürfen.«

Die Zuhörer regten sich, und einige begannen zu jubeln.

»Sie verdienen keinen Dank dafür, dass heute bereits unsere politischen Organisationen tätig sein können.«

Immer mehr Menschen stimmten in den Jubel ein.

»Wenn wir an unsere eigene Kraft glauben, dann sind wir fähig, der kommunistischen Diktatur ein Ende zu bereiten.«

Lauter Applaus.

»Wenn wir die Ideen von 1956 nicht aus den Augen verlieren, dann können wir uns selbst eine Regierung wählen, die sofortige Verhandlungen über den unverzüglichen Beginn des Abzugs der russischen Truppen in Gang setzt.«[1]

Inzwischen war die Menge außer Rand und Band. Der Geist des ungarischen Freiheitsstrebens war wieder zum Leben erwacht, und es war der Kommunismus, den man hier zu Grabe trug. Nicht einmal vier Monate später riefen die Reformer eine demokratische Republik aus.

Der bekannteste Vertreter der Freiheitsbewegung in Polen am Ende des Kalten Kriegs hieß Lech Wałęsa und war ein hitzköpfiger, aber liebenswerter Werftarbeiter mit Schnauzbart; in der Tschechoslowakei stand der schelmische Musikliebhaber und Bühnenautor Václav Havel im Zentrum des Unabhängigkeitsstrebens, und in Ungarn war es der junge Fussballfanatiker mit dem rabenschwarzen Bart, Viktor Orbán. Wałęsa und Havel genießen internationales Renommee, Orbán jedoch ist eher umstritten. Während ihn in seiner Heimat nach wie vor viele bewundern, sehen ausländische Beobachter in ihm einen »fremden- und demokratiefeindlichen Nationalisten mit einer brutalen Antiflüchtlingspolitik«.[2]

Wer hat sich stärker verändert – der Idealist von 1989 oder jene, die ihn heute beurteilen?

In den ersten 15 Jahren erfüllten sich in Ungarn die Erwartungen. Die Wahlen waren von Debatten bestimmt und verliefen korrekt; es gab eine unabhängige Justiz, eine vielfältige Medienlandschaft und Grundrechte, die beachtet wurden. Voller Freude wohnte ich 1999 als Außenministerin dem Festakt zur Aufnahme Ungarns in die NATO bei. Fünf Jahre später erfolgte der Beitritt des Landes zur EU. Zu den ungarischen Repräsentanten gehörte damals, inzwischen glatt rasiert, auch Viktor Orbán, dessen Fidesz-Partei, der Ungarische Bürgerbund, im politischen Spektrum Mitte-rechts angesiedelt war und wiederholt mit der Sozialistischen Partei in Auseinandersetzungen geriet. Zwischen ihnen herrschte eine heftige Rivalität, und dabei wäre es auch geblieben, hätte Orbán nicht ein unschätzbares Geschenk bekommen. Im Jahr 2006 gab der sozialistische Ministerpräsident auf einem Parteitag zu, »rund um die Uhr gelogen« zu haben. Er bezeichnete Ungarn als – beschönigend übersetzt – »Affentheater« und als ein Land, das sie »ganz gehörig in den Dreck gefahren« hätte.[3] Eigentlich hätten diese unflätigen Äußerungen vertraulich bleiben sollen, doch irgendjemand (wer es war, blieb ungeklärt) hatte sie auf Tonband aufgezeichnet, und sie wurden landesweit ausgestrahlt. Diese Entgleisung führte zu heftigen Bürgerprotesten gegen die herrschenden Sozialisten und verhalf Orbáns Partei bei den darauffolgenden Nationalwahlen 2010 zum Sieg.

Nach seiner Amtsübernahme machte sich der neue Regierungschef energisch ans Werk. Seine Agenda war inhaltlich nationalistisch ausgerichtet, im Ton patriotisch und stand ganz im Zeichen des Rot-Weiß-Grün der ungarischen Nationalfahne. Seine europäischen Kollegen fanden Orbán irritierend – ein Schaumschläger, darauf bedacht, dem eigenen Volk zu imponieren, anstatt sich mit den breit gefassten Problemen Europas zu beschäftigen. Wann immer der ungarische Ministerpräsident die Brüsseler Bürokratie attackierte, wuchs deren Ärger, während in Ungarn Beifall aufbrandete, und zwar von allen Seiten, von

Hightechunternehmern in Debrecen ebenso wie von Wurstfabrikanten und Paprikaerzeugern in Szeged.

Eines der wichtigsten Themen Orbáns ist die Geschlossenheit Ungarns. Allerdings definiert sich dieser Zusammenhalt nicht durch Grenzlinien, sondern durch die ethnische Abstammung. Aus Orbáns Sicht ist ein Bewohner Serbiens oder Rumäniens mit magyarischen Vorfahren eher ein echter Ungar als ein in Ungarn geborener und aufgewachsener Roma oder Türke. Nationale Kränkungen, die bis in die Zeit der osmanischen Besatzung zurückreichen, nutzt Orbán schamlos für demagogische Zwecke; besonders gern bedient er sich dabei des von den Siegermächten nach dem Ersten Weltkrieg diktierten Vertrags von 1920, durch den Ungarn zwei Drittel seines Staatsgebiets verlor. Er mahnt die Bevölkerung, jede Bedrohung ihrer kollektiven Identität abzuwehren, und appelliert unablässig an ihren Nationalstolz, indem er auf die gemeinsame Geschichte sowie auf die Werte, den Glauben und die Sprache verweist, die die Ungarn angeblich einen. Orbáns Vorbild ist nicht das multiethnische Amerika oder das große gemeinsame Haus, zu dem Europa geworden ist. Vielmehr sieht er sein Ideal in der sogenannten illiberalen Demokratie mit einer Regierungsform wie in Putins Russland und Erdoğans Türkei.

Eine illiberale Demokratie orientiert sich vornehmlich an den vermeintlichen Bedürfnissen der Gemeinschaft und nicht an den unveräußerlichen Rechten des Einzelnen. Demokratisch ist sie, weil sie den Willen der Mehrheit respektiert; illiberal wird sie durch Missachtung der Anliegen von Minderheiten. Orbán betont, das Programm seiner Fidesz-Partei entspreche genau den Wünschen der Bevölkerungsmehrheit. Aus seiner Sicht herrscht ein vollkommener Gleichklang zwischen Volk und Partei. Seine Opponenten hingegen seien »fremdherzig« und Feinde Ungarns. Derartige Ansichten sind zweifellos illiberal und ein Nachhall des chauvinistischen Nationalismus, der Mussolini ein Jahrhundert zuvor an die Macht trug.

Mussolini war ein ideologisches Chamäleon, und Gleiches lässt sich wohl auch von Orbán sagen. Als Jugendlicher war er, der inzwischen glühende Antikommunist, Vorsitzender einer kommunistischen Jugendorganisation. Der jetzige eherne Großmeister des Illiberalismus fungierte in den Anfangsjahren seiner Karriere als stellvertretender Vorsitzender der Liberalen Internationale, einem Verband, der sich für eine freie Wirtschaft und für soziale Gerechtigkeit einsetzt. Während Orbán heute jeglichen europäischen Angelegenheiten ausgesprochen kritisch gegenübersteht, gehörte er einst zu jenen, die ungeduldig Ungarns Beitritt zur EU forderten. Als Parteivorsitzender verfolgte er eine konservative Wirtschaftspolitik, setzte sich aber zugleich für Maßnahmen im Steuer- und Sozialwesen zugunsten der Armen ein. Seit seinem Erscheinen in der Öffentlichkeit ist er in der Wahl seiner Mittel flexibel und von nicht nachlassendem Ehrgeiz getrieben. Er ist ein dünnhäutiger Opportunist, der andere gern nach seiner Pfeife tanzen lässt. Zu sagen, dass er Ungarn eine faschistische Zwangsjacke übergestülpt hat, wäre übertrieben, aber er bestärkt sein Land darin, es sich in dem locker sitzenden Hemd der Ultranationalen einzurichten.

Seit 2010 hat die Fidesz-Partei mit ihrer Mehrheit in Exekutive und Legislative Verfassungsänderungen durchgesetzt, die die Macht des Parlaments beschneiden und die des Ministerpräsidenten stärken. Um die Zahl konservativer Wähler zu vergrößern, räumte die Regierung Ausländern ungarischer Abstammung staatsbürgerliche Rechte ein. Treue Parteimitglieder übernahmen die Kontrolle über das Verfassungsgericht, die Nationale Wahlkommission und einen Großteil der Justiz. Außerdem wurden Sender des öffentlichen Rundfunks durch staatlich gelenkte Medien ersetzt, die Gewerkschaften in ihrer Handlungsfähigkeit beschnitten und die schulischen Lehrpläne der Parteilinie angepasst. Es gab sogar den Versuch, auf den Inhalt von Spielfilmen und Theaterstücken Einfluss zu nehmen. Die freundschaftlichen Beziehungen zwischen den Ministerien und einer neuen Generation von Oligarchen verhelfen Fidesz zu einer komfortablen finanziellen Basis – und bieten reichlich Gelegenheit zur Korruption.

All dies findet vor dem Hintergrund von Orbáns Beschwörungen großer Momente der ungarischen Geschichte statt, seinen Aufforderungen an die magyarischen Frauen, mehr Kinder zu gebären, und den Klagen über eine angebliche Einmischung von ausländisch finanzierten NGOs. Mit Vorliebe attackiert der Staatschef die Open Society Foundations, die von dem aus Ungarn stammenden internationalen Investor George Soros finanziert werden. Orbán beschuldigt Soros, er würde Liberale dafür bezahlen, dass sie Fidesz kritisieren, und bei Journalisten negative Artikel bestellen. Der unbeirrbare, idealistisch gesinnte und freigebige Soros hat offenbar etwas an sich, das Orbán auf die Palme treibt. Vielleicht liegt es am Stipendium der Soros-Stiftung für ein Studium in Oxford, das der heutige Staatschef im Alter von zwanzig Jahren angenommen hatte, oder an dem von Soros geäußerten Vorwurf, Orbán würde aus Ungarn einen »Mafiastaat« machen.[4]

Hingegen hat der Ministerpräsident keine Scheu, Europa zu provozieren. Die ungarischen Helden der Vergangenheit setzten sich für die Befreiung von österreichischen Monarchen, aggressiven Nachbarn und Diktatoren ein. Zur Begeisterung der Bevölkerung verspricht nun auch Orbán, ein Joch abzuschütteln, diesmal die Vereinnahmung durch einen noch heimtückischeren Feind: die Brüsseler Bürokratie. Die EU, die weit mehr Geld nach Budapest überweist, als Ungarn in die Union einzahlt, findet die Plakate mit der Aufschrift: »Stoppt Brüssel!«, die sich auf ungarischen Anzeigetafeln und Litfaßsäulen den Platz mit Anti-Soros-Plakaten teilen, gar nicht komisch.

Trotz aller Kritik, die Orbán aus der internationalen Gemeinschaft entgegenschlägt, hat sich an seinem Ansatz nicht viel geändert. Warum auch – schließlich hat er ganz in der Nähe gute Freunde.

Ungarn hat knapp zehn Millionen Einwohner, Polen hingegen 38 Millionen. Polen ist also der Bevölkerungszahl nach mehr als dreimal so groß wie Ungarn, und die Polen essen lieber Bigos – einen Eintopf aus Sauerkraut und Fleisch – als Gulasch –, das ebenfalls aus Fleisch zubereitet, aber mit mehr Paprika gewürzt ist. Es gibt vieles, das die beiden durch die Slowakei voneinander getrennten Länder unterscheidet, aber sie haben auch einiges gemeinsam – so wie in der letzten Zeit ihre Politik.

Im Jahr 2015 gewann die Partei Recht und Gerechtigkeit (PiS) die Präsidentschaftswahlen und die Mehrheit im Warschauer Parlament, und seitdem warnen politische Gegner vor einer Aushöhlung der Demokratie. Solche Alarmglocken sind ein gutes Zeichen und lassen hoffen, dass derartige Befürchtungen langfristig unbegründet sind. Der Parteivorsitzende der PiS, Jarosław Kaczyński, auf dessen rigiden Konservatismus diese Bedenken zurückgehen, ist recht geschickt im politischen Taktieren, aber seine Versuche, durch Einschränkung der verfassungsmäßigen Kontrollen seine Macht auszudehnen, waren nur teilweise von Erfolg gekrönt.

Kaczyński bezieht seine Anziehungskraft aus seinen Marotten. Er ist ein Kopfmensch, verdrießlich, unverheiratet, ein gläubiger Katholik und vertrauter im Umgang mit seinen Katzen als mit dem eines Computers oder großen Menschenmengen. Trotzdem ist er bei Weitem der bekannteste unter den Prominenten des Landes.

Jarosław und sein (um fünfundvierzig Minuten) jüngerer Zwillingsbruder Lech wurden im Alter von zwölf Jahren berühmt durch ihre Hauptrollen in einem Film, der die Geschichte von zwei faulenzenden Knaben erzählt, die gern reich werden wollen, um nicht arbeiten zu müssen. So gelangen sie in eine Stadt, in der alles aus Gold besteht, die Menschen aber nichts zu essen haben. Nach ihrer Filmkarriere studierten die properen Zwillinge Jura, engagierten sich politisch in einer Arbeiterorganisation und beteiligten sich in herausragender Position an der Demokratiebewegung zu Ende der Achtzigerjahre. Das spontane Aufbegehren freiheitsliebender Polen trug letztlich zum Sturz der von den Sowjets gestützten Regierung bei, machte den Weg frei für Wahlen und beförderte den Fall der Berliner Mauer.

In dieser Phase kam es zur Aufspaltung der Bewegung zwischen

Repräsentanten von Solidarność wie Lech Wałęsa, die mit den Kommunisten zusammenarbeiten wollten, um dafür zu sorgen, dass der Übergang friedlich verlief, und anderen, darunter auch den Kaczyńskis, die einen radikalen Bruch anstrebten. Aus jener Zeit stammt die Klage der Brüder Kaczyński, die Kommunisten hätten nach wie vor zu viel Einfluss im Bankenwesen, in den Unternehmen, in den Medien und bei der Polizei. Verärgert distanzierten sie sich immer weiter von ihren einstigen demokratischen Verbündeten und gründeten die PiS. 2002 wurde Lech, der Jovialere der beiden, als Vertreter einer rigorosen Law-and-Order-Politik, Oberbürgermeister von Warschau und gewann drei Jahre später die Wahlen zum Staatspräsidenten. Und Jarosław wurde 2006 Ministerpräsident.

Am 10. April 2010 kam Lech in einem Militärflugzeug, das beim Landeanflug in Russland abstürzte, ums Leben. Obwohl die offizielle Untersuchungskommission den Unfall auf menschliches Versagen bei starkem Nebel zurückführte, hielt Jarosław an seiner Beschuldigung fest, Russland hätte den Absturz gezielt herbeigeführt.

Einen Monat später wurde in Polen der Nachfolger des verunglückten Staatspräsidenten gewählt. Jarosław, der dafür kandidiert hatte, kam nur auf einen enttäuschenden zweiten Platz; 2015, fünf Jahre später, stand er einer Gruppe vor, die ihm ein politisches Comeback verschaffen sollte. Doch anstatt selbst den Spitzenplatz einzunehmen, schickte er konventionellere Politiker um die Ämter des Staatspräsidenten und des Ministerpräsidenten ins Rennen. Sein Plan ging auf; die PiS, die mit dem nationalistischen Slogan »Polen in Trümmern / Die Zukunft hat den Namen Polen« angetreten war, errang einen deutlichen Sieg. Seitdem agiert Jarosław Kaczyński hinter den Kulissen und mobilisiert seine konservative Wählerschaft, indem er gegen ehemalige Kommunisten, Europapolitiker und Flüchtlinge zu Felde zieht, wobei er Letztere diffamiert, sie würden »alle Arten von Parasiten und Bakterien« ins Land bringen.[5]

Für einen wirklichen Demokraten zählt die politische Praxis mehr als der ideologische Hintergrund. Und dass eine Wahl fair verläuft, ist ihm wichtiger als der Name des Gewinners. Bei den meisten offenen Problemen in der Politik gibt es nicht nur eine demokratische Antwort. Bedenklich wird es erst dann, wenn Staatschefs im Streben nach Erweiterung ihrer Macht Methoden anwenden, die den demokratischen Institutionen dauerhaft schaden können. Und dies ist offenbar das, was Kaczyński gerade durchzuführen versucht. Während Orbán auf Russland und die Türkei als Vorbilder für seine Version der illiberalen Demokratie verweist, schaut Kaczyński nach Ungarn und gelobt, »Budapest nach Warschau« zu bringen.[6]

Nach ihrer Rückkehr an die Macht bestand die erste Maßnahme der PiS darin, die Unabhängigkeit des polnischen Verfassungsgerichts zu beschneiden, um es auf eine Scheininstitution zu reduzieren. Anschließend verabschiedete das Parlament ein Gesetz, das die staatliche Kontrolle über die öffentlichen Sendeanstalten erweiterte. Ein neues Beamtenrecht gab der Regierung die Möglichkeit, in die Stellenbesetzung der Behörden einzugreifen; außerdem ließ sie beim Militär fast alle höheren Offiziere ablösen. In einem nächsten Schritt übernahm die Partei die Kontrolle in dem für die Ernennung der Richter zuständigen Landesrichterrat und zwang fast die Hälfte der Mitglieder des Obersten Gerichtshofs zum Rücktritt. Währenddessen ließ sich die neue polnische Regierung kaum eine Gelegenheit entgehen, Politiker in Brüssel vor den Kopf zu stoßen; außerdem stimmte sie 2017 als einzige gegen die Wiederwahl des Polen Donald Tusk zum Präsidenten des Europäischen Rats. Kaczyński beharrt auf seiner Ansicht, Tusk habe als polnischer Ministerpräsident 2010 nicht genug getan, um den Flugzeugabsturz zu untersuchen, bei dem sein Bruder ums Leben gekommen war.

Der Nationalismus ist im Denken und Fühlen der Polen stark verwurzelt, doch zugleich ist Polen – mit Abstand der größte Nettoempfänger der EU – auf Europa angewiesen. Anderseits nehmen seine Bürger die demokratischen Werte sehr ernst. Als die Regierung ein generelles Abtreibungsverbot anstrebte, musste sie aufgrund landesweiter Proteste einen Rückzieher machen. Ähnlich erging es den neuen Medienregeln, die Journalisten den Zugang zum Parlament beschneiden sollten; sie wurden wieder aufgegeben. Anfang 2018 wurden – in einem offenkundigen Versuch, Europa zu besänftigen – mehrere der extremeren Kabinettsmitglieder ausgetauscht. Zwar hat die PiS nach wie vor die Mehrheit, aber sie ist weder stark noch geschlossen genug, um die Richtung der polnischen Politik allein zu bestimmen. Letztlich wird ihr Schicksal davon abhängen, ob es ihr gelingt, sich Kaczyńskis Energie zunutze zu machen, ohne sich von seiner Wut mitreißen zu lassen.

Der ehemalige Ministerpräsident hegt nach wie vor Groll gegen Russland, das er für den Tod seines Bruders verantwortlich macht. Auch auf Deutschland ist er nicht gut zu sprechen, einerseits aus historischen Gründen, andererseits weil es in den Institutionen Europas größeres Gewicht hat als Polen. Er ist erbost über Lech Wałęsa, weil er die Kommunisten nicht mit dem in seinen Augen nötigen Abscheu hasst. Er empört sich über jeden, der – wie einst ein Abgeordneter – andeutet, sein Zwillingsbruder hätte wohl eine moderatere Linie vertreten, wenn er noch am Leben wäre. »Nehmt den Namen meines verstorbenen Bruders nicht in eure verräterischen Mäuler«, tobte er während einer Parlamentsdebatte. »Ihr Halunken! Ihr Mörder!«[7] Wenn jemand nicht mit ihm übereinstimmt, ist er für ihn ein »Verräter«, und Teilnehmer an Demonstrationen gegen die Regierung kanzelt er als »Polen der schlimmsten Art« ab.[8]

Was den Reiz von Kaczyńskis Partei ausmacht, ist seine Behauptung, für die »echten Polen« zu sprechen. Seit Ende des Kalten Kriegs ist das Pro-Kopf-Einkommen in Polen um über 600 Prozent gestiegen, doch wegen der Korruption, politischer Querelen und einer inkompetenten Verwaltung wird dieser Erfolg nicht mit den Regierungsinstitutionen in Verbindung gebracht. Die gegenwärtige Führung steht deshalb vor der Herausforderung, das umzusetzen, was ihren Vorgängern nicht gelungen ist. Doch als Opposition hat man es leichter als in der

Regierungsverantwortung, und Kaczyńskis kurze Amtszeit als Ministerpräsident von 2006 bis 2007 endete nicht gerade glorreich. Die Bevölkerung ist gespalten in jene, die Kaczyński ablehnen und sich davor fürchten, »in einem unfreien Land zu leben«,[9] und solche, die es ihm und seiner Partei zuschreiben, in einer polyglotten Welt die polnische Identität zu verteidigen.

Der Ausgang des Kräftemessens zwischen Ungarn und Polen auf der einen und der Europäischen Union auf der anderen Seite wird uns zeigen, welche Auswirkungen ein extremer Nationalismus haben kann. Trotz bester Bemühungen von Vertretern der EU bleibt die Antwort offen. Zwar war der wichtigste Antrieb für die Europäische Integration die Furcht vor einer Rückkehr des Faschismus, doch mit derartigen Empfindungen trug man sich vor über 70 Jahren, und wie bei uns Menschen zeigen sich auch dabei irgendwann die Spuren des Alters.

Nahezu jeder Staat Europas hat seinen Ursprung in einer im 19. Jahrhundert oder früher entstandenen nationalen Bewegung. Woodrow Wilson stützte mit seiner Doktrin des Selbstbestimmungsrechts die Idee, dass jedes Volk dort, wo es lebt, über seine Eigenstaatlichkeit bestimmen kann – auch wenn sich dies in einer Region, in der durch Migrationsbewegungen und wunderliche romantisierende Vorstellungen sehr unterschiedliche Stammbäume entstanden sind, nur schwer umsetzen lässt. Das Konzept des reinen Bluts ist albern, doch das ändert nichts daran, dass Stammesdenken und die dazugehörigen nationalistischen Mythen Oberhand gewinnen können, wie der Zweite Weltkrieg so grausam bewiesen hat. Der Schrecken des Krieges war vonnöten, um die Staaten zu einem so drastischen Schritt wie einer regionalen Integration zu motivieren, obwohl dies eher aus kühler Vernunft denn aus realen Empfindungen heraus geschah. Der Zweite Weltkrieg tobte noch, als der französische Unternehmer Jean Monnet, den man oft als den »Vater Europas« bezeichnet, vor dem Französischen Komitee für die Nationale Befreiung erklärte:

Es wird keinen Frieden in Europa geben, wenn die Staaten auf der Basis nationaler Souveränität wiederhergestellt werden, mit all dem, was Machtstreben und wirtschaftliche Position mit sich bringen ... Die Länder Europas sind zu klein ... Wohlstand und unerlässliche soziale Sicherung setzen voraus, dass die Staaten Europas sich in einer Föderation zusammenschließen oder zu einer »europäischen Identität«, die eine wirtschaftliche Einheit entwickelt.[10]

Diese pragmatische Option hatte sich ausgezahlt. Die EU und ihre Vorläufer galten als Garanten für Wohlstand, als Weg zur Zusammenführung freier Märkte, und sie boten die Möglichkeit, die Kosten geschäftlicher Transaktionen zu reduzieren und den destruktiven Kampf um Wettbewerbsvorteile unter Nachbarn zu verhindern. Bis zu einem gewissen Punkt haben die regionalen Einrichtungen diese Erwartungen erfüllt. Die EU ist heute nach den Vereinigten Staaten der zweitgrößte Markt der Welt; vierzehn der dreißig reichsten Staaten sind in ihr vertreten. Und in dem Maße, wie sich in weniger wohlhabenden Ländern wie Rumänien, Bulgarien und der Slowakei die Investitionen auszuzahlen beginnen, schließt sich auch die Kluft zwischen den reichsten und den ärmeren Nationen auf dem Kontinent. Trotzdem konnten sich nicht alle Hoffnungen realisieren lassen. In den Fünfziger- und Sechzigerjahren betrug die Arbeitslosenrate in einem Großteil Westeuropas nicht einmal zwei Prozent, und das jährliche Wirtschaftswachstum belief sich auf sechs bis sieben Prozent. Von Zahlen wie diesen kann man in heutigen Zeiten mit einer gestiegenen Bevölkerungszahl, knapperen Staatshaushalten und chronischer Arbeitslosigkeit wohl nur träumen.

Zum Glück würde die Abschaffung einer gemeinsamen Währung und vereinheitlichter Rahmenbedingungen in Europa einen außerordentlichen – und zudem kostspieligen – Aufwand erfordern. Jene, die sich nach den guten alten Zeiten sehnen, ergehen sich nicht in Erinnerungen, sondern in Tagträumen. Die Rückkehr zu achtundzwanzig Staatsgrenzen, achtundzwanzig Währungen und achtundzwanzig Regelwerken würden für den normalen Arbeiter, Landwirt oder Gewerbetreibenden nicht weniger, sondern mehr Einschränkungen, und nicht mehr, sondern weniger Einkommen bedeuten.

Was das Projekt Europa seit jeher belastet, ist der Umstand, dass es den Menschen von oben her auferlegt wurde und viele sich dafür nie wirklich begeistern konnten. Die französischen Wähler lehnten 1992 den Vertrag von Maastricht, in dem das Grundkonzept der EU festgehalten ist, mit knapper Mehrheit ab. Auch in Dänemark votierte die Bevölkerung zunächst gegen den Vertrag, änderte ihre Haltung jedoch, als er ihr mit bestimmten »dänischen Sonderregelungen« versüßt wurde. Jahr für Jahr müssen proeuropäische Politiker bei ihrer Wählerschaft dafür werben, die Integration zu unterstützen, wobei sie höchstens milde Begeisterung wecken können.

In den Neunzigerjahren bewarben sich verschiedene mittel- und osteuropäische Staaten um eine Aufnahme in die EU, weil sie dies als sichersten Weg sahen, ihre Loslösung von Moskau unumkehrbar zu machen. In Brüssel eingebettet zu sein bedeutete, zum Westen zu gehören, vollen Anteil an Europas Wohlstand zu haben und in den Genuss seiner Freiheiten zu kommen. Das Kleingedruckte mit all den Vorschriften, die so viele Dinge des Alltags regeln – angefangen von der Form der Gurken über die Bestandteile von Schokolade bis zum Recht eines Geflügelfarmers, die eigenen Enten zu schlachten und zu verspeisen –, hatten sie nicht einkalkuliert. Die regionale Vereinigung der Staaten Europas ist auch weiterhin ökonomisch sinnvoll, aber die Begeisterung für die Idee ist abgekühlt. So musste der Präsident der Europäischen Kommission Jean-Claude Juncker denn auch zugeben, dass die Bürger Europas zu dem europäischen Projekt auf Abstand gehen würden, weil sich die Kommission in zu vielen Bereichen in ihr Privatleben einmischt.[11]

Das weitere Schicksal des Kontinents ist ein Thema, über das ich oft mit guten Freunden diskutiere – Freunde, die zum Teil hochrangige Posten in den Außenministerien Großbritanniens, Frankreichs, Deutschlands, Italiens, Spaniens, Schwedens und Portugals innehatten. Am meisten bedauern wir die Fehleinschätzung der Staatschefs zu den Vorbehalten der Männer und Frauen, die sich nicht gern Vorschriften machen ließen von Verantwortlichen, deren Urteilskraft sie anzweifelten und die von ihnen nie direkt gewählt wurden. Wir, die Gruppe der Vielgereisten, wissen um die Wichtigkeit von Integration, doch ein Landarbeiter in Polen oder ein Fabrikarbeiter in Bratislava fühlt sich nicht automatisch zur Treue gegenüber Brüssel verpflichtet. Wir fürchten, die Entfremdung der Bürger zum Projekt Europa wird noch weiter fortschreiten.

Diese Sorge haben wir auch deshalb, weil sich neben der ärgerlichen Überbürokratisierung der Institution eine noch größere Gefahr für die Solidarität unter den Europäern abzeichnet. Diese Bedrohung kommt von außen, von der Furcht, die EU-Staaten könnten von der legalen wie illegalen Zuwanderung überrollt werden, dadurch wirtschaftlich in Not geraten und das Selbstverständnis der Bürger infrage stellen. Die Europäische Union trat unter der Prämisse an, dass sich ein EU-Bürger weniger als Tscheche, Franzose, Slowene oder sonst einer Ethnie zugehörig ansehen sollte, sondern schlicht als Europäer. Dieser Grundgedanke verliert zunehmend an Attraktivität, zumal das Straßenbild Europas deutlich bunter geworden ist.

In den Sechzigerjahren, als das Konzept der regionalen Einheit an Popularität gewann, herrschte in Westeuropa kaum Arbeitslosigkeit, und man rief regelmäßig Einwanderer herbei, um die offenen Stellen in der Landwirtschaft, in den Fabriken und im Gewerbe zu besetzen. Seit Anfang der Siebzigerjahre wurde aus dem Arbeitskräftemangel ein Überangebot, und das Begrüßungsgeld fiel deutlich geringer aus. Erschwerend kommt hinzu, dass in den letzten Jahren viele Migranten zweifelsfrei »uneuropäisch« aussehen. Die Zahl der Muslime in Europa hat sich seit 1975 mehr als verdreifacht. Allein in Frankreich leben über sechs Millionen Menschen islamischen Glaubens – neun Prozent der Bevölkerung –, und Politiker der französischen Rechten wiederholen unablässig, dass Muslime niemals »echte Franzosen« werden könnten. Während die Geburtenrate der ursprünglichen europäischen Bevölkerung stagniert, sind die Neuankömmlinge fruchtbar und mehren sich. Im Lauf der Zeit haben die Menschen ihnen gegenüber Ressentiments entwickelt; hinzu kommen Klagen über kriminelle Delikte, fremdländische Werte, die Kosten des Sozialwesens und die Konkurrenz auf dem Arbeitsmarkt. Inzwischen glauben nahezu zwei Drittel der EU-Bürger, die Immigration wirke sich schädlich auf ihre Gesellschaft aus. Während man früher danach strebte, Weltoffenheit zu zeigen, übt man sich heute in Abgrenzung.

2015, als Menschen aus Syrien und Nordafrika in großer Zahl nach Europa strömten und im gleichen Zeitraum terroristische Anschläge – verübt durch vom IS inspirierte Fanatiker, die in europäischen Großstädten Nachtklubs in die Luft jagten und mit Lastwagen in Menschenmengen rasten – die Bürger aufrüttelten, wurde Einwanderung das dominierende Thema in der europäischen Politik. Die Auswirkungen dieser Spannungen zeigten sich in Großbritannien, wo die Skepsis gegenüber Migranten aller Wahrscheinlichkeit nach einen entscheidenden Einfluss auf den Ausgang des Brexit-Votums hatte – eine Übung in ökonomischem Masochismus, die die Briten noch lange bedauern werden. Mit Missmutsbekundungen über die Verpflichtungen gegenüber der EU und Ausstiegsdrohungen hatte Großbritannien am Verhandlungstisch bis 2016 noch Trümpfe in der Hand, doch die sind nunmehr verspielt, als es sein Wort wahr machte und die Scheidung einreichte.

In Deutschland, das allein 2015 über eine Million Asylsuchende aufnahm, trugen Immigrationsängste dazu bei, dass die nationalistische Partei Alternative für Deutschland (AfD) bei den Bundestagswahlen im September 2017 fast 13 Prozent der Stimmen erhielt, ins Parlament einzog und als drittstärkste Partei einflussreiche Posten übernahm. Dieses Resultat war ein Schock für Angela Merkel, der angesehenen, aber angeschlagenen Staatschefin, die die Migranten zunächst willkommen geheißen hatte, ehe sie eine distanziertere Position bezog.

Die AfD war ursprünglich von einer Gruppe gegründet worden, die eine konservativere Fiskalpolitik anstrebte und die Verwendung deutscher Steuergelder zur Vermeidung eines griechischen Staatsbankrotts ablehnte. Die Flüchtlingskrise half ihnen, Anhänger Merkels ins eigene Lager zu ziehen und Zehntausende zur Stimmabgabe zu bewegen, die sich normalerweise nicht die Mühe gemacht hätten, in die Wahllokale zu gehen. Der Parteivorsitzende Alexander Gauland brachte ihre Ansichten auf den Punkt: »Der Islam ist in meinen Augen ein Fremdkörper und wird durch die Zahl der Geburten allmählich die Vorherrschaft in unserem Land übernehmen.«[12] So übertrieben diese Ängste auch sind, erklären sie doch den Aufstieg der AfD. Paradoxerweise schnitt die Partei am besten in jenen Regionen ab, die zu den wohlhabendsten Deutschlands gehören und in denen der Bevölkerungsanteil von Menschen mit ausländischen Wurzeln relativ niedrig ist. AfD-Anhänger lassen sich demnach nicht von aktuellen Zuständen leiten, sondern von Zuständen, wie sie einmal sein *könnten*. So sieht sich der Parteivorsitzende darin bestätigt, auch weiterhin vor den Gefahren der Einwanderung zu warnen und Klischees aufzuwärmen, die entsprechende Ängste wachhalten.

Nach den Wahlen von 2017 waren zum ersten Mal seit dem Zweiten Weltkrieg eindeutig nationalistische Ansichten im Deutschen Bundestag zu hören. Zugleich waren sie eine Ermutigung für ähnliche Gruppierungen in allen Teilen Europas wie dem Front National in Frankreich, den Schwedendemokraten und den Wahren Finnen, der Goldenen Morgenröte in Griechenland und der Freiheitlichen Partei Österreichs. »In den Programmen und Statements dieser Parteien«, meint Robert Paxton von der Columbia University, »klingen Themen des klassischen Faschismus nach: Furcht vor Dekadenz und Verfall, Streben nach Stärkung nationaler und kultureller Identität, Warnung vor einer Bedrohung der nationalen Identität und der sozialen Ordnung durch nicht assimilierbare Fremde und das Bedürfnis nach größerer Autorität, um mit all diesen Problemen fertigzuwerden.«[13] Neben den offiziellen politischen Parteien gibt es eine riesige und immer noch anwachsende Zahl hypernationalistischer Vereinigungen, die auf ihren Märschen und Kundgebungen auf Transparenten ein »weißes Europa« und »Flüchtlinge raus!« fordern.

Während einige dieser Organisationen unverhüllt als Neonazis auftreten, geben sich andere größte Mühe, sich vom Ruch des Faschismus zu distanzieren. Und während sie voranpreschen, tauschen sie sich regelmäßig untereinander aus, sprechen vergleichbare Themen an und loben sich gegenseitig – so haben beispielsweise britische, französische und polnische Extremisten der AfD wärmstens zu ihrem Erfolg gratuliert. Was die Generation des Zweiten Weltkriegs davon halten würde, dass ihre Landsleute die Wiedergeburt des germanischen Triumphalismus feiern, kann man sich gut vorstellen. Die europäischen Gruppierungen erhalten finanzielle Unterstützung von außen, vornehmlich aus Russland oder von mit ihnen sympathisierenden Kreisen in den Vereinigten Staaten. Die größte Summe, die jemals in der niederländischen Politik gespendet wurde, stammte von einer rechtsgerichteten amerikanischen Vereinigung und ging an die Partei für die Freiheit, deren Vorsitzender Geert Wilders zur Zerstörung von Moscheen aufruft und Slogans wie »Lasst uns die Niederlande wieder groß machen« ausgibt.

Das Land, aus dem ich stamme, die Tschechische Republik, ist vor derartigen Turbulenzen nicht gefeit. Im Januar 2018 wurde Miloš Zeman mit knapper Mehrheit als Staatspräsident wiedergewählt. Zeman, der sich selbst als »tschechischer Trump« bezeichnet,[14] hat Viktor Orbáns Warnung vor einer Invasion der Muslime aufgegriffen, obwohl die Tschechische Republik nur knapp ein Dutzend der nach den EU-Vereinbarungen verbindlichen 2600 Asylbewerber aufgenommen hat. Zeman setzt sich außerdem offen für Russland und Putin ein, was wohl erklärt, weshalb im Vorfeld der Wahlen in den sozialen Medien eine

Flut von Lügen zur Verleumdung seines EU-freundlichen Gegners verbreitet wurde. Aus den Parlamentswahlen drei Monate zuvor war eine neue, 2011 gegründete Partei – die Aktion unzufriedener Bürger – als großer Sieger hervorgegangen. Ihr Vorsitzender Andrej Babiš ist ein milliardenschwerer Neuling auf der politischen Bühne, der mit seinen Erfahrungen als Geschäftsmann warb und sich den Kampf gegen die Korruption auf die Fahnen geschrieben hatte, obwohl gerade Ermittlungen aufgrund des Verdachts der Korruption gegen ihn stattfinden. Offenbar glauben viele Wähler, dass es ein Reicher nicht nötig habe zu stehlen und es deswegen auch nicht tue. Ob das stimmt, wird sich zeigen. Einige Jahre zuvor hatte ich Babiš kennengelernt, als er die Vereinigten Staaten besuchte. Ich berichtete damals Freunden, noch nie zuvor einen Tschechen (oder auch Slowaken) wie ihn getroffen zu haben: kalt, unbeteiligt, verschlossen, abweisend. Zeman und er sind Verbündete. Ich wünsche meinem Herkunftsland alles Gute.

In Ungarn fand Ministerpräsident Orbán in der Flüchtlingskrise eine weitere vermeintlich existenzielle Bedrohung, zu deren Abwehr er sein Volk um sich sammeln konnte. Anstatt konstruktiv mit lokalen und überregionalen Einrichtungen nach einer Lösung zu suchen, um die Migrantenströme zu stabilisieren und die humanitären Bedürfnisse der Menschen zu befriedigen, entschied sich Orbán für Panikmache. Obwohl nur relativ wenige Migranten tatsächlich nach Ungarn einreisen wollten, erklärte der Ministerpräsident, »dass die Massen von Menschen aus anderen Kulturen eine Bedrohung für unsere Lebensweise, unsere Kultur, unsere Sitten und unsere christliche Tradition darstellen«. Die Flüchtlinge würden, wie er sagte, »Kriminalität und Terrorismus ... und Banden, die Jagd auf unsere Frauen und Töchter machen«, ins Land bringen.

Auf die elenden humanitären Verhältnisse im Nahen Osten, die den Flüchtlingsstrom ausgelöst haben, oder die Notlage der Hunderttausenden sehr Jungen und sehr Alten, die sich ohne eigenes Zutun plötzlich in einer lebensbedrohlichen Situation befinden, geht Orbán kaum ein. Stattdessen beschreibt er die Krise als »geplante, orchestrierte Aktion« der EU, um »die Fremden so schnell wie möglich hierherzutransportieren und unter uns anzusiedeln« und »die religiöse und kulturelle Landkarte Europas neu zu zeichnen und seine ethnischen Grundlagen neu zu konfigurieren«.[15]

Orbán nutzte die Situation, um George Soros für dieses vermeintliche Komplott verantwortlich zu machen. Ende 2017 schickte die Regierung einen Fragebogen an alle Haushalte, in dem sie wissen wollte, ob man den »Soros-Plan« unterstütze, der Ungarn zur Aufnahme von Flüchtlingen, zu ihrer Unterstützung mit Sozialleistungen und zur Gewährung milderer Urteile für jedwedes Vergehen von Migranten zwinge. Dieser Ansatz – die Bevölkerung zurate zu ziehen – ist eigentlich ein demokratisches Mittel, ein Plebiszit, doch Orbán missbrauchte es, um Unwahrheit zu verbreiten und zu legitimieren. Indem man Fragen stellt, die sich auf eine Lüge stützen, wird die Lüge zum Mittelpunkt der nationalen Debatte. Wie andere niederträchtige Strategien wurde auch die unredliche Verwendung von Plebisziten im »Dritten Reich« perfektioniert und oft eingesetzt, um Hitlers Herrschaft einen Hauch von Rechtmäßigkeit zu verleihen. Goebbels sagte, dass das Geheimnis der Propaganda darin bestehe, den, den die Propaganda fassen will, ganz mit den Ideen der Propaganda zu durchtränken, ohne dass er überhaupt merkt, dass er durchtränkt wird.[16]

Orbán ergänzte seine Propaganda mit Aktionen, wie sie seinem Volk gefielen: mit der Errichtung von Grenzzäunen und dem Wegsperren einiger Migranten in Warencontainern auf einem von hohen Stacheldrahtzäunen eingefassten Gelände. Vielleicht sollte man ihn an seine Rede von vor langer Zeit über Imre Nagy und an die Ereignisse von 1956 erinnern, als Zehntausende ungarische Freiheitskämpfer auf der Flucht vor sowjetischen Panzern von der internationalen Gemeinschaft aufgenommen wurden.

Ich bin ein Flüchtling, aber ich habe Glück gehabt. Mein Vater wäre höchstwahrscheinlich festgenommen worden, hätten wir damals nicht die Tschechoslowakei verlassen. Doch niemand drohte, uns in Container zu sperren. Wir gelangten auf einem Ozeandampfer in unsere neue Heimat, nicht auf einem überfüllten Schlauchboot. Wenn man mich nach dem Resümee meines Lebens fragt, beginne ich stets mit »Dankbarkeit« – Dankbarkeit gegenüber meinen Eltern und gegenüber den Bürgern Amerikas, die es meiner Familie ermöglichten, ein neues Leben zu beginnen. Deshalb bin ich nicht in der Lage, in der Frage von Migranten und Flüchtlingen sachlich zu analysieren, und vor Politikern, die zur Steigerung ihrer Wahlchancen Hass schüren, habe ich nicht den geringsten Respekt.

Was die Frage der Immigration letztlich so schwierig macht, ist ein zutiefst menschlicher Wesenszug: Wir teilen nicht gern. Im Jahr 125 v. Chr. debattierte man in Rom, ob man den vor den Stadttoren lebenden Italikern Zutritt gewähren solle, um sie ebenfalls in den Genuss römischer Bürgerrechte kommen zu lassen. Ein vorsichtiger Volksvertreter sprach sich dagegen aus und forderte seine Nachbarn auf, die Konsequenzen zu bedenken: »Glaubt ihr denn, wenn die Latiner erst einmal die Bürgerrechte haben, wird für euch noch Platz sein ... wie jetzt ... bei Spielen und Festen? Ist euch nicht klar, dass sie alles übernehmen werden?«[17]

Die Weltgemeinschaft hat sich seit Längerem darauf geeinigt, dass Staaten das Recht haben, über ihre eigenen Grenzen zu bestimmen, zugleich aber auch das Recht von Menschen respektieren müssen, die vor politischer Verfolgung und Krieg fliehen und eine Zuflucht benötigen. Unter normalen Umständen pendelt sich dies auf ein akzeptables Verhältnis ein. Männer und Frauen, die aufgrund von Unterdrückung, Repressalien oder Konflikten aus ihrer Heimat vertrieben wurden, haben einen Anspruch auf vorübergehenden oder dauerhaften Schutz. Weit vielschichtiger und umfassender ist die Frage, was mit jenen geschehen soll, die ihr Heimatland verlassen, nicht weil sie dazu gezwungen wurden, sondern weil sie nach besseren Lebensbedingungen streben. Es gibt kein absolutes Recht auf Umsetzung dieses nachvollziehbaren Wunsches, nur legale und illegale Wege, ihn zu realisieren.

Generell gilt, dass jemand nicht ohne guten Grund seine Heimat aufgibt und Besitz, vertraute Landschaften, Erinnerungen und die Gräber seiner Vorfahren zurücklässt. Die meisten von uns möchten lieber dort bleiben, wo unser Name nicht fremd klingt, wo man unsere Bräuche akzeptiert und unsere Sprache spricht. Allerdings ist die Hoffnung ein weiterer grundlegender Wesenszug der Menschen, und deshalb versuchen sich Millionen Jahr für Jahr in illegaler Einwanderung. Sobald sie aufgebrochen sind, wenden sie sich zumeist nach Europa. Schleuser verschlimmern das Problem, indem sie über die sozialen Medien oder Mundpropaganda bei potenziellen Migranten dafür werben, ihnen Gelder zu entrichten, die sie sich nicht leisten können, um eine Reise anzutreten, an deren Ende sich nur höchst selten der Traum von einem besseren Leben erfüllt.

Ausmaß und Anstieg der Migration sind ein brennendes Thema, dem wir nicht weiter ausweichen können. Zwar ist es moralisch verwerflich, Neuankömmlinge pauschal zu verunglimpfen, doch es ist durchaus legitim, wenn sich ein Staat fragt, ob er Einwanderer in großer Zahl integrieren kann – besonders dann, wenn zu erwarten steht, dass die meisten in absehbarer Zeit nicht in ihre Heimat zurückkehren werden und viele bereits auf den Nachzug von Familienangehörigen warten. Hinzu kommt die Sorge, ob sich die Neuankömmlinge erfolgreich in ihr Gastland integrieren, ob sie die für den Arbeitsmarkt nötigen Qualifikationen erwerben und etwas zur Gemeinschaft beitragen können. Unkontrollierte Zuwanderung erzeugt soziale Spannungen, doch nicht etwa, weil die Flüchtlinge größtenteils Kriminelle und Terroristen sind (das sind sie nicht!), sondern weil das Zusammenleben mit Fremden zwei kostbare Güter erfordert: guten Willen und Zeit. Beides brauchen wir, um Vertrauen aufbauen zu können, auch wenn wir über beides nicht in dem Maße verfügen, wie wir es gerne hätten.

Letzten Endes verweist die illegale Einwanderung auf ein Versagen der Gemeinschaft weit über Europa hinaus, das sich weder durch die wohlwollende Aufnahme von Migranten noch durch deren Ausgrenzung lösen lässt. Humanitäre Krisen erfordern eine großzügige Reaktion, doch vernünftigerweise sollten wir eher eine Politik anstreben, die solche Krisen gar nicht erst aufkommen lässt. Dies bedeutet, wahre politische Flüchtlinge von Wirtschaftsmigranten zu unterscheiden, ein hohes Maß an legaler Einwanderung zu ermöglichen, durch Zusammenarbeit der Geheimdienste das Einsickern von Terroristen zu verhindern und den Menschenschmugglern das Handwerk zu legen.

Auf breiterer Ebene sind die Regierungschefs gefordert, über Staatsgrenzen hinweg auf eine Abnahme der Zahl jener Menschen hinzuarbeiten, die sich genötigt sehen, ihre Heimat zu verlassen. Dies braucht gesunde Demokratien, die Wahrung des Friedens und den Aufbau eines soliden Wohlstands. Das lässt sich jedoch nur dann erreichen, wenn unsere Weltsicht beinhaltet, dass wir Menschen alle die gleichen Rechte und unsere Staaten alle die gleichen Interessen haben. Jene, die sich mit ihrer Innenschau begnügen und keine höheren Ziele sehen, als sich vor dem Fremden, Neuen und Unbekannten abzuschirmen, können nichts dazu beitragen.

Um die Befürchtungen seiner Wählerschaft zu beschwichtigen, versicherte Viktor Orbán: »Wir sind wir, und wir bleiben, wer wir sind.«[18] Die Betonung auf Exklusivität und Unveränderlichkeit soll tröstlich wirken, doch was darin mitschwingt, sind Vorurteile und ein Mangel jeglicher Ambitionen. Es findet sich keine Spur von Lust auf Erkenntnisgewinn, von Streben nach Erneuerung, von Neugier auf die anderen und von der Sorge um sie; es fehlt jeder Wunsch, mehr zu sehen als das, was bereits gewesen ist. Wie schade! Nationen, die meinten, den Weg zur Glorie durch Herabwürdigung anderer und durch einen Alleingang zu finden, haben in der Vergangenheit Europas – und eigentlich der ganzen Welt – schon genug Blutvergießen angerichtet.

14

»Der Führer wird immer bei uns sein«

Nationen unterteilen ihre Erinnerungen an die Vergangenheit in Epochen, die leider meist von Kriegen definiert werden. Dies trifft auch für Korea zu. Bis ins 20. Jahrhundert wurde das Land fast 1300 Jahre lang von der immer gleichen Hauptstadt aus regiert, und das gemeinsame religiöse und gesellschaftliche Brauchtum, die gemeinsame Sprache, Küche und Kunst gaben dem Volk Zusammenhalt. Korea trat nie als aggressive Macht in Erscheinung, sondern war nicht selten Angriffen und Okkupationen durch äußere Feinde ausgesetzt, darunter im 16. Jahrhundert die besonders schmachvolle Besetzung durch Japan. Nachdem sich Korea von den Invasoren aus dem »Land der aufgehenden Sonne« befreit hatte, schloss es seine Grenzen, schottete sich gegenüber Fremden ab und galt fortan als »Einsiedlerkönigreich«. Vor ungefähr 150 Jahren durchbrachen die Kolonialmächte jedoch Koreas Schutzwall. Nach Abschluss einer Reihe von Handelsabkommen wurde 1905 Japan erneut die dominierende Kraft auf der Koreanischen Halbinsel. Nahezu 40 Jahre lang beuteten die japanischen Kolonialherren das Land aus; dies endete erst mit der Niederlage Nippons im Zweiten Weltkrieg.

Nach der Kapitulation der Achsenmächte galt es in Korea ebenso wie in Mitteleuropa, Weichenstellungen für die Zukunft zu treffen. Offiziell einigten sich die siegreichen Alliierten darauf, ein freies, geeintes und unabhängiges Korea zu schaffen. Doch in der letzten Kriegswoche drang Stalins Rote Armee weit in den Norden des Landes ein. Und während bei den US-Diplomaten die Telefone heiß liefen, verschob sich ihr Interesse von dem, was getan werden *sollte*, auf das, was am ehesten machbar war. So trafen sie eines Abends zu später Stunde in Washington mit ihren sowjetischen Amtskollegen zusammen, zogen auf einer Karte aus der Zeitschrift *National Geographic* eine Linie und besiegelten damit die »vorübergehende« Teilung der Halbinsel entlang des 38. Breitengrads. Die Menschen, die dort lebten, wurden nicht gefragt.

Im Jahr 1948, bereits mitten im Kalten Krieg, erklärten sowohl die von den Vereinigten Staaten unterstützte Republik Korea im Südteil der Halbinsel mit der Hauptstadt Seoul als auch die von der UdSSR protegierte Demokratische Volksrepublik Korea im Norden mit der Hauptstadt Pjöngjang offiziell ihre Gründung. Regierungschef in Nordkorea wurde der von den Sowjets handverlesene Kim Il-sung, ein 33-jähriger Militäroffizier, der den größten Teil seines Lebens im Exil verbracht hatte und kaum eine nennenswerte Schulbildung besaß. Dafür waren seine Pläne umso ambitionierter. Entschlossen, die Koreanische Halbinsel unter seiner Herrschaft zu vereinen, holte er sich von seinem sowjetischen Verbündeten das Plazet ein, in den Süden einzumarschieren; es werde ein spielend leichter Sieg, brüstete er sich gegenüber Stalin. Fast hätte Kim damit auch recht behalten, hätten zur Überraschung des Nordens nicht die Vereinigten Staaten, ausgestattet mit einem UN-Mandat, interveniert. Dies bewog China, ebenfalls in den Konflikt einzugreifen. 1953 kam es schließlich zu einem Waffenstillstandsabkommen und zur Beendigung der Kampfhandlungen, doch es gab weder eine siegreiche Macht noch einen offiziellen Friedensvertrag oder signifikante Änderungen im Grenzverlauf. Die Kämpfe hatten eineinhalb Millionen Koreaner, 900 000 Chinesen und 54 000 Amerikaner das Leben gekostet.

Angesichts des immensen Blutzolls und der enormen Zerstörungen griff die Volksrepublik ungeniert zu einer faustdicken Lüge, was die Frage betraf, wer diesen Krieg begonnen hatte. Jeder Nordkoreaner wuchs fortan in der Überzeugung auf, sein Land sei 1950 von mordlüsternen sadistischen Amerikanern und der südkoreanischen Republik überfallen worden. Hätte die nordkoreanische Heimat nicht in Kim Il-sung einen derart tapferen Führer und nicht so heldenhafte Soldaten gehabt, wäre sie verwüstet und die Bevölkerung versklavt worden. Und schlimmer noch – die Amerikaner, diese Verkörperung des Bösen, hatten aus ihren Fehlern nichts gelernt, hieß es. Hätten sie die Möglichkeit, würden diese Barbaren wiederkommen und noch mehr Schaden anrichten. Dieses Lügengespinst ist der Nährboden für die Ängste, die Wut und die Revanchegelüste, die sich Kim Il-sung zunutze machte, um sein weltweit beispiellos totalitäres Regime zu rechtfertigen.

Kim Il-sung war in erster Linie ein Mann des Militärs. Im Gegensatz zu den meisten der in diesem Buch geschilderten Staatschefs verfasste er weder Schriften, noch formulierte er eine Ideologie; er interessierte sich weder für Literatur noch für das Studium der Geschichte. Doch er legte den Fanatismus eines glühenden Nationalisten an den Tag, wusste zu kommandieren, sicherte sich die Gunst der Sowjets und pflegte die Machtambitionen eines astreinen Faschisten. Und besonders schneidig wirkte er in Uniform. Als er, unterstützt von Moskau, seinem jungen Land die Planwirtschaft und das Einparteiensystem aufzwang, traf er kaum auf Widerstand.

Nach dem Ende des Koreakriegs ließ sich Kims Regime von dem indoktrinierten Volk als Beschützer der Nation vor den verhassten Feinden wie Südkorea, Japan und den Vereinigten Staaten bejubeln. Mit einer Million Soldaten verfügte die Demokratische Volksrepublik Korea über die viertgrößte Armee der Welt, ausgestattet mit einem beachtlichen Arsenal an Raketenwerfern und entsprechenden Projektilen. Ungeachtet der Tatsache, dass sie von der Hilfe durch andere kommunistische Staaten abhängig war, entwickelte die Herrscherkaste eine eigene politische Ideologie namens *Chuch'e* (Selbstständigkeit, Autarkie), die den patriotischen Geist beflügeln sollte. Zum Zweck der Disziplinierung wurden Jungen und Mädchen zum frühestmöglichen Zeitpunkt von ihren Familien getrennt, um sie mit den Lehren der

Partei zu infiltrieren und ihrem Geist und Körper Gehorsam anzutrainieren. Jeder Bürger war aufgerufen, den Nachbarn zwar zu achten, ihn jedoch auch zu melden, falls er eine abweichende Meinung oder unabhängiges Denken erkennen ließ. Zudem stachelte man Kinder zur Denunziation der Eltern an, selbst wenn sie damit gleichsam deren Todesurteil unterzeichneten. Wie der Faschismus in Italien oder Deutschland war die Diktatur in Nordkorea aus einem Krieg und dem übersteigerten Bedürfnis nach Ordnung hervorgegangen. Doch anders als in diesen beiden Ländern konnten sich die nordkoreanischen Machthaber schon rasch nach dem Ende des Konflikts fest etablieren, weil es keine alternativen politischen Kräfte gab, die ihnen Hindernisse in den Weg gelegt hätten.

Im Lauf der Jahre wurden die Legenden um das Leben und die Leistungen Kim Il-sungs kräftig aufpoliert. So hieß es, er habe während des Zweiten Weltkriegs in den Bergen im Landesinneren von einem versteckten Stützpunkt aus eine Guerillatruppe kommandiert und mit ihr zahlreiche Angriffe gegen die japanische Besatzungsmacht geführt. Tatsächlich aber hatte Kim den Krieg von der Sowjetunion aus und unter Aufsicht der Roten Armee verfolgt. Die erfundene Darstellung klang jedoch viel aufregender, und die Nordkoreaner nahmen sie für bare Münze.

Für sie war Kim Il-sung die Verkörperung der Tugend – mutig, liebevoll und weise. Er war es, der die neuen Methoden in der Landwirtschaft ersonnen hatte, mit denen sie ihre Lebensmittel erzeugten; er war es, der die bequemeren Stühle entwickelt hatte, auf denen sie beim Lernen saßen; er war es, der die intelligenten Maschinen konstruiert hatte, die sie an ihrem Arbeitsplatz bedienten, und die modernen Waffen, auf die sie sich bei der Verteidigung ihrer Heimat stützten. Unzählige Berichte kursierten über Kims Visiten in Schulen, Fabriken, Kasernen und Landwirtschaftsbetrieben, wo er mit sanfter Stimme und milde lächelnd als Ratschläge formulierte Gemeinplätze von sich gab. Die Welt jenseits ihrer Grenzen sei verderbt, erfuhren die Nordkoreaner, doch zu ihrem Glück hatten sie einen Beschützer mit hohen moralischen Maßstäben, der ihre Sicherheit garantierte. Tagtäglich wurde der Personenkult um Kim mit Staatszeremonien und Paraden zelebriert, veranstaltet vor seiner überdimensionalen Bronzestatue, riesigen Plakatwänden mit huldigenden Sprüchen, Denkmälern oder Museen. Zwar reklamierte Kim keinen gottgleichen Status für sich, aber nach Volkes Meinung war er dem Allmächtigen durchaus ebenbürtig.

Und diese Gottesgestalt hatte einen Sohn. Der nordkoreanische Faschismus ist ein Familienunternehmen. Nach all den Schwierigkeiten, die die westlichen Diplomaten ehedem mit Mussolini, Hitler und Stalin hatten, blieb ihnen wenigstens die Auseinandersetzung mit einem Benito Mussolini junior, Adolf Hitler III. oder Josef Stalin IV. erspart. In der koreanischen Volksrepublik jedoch wurde seit ihrer Gründung die Macht nahtlos von einer Generation (dem Großen Führer Kim Il-sung) auf die nächste (den Geliebten Führer Kim Jong-il) und die darauffolgende (den Obersten Führer Kim Jong-un) übertragen.

Mussolini schärfte den Italienern ein, an sich selbst und an ihre Bestimmung zu glauben. Kim Il-sung suggerierte den Nordkoreanern, sie seien dazu befähigt, die Halbinsel wiederzuvereinen, mächtige Feinde zu bezwingen und die einzigartigen Werte ihrer Rasse zu bewahren. Während seiner Herrschaft war die Volksrepublik über lange Phasen hinweg wirtschaftlich besser gestellt als der Süden. Bis 1990 verließ sich die Führungsriege in Pjöngjang auf ihren herausragenden Rang innerhalb des kommunistischen Sonnensystems, doch eines Tages ging der Rote Stern für immer unter, sodass sich die Jünger des *Chuch'e* einen neuen Orbit suchen mussten.

Mit dem Ende des Kalten Kriegs verlor die Demokratische Volksrepublik Korea alle Sicherheiten, die ihr Dasein bislang geprägt hatten. China, der zuverlässige Freund im ideologischen Gleichklang, begann sein ambitioniertes Programm der wirtschaftlichen Öffnung und Reformen. Die sich auflösende Sowjetunion forderte plötzlich den realen

Marktpreis für ihr Erdöl. Und die osteuropäischen Handelspartner zeigten Nordkorea die kalte Schulter, um sich ungeniert dem Westen zuzuwenden. Moskau und Peking normalisierten die diplomatischen Beziehungen zum Feind im Süden, der Republik Korea. Ohne die Hilfe aus dem Ausland, von der sie nun zum Großteil abgeschnitten war, fehlte dem Regime in Pjöngjang das Kapital für den Import von Lebensmitteln, noch hatte sie ausreichend Düngemittel, um auf ihrem Boden eigene zu erzeugen.

Die meisten Beobachter rechneten entweder mit dem kläglichen Zusammenbruch Nordkoreas oder seinem Eingeständnis des Unvermeidlichen, also der wirtschaftlichen Öffnung nach dem Beispiel Chinas. Kim Il-sung aber entschloss sich zu einem dritten Weg. 1993 verkündete er den Rückzug seines Landes aus dem Atomwaffensperrvertrag und ordnete an, die abgebrannten Brennstäbe aus Nordkoreas einzigem funktionsfähigen Kernreaktor zu waffentauglichem Plutonium aufzubereiten. Kims Absichten waren so klar wie unheilvoll: Er wollte die Atombombe.

Diese Demonstration von Angriffslust verstärkte die Spannungen in Ostasien und führte zur Konfrontation mit der Regierung Clinton. Die Sicherheitsberater unserer Regierung nahmen die Kriegsdrohung sehr ernst. Wir entwickelten einen Plan zur Zerstörung des nordkoreanischen Atomreaktors und entsandten umgehend Raketenabwehrsysteme und Kampfhubschrauber in die Region. Mitarbeiter des Verteidigungsministeriums legten dem Präsidenten ihre Einschätzungen vor, denen zufolge während der Kampfhandlungen in den ersten drei Monaten Tausende von US-Soldaten und eine halbe Million Südkoreaner getötet oder verletzt werden könnten. Daraufhin legten wir Nordkorea eindringlich nahe, seine Position zu überdenken und der Diplomatie eine Chance zu geben. Schließlich beruhigte sich die Lage dank eines Vertrags – des Genfer Rahmenabkommens –, in dem sich Nordkorea zur Stilllegung seines Reaktors und zum Verzicht auf die Wiederaufarbeitung der Brennstäbe verpflichtete, wofür im Gegenzug eine Verbesserung der Beziehungen und Hilfe bei der Energieversorgung in Aussicht gestellt wurden.

Das Genfer Rahmenabkommen hatte seine Schwächen und wurde von keiner der beiden Seiten je ratifiziert, doch immerhin konnte damit die akute Krise beigelegt und das Atomwaffenprogramm der Volksrepublik Korea vorläufig verhindert werden. Ohne das Rahmenabkommen hätte Nordkorea bis zum Ende des Jahrzehnts nach Expertenschätzungen ausreichend radioaktives Material für fünfzig bis hundert Atomwaffen erzeugen können. Die Isolation der Volksrepublik hielt allerdings an, ebenso wie ihre feindselige Haltung gegenüber der nicht kommunistischen Staatenwelt.

Während der Verhandlungen zum Rahmenabkommen 1994 starb Kim Il-sung unerwartet. Die Nordkoreaner hatten damit nicht nur ihre Leitfigur verloren, sondern auch noch mit anderen Problemen zu kämpfen: Kim Jong-il, der neue Führer, kam zu einer Zeit ins Amt, als das Land schwer angeschlagen war. Nach heftigen Regenfällen verursachten Überschwemmungen eine dramatische Bodenerosion und Ernteausfälle; hinzu kam die Zerstörung unterirdischer Getreidespeicher. Menschen, die ohnehin schon unterernährt waren, verhungerten. Schwangere Frauen hatten nichts zu essen, und viele Säuglinge starben an Auszehrung. Nicht wenige Nordkoreaner versuchten, sich von Baumrinde, Blättern und Gras zu ernähren. Im Militär brach die Disziplin zusammen; auf der Suche nach etwas Essbarem plünderten meuternde Soldaten Lagerhäuser. Man schätzt, dass fünf Prozent der Bevölkerung an Hunger starben. Die Regierung fand einen Sündenbock in ihrem Agrarminister, den sie des Landesverrats beschuldigte und exekutieren ließ. Doch ungeachtet dieser außerordentlichen materiellen Notlage setzte die Volksrepublik ihr ambitioniertes Militärprogramm fort.

Als 1998 die Hungersnot nahezu überwunden war, testete Nordkorea die dreistufige Rakete eines Typs, die – nach weiterem Ausbau – sogar das amerikanische Festland hätte erreichen können. Dies war umso besorgniserregender, als die Volkrepublik zwar selbst kein Plutonium mehr erzeugte, aber offensichtlich dennoch in der Lage war, Atomwaffen zu produzieren. Damit hatte Nordkorea erneut die Weltöffentlichkeit schockiert, und nicht nur den USA, sondern auch Japan und Südkorea war daran gelegen, weitere Raketentests zu verhindern. Abermals beschlossen wir, es mit diplomatischen Mitteln zu versuchen. Nach zweijährigen schwierigen Vorbereitungen tat ich etwas, was kein amerikanischer Außenminister vor oder nach mir je getan hat: Ich stieg in ein Flugzeug mit dem Ziel Pjöngjang.

Als ich Ende Oktober 2000 in der Demokratischen Volksrepublik Korea eintraf, fand ich mich in einer Hauptstadt wieder, wie ich sie noch nie zuvor gesehen hatte. Auf dem Weg vom Flughafen bis zum Gästehaus der Regierung begegnete unserem Konvoi kein einziges Auto. Die Menschen, die auf den breiten Straßen zu Fuß unterwegs waren, schienen uns nicht wahrzunehmen oder wagten es nicht, uns einen Blick zuzuwerfen. Die Blätter der Bäume waren herbstlich gefärbt, die bräunlichen Felder aber wirkten ausgetrocknet, und die fast schon baufälligen Scheunen hätten einen frischen Anstrich vertragen. Unsere staatliche Unterkunft befand sich am östlichen Stadtrand an einem kleinen See, auf dem eine einsame Ente ihre Kreise zog. Das Gästehaus mit seinem tristen grünen Teppichboden entsprach dem zu erwartenden Standard; auf den Tischen frische Blumen, im Kleiderschrank ein abgetragener Bademantel aus Frottee, in den Wänden und im Bad versteckte Abhöreinrichtungen und Kameras. Als wir abends ins Stadtzentrum aufbrachen, ließen wir uns – weil es keine Straßenbeleuchtung gab – den Weg mithilfe von zwei fluoreszierenden, an Knochen erinnernden Stäben zeigen, mit denen uns ein im Dunkeln unsichtbarer Polizist (oder eine Polizistin) in die richtige Richtung lotste.

Das Pjöngjang, das ich bei Tageslicht erlebte, war eine geschäftige, aber steril wirkende Metropole. Inmitten eines Heers von Arbeitern und Büroangestellten, die entweder zu Fuß oder auf klapprigen Fahrrädern unterwegs waren, trotteten Kinder in Uniform pflichtbewusst zur Schule. Gelegentlich begegneten uns russische Wolgas aus der Zeit des Kalten Kriegs, kleine, wie Jeeps aussehende Lastwagen, und Limousinen der vielfarbigen regierungseigenen Fahrzeugflotte. Im Stadtzentrum drängten sich die von Grünflächen umgebenen Wohnblocks, doch da es kaum Hotels, Restaurants und Geschäfte gab, herrschte dort wenig Betriebsamkeit. Die bescheidene Attraktion der Skyline war (und ist noch heute) der 170 Meter hohe Chuch'e-Turm, der zu Ehren von Kim Il-sungs 70. Geburtstag errichtet worden war. Er blickt direkt auf den Kim-Il-sung-Platz und besteht aus Granitblöcken, deren Zahl exakt der Zahl der Tage entspricht, die der »Große Führer« bis zu diesem Geburtstag auf Erden geweilt hatte.

Im Verlauf von zwei Tagen sprach ich insgesamt etwa zwölf Stunden mit dem »Geliebten Führer«, dem Sohn Kim Il-sungs. Als wir uns die Hand gaben und für die Pressefotografen posierten, zeigte sich, dass wir ungefähr gleich groß waren – und beide gleich hohe Absätze trugen. Die Hälfte der Zeit verbrachten wir mit offiziellen Unterredungen an einem eleganten Holztisch, an dem wir uns gegenübersaßen, ein Glas Wasser vor uns und flankiert von unseren Dolmetschern und einem kleinen Stab von Beratern.

Mit meinem Besuch in Pjöngjang verband ich zwei Ziele. Zum einen wollte ich unsere Gastgeber davon überzeugen, die Entwicklung von Raketen größerer Reichweite, die mit Atomsprengköpfen bestückt werden konnten, einzustellen. Außerdem hoffte ich, mir ein besseres Bild von Kim Jong-il als Staatschef und Menschen machen zu können. Hatte er wirklich die Fäden in der Hand? Verfolgte er eine bestimmte Strategie? Oder war er, wie unsere Geheimdienste spekuliert hatten, ein immens schüchterner Dilettant mit einer Vorliebe für Spielfilme und wenig Ahnung von der Weltpolitik?

Ich fand Kim Jong-il ziemlich normal für jemanden, dessen Vater den eigenen Geburtstag jedes Jahr als »Tag der Sonne« feiern ließ. Er gab sich herzlich und beherrscht, war bequem gekleidet – in kakifarbene Freizeitkluft oder, beim Abendessen am zweiten Tag, in einen Mao-Anzug. Sein kurz geschnittenes Haar war schwarz gefärbt und Strähne für Strähne säuberlich geföhnt. Während unserer Besprechungen hörte er sich höflich an, was ich zu sagen hatte, und unternahm keinen Versuch, mir – wie Milošević oder die Türken es gern taten – Vorträge über die Geschichte zu halten. Er schweifte auch nicht in der Art des chinesischen Außenministers auf ein beliebiges Thema ab. Vielmehr ließ er mich ausreden, und wenn ich aus Höflichkeit eine Pause einlegte, bat er mich, weiterzusprechen und meine Gedanken zu Ende zu führen, was ich bei meinen männlichen Kollegen in Washington fast nie erlebte. Anfangs befassten wir uns mit grundsätzlichen Sicherheitsfragen in Ostasien, ehe wir uns dem Raketenprogramm seines Landes zuwandten. Bei diesem Thema war Kim Jong-il nicht aufrichtig, auch wenn er sich gesprächsbereit zeigte.

Er nehme diese Sache sehr ernst, erklärte er, weil sie von den Vereinigten Staaten ernst genommen werde, doch es sei falsch zu denken, sein Land würde jemals ein anderes angreifen. Die Volkrepublik habe einzig zu Forschungszwecken mit dem Bau von weitreichenden Raketen begonnen – um in der Lage zu sein, aus eigener Kraft Satelliten zu stationieren, »ohne jemand anderem dafür etwas bezahlen zu müssen«. Was die Einnahmen der Volksrepublik aus dem Technologietransfer mit Syrien und Iran angehe, würde er ihn gegen entsprechende Kompensationen einstellen. Nach einer Pause fügte er hinzu, wenn sein Land die Entwicklung von Raketen größerer Reichweite aufgebe, müsse er darauf bestehen, dass für Südkorea die gleichen Einschränkungen gelten. Die Frage der Kontrolle all dieser Maßnahmen blieb natürlich späterer Klärung vorbehalten.

Kim Jong-ils Selbstdarstellung als überzeugter Pazifist war nicht glaubhaft; aber warum trat er uns dann so aufgeschlossen gegenüber? Um das herauszufinden, fragte ich ihn nach seiner Haltung zu den rund 37 000 US-Soldaten, die dauerhaft in Südkorea stationiert waren. Schulterzuckend antwortete er, sie würden ihn nicht stören: »Sehen Sie, wir sind von Mächten umgeben – vor allem China und Japan –, die im asiatisch-pazifischen Raum um die Vorherrschaft streiten. Und wir möchten nicht gern zum Objekt ihrer Rivalitäten werden. Die Sowjetunion ist auseinandergebrochen, unser Militärbündnis mit den Russen damit beendet. Zu China haben wir keine sehr engen Beziehungen. Deshalb denken wir, dass die Vereinigten Staaten ein Gegengewicht zu diesen anderen Mächten bilden könnten. Das ist einer der Gründe, weshalb wir mit Ihnen ins Geschäft kommen möchten. Wir sind darauf angewiesen, dass ein Gleichgewicht herrscht. Ich habe schon früher versucht, mittels der Südkoreaner Ihnen dies zu verdeutlichen, aber die Amerikaner reagieren ja stets argwöhnisch, wie ein Mädchen, das schon einmal sitzen gelassen wurde.«

Kurz blitzte auf seinem Gesicht ein Lächeln auf, dann wurde er ernst: »Es macht uns nichts aus, dass der Süden Militärmanöver durchführt, das tun wir auch. Allerdings haben wir Einwände, dass diese Übungen gemeinsam mit den USA stattfinden. Meine Generäle finden das bedrohlich.« Die Lösung lag seiner Meinung nach in einer Normalisierung des Verhältnisses zwischen den USA und Nordkorea, um mit diesem Schritt, wie er sagte, »unseren Völkern Hoffnung zu geben und epochale Fortschritte in den Beziehungen zwischen der Demokratischen Volksrepublik Korea und den Vereinigten Staaten von Amerika einzuleiten«. Um zu illustrieren, wie diese neue, von gutem Willen geprägte Ära aussehen könnte, räumte er ein, seine Regierung habe die Jugend nicht immer korrekt unterwiesen. »Unseren Kindern wurde beigebracht, die Menschen in Ihrem Land als ›amerikanische Mistkerle‹ zu bezeichnen«, sagte er. Dann wandte er sich an seinen Dolmetscher: »Gibt es eine Übersetzung für ›amerikanischer Mistkerl‹?« »Ja«, lautete die Antwort, »›Yankee‹.«[1]

In entspannteren Augenblicken war Kim Jong-il ein zuvorkommender Gastgeber. Offenbar versuchte er, vertrauenerweckend zu erscheinen, denn ohne weiteres Zögern sprach er über die wirtschaftlichen Probleme seines Landes, sogar über den Mangel an Düngemitteln und

Kohle. Er war gut informiert über die Geschehnisse in aller Welt, und so unterhielten wir uns über Computer, Umweltfragen und die Landwirtschaft – er warf den Russen vor, die Volksrepublik Korea zum Anbau von Mais überredet zu haben, der in seinen Augen nur als Viehfutter taugte. Wie der Alltag in den Vereinigten Staaten aussah, schien ihn nicht zu interessieren; vielleicht meinte er ja, mithilfe Hollywoods darüber gut informiert zu sein. Zu meiner Erleichterung sprach er nicht in gleichem Maße dem Alkohol zu wie einige seiner Generäle, denn während unserer Abendessen bewahrte er mich vor den vielen Toasts, die nacheinander ausgebracht wurden.

Am ersten Tag lud er mich gegen Ende unseres Treffens zu einer, wie er es nannte, »Vorführung« ein. Dies erwies sich als olympiareifes turnerisches Spektakel in einem überdachten Stadion mit etwa 100 000 tanzenden, Rad schlagenden und Keulen schwingenden Teilnehmern im Alter zwischen fünf und fünfzig Jahren. Die Darbietung der Sportler, die zu den Klängen von »Der Führer wird immer bei uns sein« oder »Lasst uns die rote Fahne schwingen« und ähnlichen mitreißenden Weisen über den Rasen wirbelten, war nicht zuletzt eine Demonstration erstaunlicher Disziplin. Die Menschenmenge auf der gegenüberliegenden Tribüne war mit Tafeln ausgestattet, die sich, synchron hochgereckt, zu detaillierten Bildern oder Parolen zusammenfügten. Kim Jong-il, der neben mir saß, erklärte, diese Choreografie selbst entworfen zu haben. Natürlich, wer sonst, dachte ich. Gegen Ende der farbenfrohen Show zeigte das aus den Tafeln zusammengesetzte Riesenbild, wie eine dreistufige Rakete in den ostasiatischen Himmel stieg, was von den wie ferngesteuert wirkenden Zuschauern mit frenetischem Jubel quittiert wurde. Da beugte sich Kim Jong-il zu mir herüber und erklärte: »Das war zu Ehren unseres ersten Raketenabschusses. Es könnte auch unser letzter gewesen sein.«

Die Nordkoreaner hätten meine Anwesenheit gern als Vorspiel zu einem weiteren Höhepunkt gesehen – dem Besuch Präsident Clintons –, und wir trugen uns mit der gleichen Hoffnung. Es gab jedoch Komplikationen. Präsident Clinton würde nicht die weite Reise nach Pjöngjang antreten, ehe er nicht sicher war, dass sich die Volkrepublik in einem Abkommen zur Beendigung der Entwicklung und Weitergabe ihrer Raketen verpflichtete. Wir waren in unseren Verhandlungen so weit fortgeschritten, dass sich abzeichnete, wie eine solche Übereinkunft aussehen konnte, doch entscheidende Elemente wie der zeitliche Ablauf und die Kontrollmaßnahmen mussten noch ausgearbeitet werden. Leider machte uns der Kalender einen Strich durch die Rechnung. Eine Woche nach meiner Rückkehr von der Asienreise fanden in den Vereinigten Staaten Präsidentschaftswahlen statt, und nicht einmal drei Monate später sollte ein neues Team die Amtsgeschäfte im Weißen Haus übernehmen.

Die südkoreanische Regierung drängte Clinton zur Reise nach Nordkorea, und der designierte Präsident George W. Bush ließ in dieser Frage Clinton freie Hand. Viele Kongressabgeordnete sprachen sich jedoch dagegen aus, weil ihrer Ansicht nach Clintons Besuch die Führung in Pjöngjang mit einer gewissen Legitimität aufgewertet hätte. Dagegen wandte ich ein, dass wir mit einem Gipfeltreffen zusätzliche Konzessionen erzielen konnten, etwa die Überprüfung der nordkoreanischen Militäranlagen vor Ort. Schließlich sah sich Präsident Clinton vor eine schwierige Wahl gestellt: entweder eingehende diplomatische Verhandlungen mit der Volksrepublik (zu denen auch Abstecher zu Gesprächen in Südkorea und Japan gehören würden) oder vergleichbare Bemühungen um einen Friedensvertrag zwischen Israel und den Palästinensern. Da Clinton sich nicht in der Lage sah, in der ihm noch verbleibenden Zeit beides bewältigen zu können, kam er – nachdem ihm der Palästinenserführer Jassir Arafat persönlich Zugeständnisse signalisiert hatte – zu dem Schluss, dass die Erfolgsaussichten im Nahen Osten etwas besser waren. Auf einer meiner Geburtstagsfeiern in den letzten Jahren zog mich Clinton einmal zur Seite und sagte, angesichts dessen, dass Arafat sein Versprechen nicht gehalten hatte, würde er sich im Nachhinein wünschen, er wäre nach Nordkorea gereist.

Als ich im Januar 2001 meinen Schreibtisch im Außenministerium räumte, verfügte die Volksrepublik Korea weder über spaltbares Material noch über Langstreckenraketen oder Atomwaffen. Ich erwartete, dass Präsident Bush unseren Ansatz weiterführen würde, damit diese saubere Bilanz Bestand hätte. Doch weit gefehlt. Anstatt mit Nordkorea zu verhandeln, bekriegten sich die verschiedenen Lager in Bushs Team gegenseitig. Zuerst lehnten sie es rundweg ab, überhaupt mit Pjöngjang in einen Dialog zu treten, dann schickten sie Diplomaten nach Nordkorea, die nichts anderes sagen durften als »Entweder ihr rüstet ab oder …«. Und schließlich bezeichnete Präsident Bush 2002 in seiner Rede an die Nation die Volksrepublik als Teil der »Achse des Bösen«. Kim Jong-ils Reaktion folgte prompt: Er ließ die Waffeninspektoren aus dem Land weisen, aus 8000 abgebrannten Brennstäben Plutonium extrahieren, Atomsprengköpfe herstellen und am 7. Oktober 2006 seinen ersten Atomwaffentest durchführen.

Nachträglich lässt sich nur schwer sagen, ob wir uns in jener Phase um das Jahr 2000 tatsächlich eine Chance entgehen ließen, aber damals hatten wir guten Grund zur Hoffnung. Die Position der Vereinigten Staaten konnte besser kaum sein. Wir hatten einen populären Präsidenten, der in der internationalen Gemeinschaft über starken Rückhalt verfügte. Wenige Jahre zuvor hatte die Volksrepublik signalisiert, als Gegenleistung für Wirtschaftshilfe zu Zugeständnissen beim Atomwaffenprogramm bereit zu sein. Die südkoreanische Regierung, die Kim Jong-ils Persönlichkeit besser einzuschätzen vermochte als wir, gab uns zu verstehen, Nordkorea sei sehr daran gelegen, Clintons Reise zu einem Erfolg zu machen. Ob das stimmte, werden wir nie erfahren, doch wenn sich damals eine Tür geöffnet hätte, wäre sie spätestens 2003 wieder verschlossen worden, als Präsident Bush die Invasion des Irak anordnete. Für die Volksrepublik und seine Generäle enthielt der Sturz Saddam Husseins eine klare Botschaft: Es reicht nicht, den Besitz von Massenvernichtungswaffen nur vorzutäuschen. Will ein Staat sich wirklich absichern, muss er sie herstellen, besitzen und verstecken.

Wie ich meinen Studenten erkläre, hat die Außenpolitik einen grundlegenden Zweck: andere Länder dazu zu bewegen, das zu tun, was sie unserer Meinung nach tun sollen. Die hierzu geeigneten Instrumente reichen von einem höflichen Ersuchen bis hin zur Entsendung von Soldaten. Uns steht eine Vielzahl von Lockmitteln zur Verfügung, ob das nun lobende Worte, Container voll mit Saatgut oder ganze Schiffsladungen von Panzern sind. Auf Widerspenstige lässt sich Druck ausüben, etwa indem wir mithilfe von Verbündeten, Freunden und internationalen Organisationen unserem Anliegen stärkeres Gewicht verleihen. Haben wir zweifelsfrei das Recht auf unserer Seite, können wir mit wirtschaftlichen und sonstigen Sanktionen drohen oder sie selbst verhängen und schrittweise verschärfen, solange sich die betreffende Regierung weigert, das zu tun, wozu sie unserer Ansicht nach verpflichtet ist. Als Wink mit dem Zaunpfahl können wir in direkter Nachbarschaft des fraglichen Landes auf friedliche, aber unmissverständliche Weise unsere militärische Stärke demonstrieren. Und unter Umständen lassen sich mit verdeckten Operationen schlimme Geschehnisse abwenden, beispielsweise indem man die Flugbahn einer Rakete so manipuliert, dass sie keinen Schaden anrichtet. Kurz und gut: Wir können jederzeit den Nutzen einer Übereinkunft verdeutlichen – das Ende der Isolation, eine neue Phase des Wohlstands, eine Zukunft in Sicherheit und Frieden.

2015 nutzten die Obama-Administration, ihre europäischen Partner, Russland und China einige dieser Strategien, um den Iran zur Einstellung der bedrohlichsten Elemente seines gefährlichen Atomprogramms zu bewegen und dadurch die Welt sicherer zu machen. Dies hätte man nie erreicht, wäre die iranische Regierung nicht infolge der Wirtschaftssanktionen vom eigenen Volk bedrängt worden, die Lebensverhältnisse im Land zu verbessern.

Allerdings ist der Iran – traditionell eine Handelsnation – eine moderne Gesellschaft und liegt im Herzen Südwestasiens. Die Volksrepublik Korea hingegen ist Teil einer Halbinsel und hat zwei schwer befestigte Grenzen: im Süden nach Südkorea und im Norden nach China. Gegenüber Fremden war dieses Land noch nie aufgeschlossen, und sein Regime kümmert die Meinung des eigenen Volks so wenig wie die des Auslands.

Uns im Westen erscheinen die nordkoreanischen Regierungschefs oft irrational, doch dies liegt daran, dass sie mit ihren Entscheidungen Probleme bereiten, die unserer Meinung nach leicht hätten vermieden werden können. Die Verantwortlichen in Pjöngjang sehen die gleiche Welt vor sich wie wir, deuten sie aber anders. Ihnen geht es nicht um die Vermeidung von Unannehmlichkeiten, sondern ums Überleben. Jahrzehntelang haben sie ihren Bürgern eingehämmert, ihre Gesellschaft sei moralisch überlegen und ihr Land werde von Monstern bedroht. Angesichts dieser tief verwurzelten Ideologie muss bezweifelt werden, dass Nordkorea engeren Anschluss an die internationale Gemeinschaft sucht. Die Führungsriege der Volksrepublik hat noch nie großes Interesse daran gezeigt, sich Freunde zu machen. Um ihr brutales Regime zu rechtfertigen, braucht sie Feinde. Und sie muss den Anschein der Überlegenheit wahren oder zumindest ihren Status quo behaupten.

Das ist der Grund, weshalb Kim Il-sung seine Armee zu einer konventionellen Streitmacht mit enormem Abschreckungspotenzial ausbauen ließ – zu einer Armee, die schon in der ersten Stunde eines Krieges Zehntausende von Raketen und Artilleriegeschossen auf die Republik Korea abfeuern könnte. Die meisten würden Seoul zwar verfehlen, doch viele haben genügend Reichweite, um die südkoreanische Hauptstadt und weiter entfernte Ziele zu treffen. Seit 2016 erweitert die Volksrepublik ihr Atomwaffen- und Raketenprogramm in erstaunlichem Tempo, vermutlich unter Zuhilfenahme russischer Entwicklungen mit stärkeren Raketenantrieben und kleineren Sprengköpfen. Auch dieses Arsenal ist mit großer Wahrscheinlichkeit zur Abschreckung gedacht, dennoch stellt ein mit Interkontinentalraketen und einsatzfähigen Atomwaffen aufgerüstetes Nordkorea eine immense Bedrohung dar.

»Wenn wir in den Krieg ziehen müssen, werden wir vor einer vollständigen Zerstörung der Vereinigten Staaten nicht zurückschrecken«, hatte Mun Hyok-myong, ein 38-jähriger nordkoreanischer Lehrer im Gespräch mit einem Journalisten der *New York Times* erklärt.[2] Ob dieser Größenwahn von den nordkoreanischen Generälen und Kim Jong-un, dem Enkel des Republikgründers, geteilt wird, wissen wir nicht, doch jede ängstliche Reaktion unsererseits wird in Pjöngjang schon als Sieg gefeiert. Würde der jüngste Kim versuchen, ein Abkommen zu schließen, anstatt sich zu verweigern, würde er bei seinen Generälen vermutlich auf größeren Widerstand stoßen. Nordkorea ist kein guter Ort für Tauben.

Als sich Präsident Obama 2016 nach den Wahlen mit seinem Amtsnachfolger traf, erklärte er ihm, die Volksrepublik Korea sei das größte Sicherheitsproblem, mit dem er sich werde auseinandersetzen müssen. Trump schlug daraufhin einen Zickzackkurs ein. Sein erster Impuls war, auf Chinas Hilfe zu zählen, eine abgenutzte Strategie, da sich Nordkorea nicht unbedingt von Peking Anweisungen geben lässt und die Interessen Chinas und der Vereinigten Staaten keineswegs übereinstimmen. Erst erklärte Trump, er würde sich durch ein direktes Gespräch mit Kim Jong-un »geehrt« fühlen, dann jedoch verkündete er: »Gespräche sind keine Lösung.« Er beschimpfte sogar seinen eigenen Außenminister, dass dieser die Tür für Verhandlungen geöffnet hatte, und schien es für eine kluge Taktik zu halten, mit dem Führer der Volksrepublik ein Fernduell mittels gegenseitiger Beleidigungen zu führen. So bezeichnete er Kim Jong-un als »Raketenmann auf einer Selbstmordmission« und warnte ihn, er werde Nordkorea komplett auslöschen, sollten die Vereinigten Staaten angegriffen werden.[3] Direkte Verhandlungen zwischen dem Norden und dem Süden lehnte Trump ebenso heftig ab, wie er sie schon wärmstens begrüßt hatte. Auf seine Anweisung hin kam die Volksrepublik wieder auf die Liste der »Schurkenstaaten«, die den Terrorismus unterstützen – eine sinnlose Maßnahme. Zudem rief Trump sämtliche Staaten dazu auf, die Beziehungen zu Nordkorea abzubrechen, was viele nicht befolgen werden. Wenn meine Informationen stimmen, erwog er außerdem ernsthaft einen militärischen Erstschlag.

In der gegenwärtigen Situation können die Provokationen Nordkoreas, Trumps Reizbarkeit, ein technischer Fehler oder ein menschliches Missverständnis jederzeit einen Ausbruch von Gewalt zur Folge haben, obwohl die Menschen zu beiden Seiten des 38. Breitengrades damit einer riesigen Gefahr ausgesetzt wären. Schließlich kam es in der Vergangenheit schon mehrfach zur dramatischen Zuspitzung von Krisen, obwohl damals die Spannungen nicht so stark und die Politiker erfahrener waren. Eine nicht ganz so fatale, aber immer noch unbefriedigende Entwicklung wäre die zu einer anhaltenden Pattsituation, in der beide Parteien nacheinander schnappen, aber nicht wütend oder verängstigt genug sind, um als erste zuzubeißen.

Im Augenblick sollte sich die US-Politik auf den Raketenabwehrschirm, die Solidarität unserer Bündnispartner und internationale Wirtschaftssanktionen konzentrieren, auch wenn diese eine gemischte Erfolgsbilanz haben. Beispielsweise trugen sie zur Beendigung der Apartheid in Südafrika und zur Einstellung des Atomwaffenprogramms in Libyen sowie, dank des Abkommens von 2015, im Iran bei. Aufgrund seiner relativen Isolation würden auch Nordkorea solche Strafmaßnahmen schmerzlich treffen. Andererseits kann es Sanktionen standhalten, weil sich seine Bevölkerung daran gewöhnt hat, zu improvisieren und notfalls auf manches zu verzichten. Außerdem hat sich die nordkoreanische Regierung alternative Geldquellen erschlossen, darunter die Einnahmen aus Datendiebstahl via Internet und Schmuggel; hinzu kommt der große Anteil, den die im Ausland tätigen Nordkoreaner von ihren Arbeitseinkünften abzutreten haben. Die Volksrepublik ist arm, aber nicht so verzweifelt, dass Kim Jong-un das Atomwaffenprogramm aufgeben würde, das sein Vater und Großvater über drei Jahrzehnte hinweg lanciert haben.

Bleibt die Möglichkeit eines Umsturzes von innen, dessen Wahrscheinlichkeit sich nur schwer abschätzen lässt. Die digitale Revolution hat die Volksrepublik zwar erreicht, aber noch nicht durchdrungen. Sofern die Schilderungen von Flüchtlingen stimmen, glauben die Nordkoreaner nicht mehr unbedingt alles, was die Regierung ihnen weismachen will. So bezweifeln sie etwa, dass ihr verhätschelter junger Führer Kim Jong-un bereits mit drei Jahren den Umgang mit einem Gewehr und mit fünf Jahren reiten gelernt habe. Die offiziellen Arbeitsentgelte sind so niedrig, dass vielen Bürgern keine andere Wahl bleibt, als zu stehlen, was ihnen in die Finger gerät, womit sie zu einer stetigen Aushöhlung der Kultur des Gehorsams beitragen. Zynismus ist weitverbreitet, mündet jedoch eher in das Bestreben, aus dem Land zu fliehen – wozu reichlich Mut gehört –, als in die Planung einer oppositionellen Bewegung, was selbstmörderisch erschiene. Die Geschichte hielt schon immer größere Überraschungen bereit, deshalb lässt sich ein unerwarteter Zusammenbruch dieses Kartenhauses nicht ausschließen, doch wahrscheinlicher ist, dass sich Änderungen in Nordkorea auf langsamem Weg vollziehen.

Dennoch dürfen diplomatische Bemühungen nicht von vornherein als hoffnungslos ausgeschlossen werden; die Tür zu Verhandlungen sollte stets offen bleiben. Womöglich würde die Volksrepublik internationale Inspektoren akzeptieren und die Entwicklung ihres Raketen- und Atomwaffenprogramms einfrieren oder verlangsamen, wenn sie dafür etwas erhält, mit dem sich ihre Führer brüsten können – beispielsweise die Lockerung der Sanktionen oder eine Aussetzung oder Abwandlung der gemeinsamen Manöver von Südkorea und den Vereinigten Staaten. Auf längere Sicht könnten mittels einer geschickt eingesetzten Diplomatie ein offizielles Ende des Koreakriegs, eine Normalisierung der Beziehungen und letztlich – als Gegenleistung für glaubhafte Sicherheitsgarantien – eine atomare Abrüstung der Koreanischen Halbinsel erreicht werden. Gegenwärtig sind diese Ziele unrealistisch, doch die Umstände ändern sich ständig, und was heute unerreichbar scheint, kann schon morgen in greifbare Nähe rücken, wenn wir nur darauf vorbereitet sind. Das sollten wir sein, denn es gibt kaum lohnenswertere Ziele.

Die Situation auf der Koreanischen Halbinsel birgt eine beträchtliche Kriegsgefahr, aber auch ohne den Ausbruch von Gewalt müssen die Menschen in der Demokratischen Volksrepublik Korea für den ihnen auferlegten Faschismus einen unermesslichen Preis zahlen. Die Nordkoreaner werden in eine Gesellschaft geboren, in der es von der ideologischen Loyalität abhängt, wo und wie gut man leben kann, welchen Beruf man ergreifen darf und ob man zu den vierzig Prozent der Bevölkerung zählen wird, die chronisch unterernährt sind. Sowohl politische Dissidenten als auch gewöhnliche Kriminelle werden in große, abgelegene Straflager verbracht, wo sie damit rechnen müssen, gefoltert zu werden. Dort verrichten sie Zwangsarbeit, bis sie vor Entkräftung sterben oder schlichtweg verhungern. Wer einer Straftat beschuldigt wird, läuft Gefahr, ohne Prozess öffentlich hingerichtet zu werden und mit ihm seine gesamte Familie. Frauen und Mädchen, die von Staatsbediensteten, Gefängniswärtern oder Polizeibeamten vergewaltigt wurden, haben keinerlei Handhabe, die Täter vor Gericht zu bringen. Unterwürfiges Verhalten wird mit Sonderzuteilungen von Lebensmitteln belohnt; wer jedoch Anzeichen für unabhängiges Denken erkennen lässt, riskiert, dass man ihn mit Nahrungsentzug bestraft. Jegliche Religionsausübung ist verboten, der Besitz eines elektronischen Geräts mit der Möglichkeit des Empfangs internationaler Sender gilt als Verbrechen. Es herrscht lückenlose Überwachung, und die Propaganda aus den in Wohnhäusern und auf Dorfplätzen installierten Lautsprechern ist allgegenwärtig.

Besucher Nordkoreas berichten oft, dass die Menschen dort einen glücklichen Eindruck machen. Einige Jahre zuvor in Burma hatten Generäle der Militärjunta, die das Land mit eiserner Hand regierte, Ähnliches geäußert. »Sehen Sie sich um«, sagte man mir, »sie lächeln alle!« Manchmal lächeln Menschen auch, wenn sie Angst haben, hatte ich gedacht. Ich weiß nicht, was geschehen würde, käme es in der Volksrepublik Korea zu freien und geheimen Wahlen. Als die Burmesen schließlich wählen durften, errang die demokratische Opposition auf Anhieb fünfundachtzig Prozent der Parlamentssitze. Heute gibt es in Nordkorea schätzungsweise 100 000 politische Gefangene – mehr als in jedem anderen Land der Welt –, was nicht gerade als Zeichen der allgemeinen Zufriedenheit gedeutet werden kann.

Wir haben uns daran gewöhnt, Einschränkungen der bürgerlichen Freiheiten zu kritisieren, wo immer sie auftreten. Im Fall von Nordkorea aber muss man sich fragen, ob etwas eingeschränkt werden kann, was nie gewährt wurde. Die Demokratische Volksrepublik Korea ist eine säkulare Variante des IS, ein weiteres Beispiel für die tragischen Entwicklungen, zu denen es kommen kann, wenn die Macht zu lange in den Händen einiger weniger verbleibt.

15

Präsident der Vereinigten Staaten

Die Vereinigten Staaten waren schon vor ihrer Gründung für Millionen Menschen ein Quell der Hoffnung. Im Jahr 1776 konstatierte Benjamin Franklin in einem Brief aus Paris an den Kontinentalkongress:[1] »Ganz Europa steht zu uns. Die Tyrannei ist in der übrigen Welt so weit verbreitet, dass die Aussicht auf Asyl in Amerika alle Freiheitsliebenden gemeinhin mit Freude erfüllt, und unsere Sache wird als die Sache der ganzen Menschheit wertgeschätzt.«[2] Während des Bürgerkriegs und vor allem nach Lincolns Emanzipationsproklamation[3] überquerten Idealisten aus vielen Teilen Europas den Atlantik, um am Kampf gegen die Sklaverei teilzunehmen. Zur Unterstützung der Unionsarmeen formierte sich in New York eine nach dem italienischen General Giuseppe Garibaldi benannte internationale Brigade. Garibaldi selbst erklärte: »Bei der amerikanischen Frage geht es darum, ob die Freiheit der Welt am Leben erhalten bleibt.«[4] Viele Jahre später war aus ganz anderer Warte eine weniger freundliche Einschätzung zu vernehmen: »Der Beginn einer großartigen, auf dem Prinzip der Sklaverei gegründeten neuen Gesellschaftsordnung wurde durch diesen Krieg zerstört«, lamentierte Adolf Hitler, »und damit auch die Keimzelle eines wahrhaft großen Amerikas.«[5]

In Hitlers Wahnvorstellung teilten die USA seine rassistische Haltung so umfassend, dass sie sich schließlich auf die Seite des »Dritten Reichs« schlagen würden. Als Antwort auf die Kritik des Auslands an den deutschen Rassegesetzen verwiesen die journalistischen Sprachrohre der Nazis regelmäßig auf die gegen asiatische Einwanderer gerichteten Immigrationsquoten und auf die Diskriminierung der Afroamerikaner in den Vereinigten Staaten. Sogar das deutsche »Streben nach Lebensraum« habe sein Vorbild in der amerikanischen Besiedlung des Westens, in deren Verlauf, wie Hitler anmerkte, US-Soldaten und Siedler »Millionen Rothäute … erschossen«.[6]

Doch die Gründungsakte der USA – formuliert in Thomas Jeffersons Prosa – war stets wirkmächtig genug, um die inneren Widersprüche der USA zu überwinden. Die Amerikaner haben nie aufgehört, aus ihren Fehlern zu lernen, was teilweise auch daran liegt, dass jede Generation ein Ideal der Gleichheit hochhält, an dem sie sich selbst misst. Deshalb unterschätzte Hitler die Vereinigten Staaten, und für seinen Irrtum zahlte er einen hohen Preis.

Im Frühjahr 1944 in unserem englischen Exil erlebten meine Familie und ich zum ersten Mal US-Soldaten aus unmittelbarer Nähe. Wenn die GIs dienstfrei hatten, schlenderten sie lässig umher, stets mit Kindern wie mir im Schlepptau, die sie anbettelten: »Hey du, hast du mal 'nen Kaugummi für mich, Kumpel?« Wochenlang konnte man den Soldaten in ihren olivgrünen Uniformen dabei zusehen, wie sie in ihren tarnfarbenen Jeeps, Lastwagen und den sonderbar aussehenden Amphibienfahrzeugen, genannt Ducks, durch die Gegend fuhren. Sie bereiteten sich auf den Fronteinsatz vor. In den frühen Morgenstunden des 6. Juni 1944 begann mit der Operation Overlord die Invasion in der Normandie. An einem erbittert umkämpften neun Kilometer breiten Abschnitt der französischen Küste richteten die alliierten Verbände fünf Brückenköpfe ein. Bei kaltem Nordwestwind überquerten 160 000 Mann in mehr als 6000 Schiffen und Booten den Ärmelkanal. Es war die größte Flotte aller Zeiten. Mehr als 11 000 alliierte Kriegsflugzeuge schwächten die feindlichen Stellungen und wehrten Gegenangriffe der deutschen Luftwaffe ab.

In solchen Zeiten der Bewährung wird ein Land sich seiner wahren Ziele bewusst und gewinnt in den Augen der Welt eine unverwechselbare Identität. Dann werden auch die Erwartungen an seine Führungsrolle geschmiedet. Von »Gebt mir Freiheit oder gebt mir den Tod!« bis zu »Mister Gorbatschow, reißen Sie diese Mauer nieder!« zählte man stets darauf, dass die Vereinigten Staaten »die Sprache gleicher Freiheit, gleicher Gerechtigkeit und gleicher Rechte« sprechen, wenn auch »oft zu achtlosen und oft zu verachtenswerten Ohren«, wie John Quincy Adams einst sagte.[7]

Dies ist die große Tradition – und zugleich die schwere Bürde –, die jeder US-Präsident beim Ablegen des Amtseids auf sich nimmt. An seinem Umgang mit diesem Erbe lässt sich sein Charakter, seine Redlichkeit und die Ernsthaftigkeit seines Bestrebens ermessen.

Donald Trump zitiert gern das Gedicht über die dumme Frau mit weichem Herz, die an einem Wintertag beim Spazierengehen eine halb erfrorene Schlange findet. Freundlich, wie sie ist, nimmt sie das Reptil zu sich nach Hause, legt es neben den Ofen, füttert es mit Milch und Honig und verhilft ihm so zurück ins Leben. Erfreut, dass es der Schlange wieder gut geht, hebt sie sie hoch und wird von ihr in die Brust gebissen. Im Sterben fragt sie, warum ihr Schützling so undankbar ist, worauf die Schlange erwidert: »Sei still, dumme Frau, als du mich hereingeholt hast, wusstest du doch, dass ich eine Schlange bin.« Wenn daraufhin Gelächter und Beifall ertönt, fragt der Präsident sein Publikum: »Habt ihr es verstanden, Leute? Habt ihr das verstanden?« Um dann hinzuzufügen: »Wir bauen die Mauer, Leute. Macht euch keine Sorgen deswegen. Geht schlafen. Geht heim und schlaft.«[8]

Vor Jahrzehnten meinte George Orwell, wolle man einen Faschisten mit einem Wort beschreiben, eigne sich dafür am besten der Begriff »Schlagetot«, und am Tag der Invasion in der Normandie betete Franklin D. Roosevelt zum Allmächtigen um »einen Frieden, der vor den Machenschaften ehrloser Menschen gefeit ist«.[9] Im Unterschied dazu beginnen die Augen von Präsident Trump zu leuchten, wenn Diktatoren ihre Opponenten niedermachen, rechtliche Hindernisse beiseitefegen, Kritik ignorieren und alles tun, was nötig ist, um ihren Willen durchzusetzen.

Seit Juni 2016 ist Rodrigo Duterte Regierungschef der Philippinen.

Seine traurige Berühmtheit verdankt er der Tatsache, dass er Polizei und Bürgermilizen dazu anhält, mutmaßliche Drogenhändler kurzerhand umzubringen. Diese Politik der Lynchjustiz rechtfertigt er mit der Behauptung, mit aller Härte gegen das Verbrechen vorgehen zu müssen; aber dies trifft vor allem den ohnehin schon benachteiligten Teil der philippinischen Bevölkerung. Medienberichten zufolge wurden bereits mehr als 10 000 Philippiner während Dutertes Amtszeit von der Polizei ermordet. Wir wissen ebenso wenig wie Duterte selbst, wie viele dieser Toten bewaffnet waren, wie viele sich des Drogenhandels schuldig gemacht hatten und wie viele versehentlich oder überhaupt grundlos erschossen wurden. Aber wir wissen sehr wohl, dass Duterte seine Mordkommandos auf den Straßen der Armen operieren lässt, während diejenigen, die am meisten vom Drogenhandel profitieren, in gut bewachten Wohnanlagen residieren. Wir wissen auch, dass sich die Polizei dafür bestechen lässt, Namen von ihren Abschusslisten zu streichen, dass sich manche Familien der Opfer aufgrund ihrer Armut nur dank Almosen einen Sarg leisten können und dass Duterte dieses traurige Thema nutzt, um billige Lacher zu ernten, wenn er seinen Zuhörern empfiehlt, in Bestattungsunternehmen zu investieren, denn er werde schon für den nötigen Nachschub an Leichen sorgen.[10] Gegenüber Polizeibeamten erklärte Duterte, wenn sie wegen Missbrauchs ihrer Amtsgewalt vor Gericht gestellt würden, sollten sie sich einfach für schuldig bekennen, dann könne er sie begnadigen und anschließend befördern. Zu Beginn seiner Präsidentschaft rief Donald Trump Duterte an, um ihm zu seinem »unglaublichen Job« zu gratulieren.[11]

Im Jahr 2013 kam General Abd al-Fattah as-Sisi durch einen Militärputsch in Ägypten an die Macht. Als Präsident drehte er die Uhr auf die Zeit vor dem Arabischen Frühling zurück und richtete genau die Art eines politisch dumpfen Regimes ein, von dem sich die Demonstranten auf dem Tahrir-Platz zwei Jahre zuvor befreit zu haben glaubten. Heute zensiert eine ägyptische Regierung erneut die öffentliche Diskussion, geht gewaltsam gegen Protestierende vor, schikaniert Journalisten, verbietet die politische Opposition und füllt die Gefängnisse mit Zehntausenden politisch oder religiös Andersdenkenden. Es gibt keine sicherere Methode, um künftige Terroristen heranzuzüchten. In Donald Trumps Sicht ist as-Sisi »fantastisch«.[12]

Das Königtum Bahrain diskriminiert systematisch die schiitische Bevölkerungsmehrheit, entzieht Dissidenten die Staatsbürgerschaft, gängelt die Zivilgesellschaft und unterdrückt jede ernsthafte politische Opposition. Die Vereinigten Staaten und Bahrain teilen wichtige strategische Interessen, aber ihr Verhältnis war in der Vergangenheit aufgrund von Differenzen in der Menschenrechtsfrage belastet. 2017 versicherte Präsident Trump dem bahrainischen Monarchen, es werde »keinen Stress mit dieser [d. h. seiner] Regierung« geben.[13]

Im April des gleichen Jahres gewann Präsident Erdoğan mit knapper Mehrheit eine Volksabstimmung über die Ergänzung der türkischen Verfassung, was ihm noch mehr Macht einräumt und ermöglicht, länger im Amt zu bleiben, potenziell bis 2029. Die meisten demokratischen Staatschefs fanden den Ausgang des Referendums bedauerlich. Trumps Reaktion war, zum Telefonhörer zu greifen und Erdoğan zu seinem Sieg zu gratulieren.

Die Bewunderung des gegenwärtigen US-Präsidenten für Autokraten ist so tief in ihm verwurzelt, dass er sie auch jenen zollt, die noch weit weniger Respekt verdienen als die bisher hier Genannten. Für Trump war Saddam Hussein »ein böser Kerl, ein wirklich böser Kerl. Aber wisst ihr, was er gut gemacht hat? Er hat Terroristen getötet. Er hat das sehr gut gemacht. Man hat ihnen nicht erst ihre Rechte vorgelesen. Man hat nicht lange mit ihnen gefackelt. Sie waren Terroristen, und das war's.«[14] Über Kim Jong-un sagte er: »Man muss ihm schon Anerkennung zollen. Wie viele junge Kerle – er war so an die sechsundzwanzig oder fünfundzwanzig, als sein Vater starb – übernehmen denn schon solche knallharten Generäle, und plötzlich … ist er der Chef. Das ist unglaublich. Er hat seinen Onkel kaltgestellt. Er hat erst den einen aus dem Weg geräumt, dann den anderen. Da sieht man mal, dieser Kerl macht keine Spielchen.«[15] Und schließlich über Wladimir Putin: »ein Mann, derart hochgeachtet in seinem Land und darüber hinaus«.[16]

Es ist nicht ungewöhnlich, dass sich ein Staatschef über einen anderen positiv äußert. Ein Löffelchen Zucker kann bei Verhandlungen mit ausländischen Diplomaten ebenso hilfreich sein wie in dem verwandten Metier der Kinderpsychologie. Also kann man Trump nicht dafür tadeln, dass er versucht, mit seinen Amtskollegen freundliche Beziehungen herzustellen; genau genommen ist das ein entscheidender Bestandteil seines Jobs. Doch zwei Aspekte seiner Herangehensweise sind beunruhigend. Zum einen pflichtet er oft Maßnahmen von Staatschefs bei, die demokratische Institutionen schwächen. Zum Zweiten hält er es möglicherweise zwar für unhöflich, Länder wie China oder Russland für ihre Menschenrechtsverstöße zu kritisieren, scheut sich aber nicht, mit unserem Verbündeten Australien einen Streit über dessen Einwanderungspolitik vom Zaun zu brechen, sich mit britischen Politikern wegen seiner antimuslimischen Tweets anzulegen und die Handelspolitik geschätzter Wirtschaftspartner wie Mexiko, Kanada, das »üble, sehr üble« Deutschland[17] und – zum schlechtest möglichen Zeitpunkt – das von Atomwaffen bedrohte Südkorea zu schmähen.

Wenn Botschafterin Nikki Haley seltsamerweise behauptet, ihr Boss »ohrfeigt die richtigen Leute [und] herzt die richtigen Leute«,[18] stellt sie die Wahrheit regelrecht auf den Kopf.

Trumps Bild der Vereinigten Staaten ist düster. Zu seinen leierkastenartig wiederholten Behauptungen gehört, die amerikanischen Gerichte seien voreingenommen, beim FBI herrsche Korruption, die Presse lüge notorisch und die Wahlen würden manipuliert. Mit solchen Verleumdungen demoralisiert und spaltet er das Land. Die Amerikaner haben noch nie erlebt, dass sich ein Präsident so unentwegt mit Verachtung über die Institutionen der Vereinigten Staaten auslässt. Aber Trump findet sein Publikum weltweit. Anstatt andere dazu aufzurufen, das Beispiel der USA zu respektieren und sich an ihm zu orientieren, bewirkt er genau das Gegenteil. Diese Umkehr hat schlimme Folgen, vor allem in Ländern, in denen die Exekutive keiner starken Kontrolle unterliegt. Dort riskieren investigative Journalisten, unabhängige Juristen und alle, die nach der Wahrheit suchen, mitunter Leib und Leben. Die Gefahr, in der sie schweben, verschärft sich noch, wenn sich der Bewohner des Weißen Hauses über die Glaubwürdigkeit ihrer Metiers mokiert. Das heißt nicht, dass Journalisten und Richter nicht kritisiert werden dürfen, aber Trumps Unterstellungen sind so leichtfertig und pauschal, dass sie benutzt werden können – und tatsächlich benutzt werden –, um ganze Berufszweige zu diskreditieren, die für die Demokratie von eminenter Bedeutung sind.

In seinem ersten Monat als Präsident schloss Trump einige hervorragende Journalisten von seiner Pressekonferenz aus. Fast unmittelbar danach drohte die Regierung Kambodschas, eine Gruppe amerikanischer Journalisten des Landes zu verweisen. Regierungssprecher in Phnom Penh erklärten, sie hätten die »klare Botschaft« von Trump erhalten, dass »die Berichterstattung dieser Medienunternehmen nicht der Wahrheit entspricht«, und fügten hinzu: »Die Meinungsfreiheit … hat die Staatsmacht zu respektieren.«[19]

Die kambodschanische Regierung war die erste vieler weiterer – darunter die Regime in Ungarn, Libyen, Polen, Russland, Somalia und Thailand –, die behaupteten, negative Berichte über sie seien falsch; die einzige Begründung hierfür: weil man der Presse nicht trauen könne. So stand in der *Volkszeitung*, dem Organ der Kommunistischen Partei Chinas, zu lesen: »Wenn der Präsident der Vereinigten Staaten erklärt, die Medien seines Landes seien ein Schandfleck, dann sollten negative Berichte über China mit Vorsicht aufgenommen werden, da die Wahrscheinlichkeit hoch ist, dass eine einseitige Haltung und politische Absichten das reale Bild verzerren.«[20] Erst eine freie und unabhängige Presse, die politische Leitfiguren zur Verantwortung ziehen kann, ermöglicht eine transparente Regierung – sie ist der Herzschlag der Demokratie. Trump legt es darauf an, diesen Herzschlag zu verlangsamen oder zum Verstummen zu bringen. Für dieses Geschenk an Diktatoren sollte sich der Präsident der Vereinigten Staaten schämen.

In Washington und andernorts hat sich der Präsident mehrmals mit Staatschefs getroffen, denen die bürgerlichen und politischen Rechte ihrer Bevölkerung herzlich egal sind. Anstatt sie zu Reformen zu drängen, meidet er dieses Thema. Wenn sich Trumps Regierung tatsächlich einmal zur Verteidigung von Menschenrechten aufschwingt, dann in Form von Kritik an den am leichtesten zu missbilligenden Ländern wie Kuba, Venezuela und Iran.

Während seines Wahlkampfs wurde der Kandidat Trump zu seiner Wertschätzung des Rechtsstaatsprinzips befragt. Seine Antwort:»Wenn die Welt sieht, wie schlimm es um die Vereinigten Staaten steht, und wir dann hingehen und über bürgerliche Freiheiten reden, glaube ich nicht, dass wir damit sehr gut ankommen.«[21] Es ist befremdlich, dass jemand wie dieser Präsident, der sich stets für den Allerbesten hält, blind zu sein scheint gegenüber dem, was das Wichtigste an Amerika ist – und der so ungern für die Prinzipien eintritt, mit denen die Vereinigten Staaten enger verbunden sind als jedes andere Land.

Als Botschafterin bei den Vereinten Nationen und als Außenministerin habe ich mich bei meinen Treffen mit buchstäblich Hunderten Vertretern anderer Nationen zum Beispiel für die Freilassung eines politischen Gefangenen und eines inhaftierten Journalisten sowie für die freie Religionsausübung und für freie allgemeine Wahlen eingesetzt. Es waren in der Regel keine angenehmen Gespräche, auch wenn mich meine Gastgeber mit Tee und Gebäck bewirteten und ich mich artig dafür bedankte. Dann aber trug ich meine Beschwerden vor. Vor allem die Chinesen pochten darauf, dass solche Angelegenheiten allein sie und niemand sonst etwas angingen.

Üblicherweise ist das nicht die Art von Diskussion, bei der eine der beiden Seiten nachgibt, was aber nicht bedeutet, dass ein Geben und Nehmen wertlos sei. Die Thematisierung von Menschenrechten kann zumindest Menschenrechtsverletzer in die Defensive drängen und sie zwingen, sich mit den Rechercheergebnissen der Medien auseinanderzusetzen. Auch kann sie Leben retten. Jimmy Carter und Ronald Reagan waren zwei sehr unterschiedliche Präsidenten, aber der Übergang zwischen den beiden Anfang 1981 war von einem historischen Beispiel für Zusammenarbeit geprägt. Überzeugt, der streng antikommunistisch eingestellte Reagan werde keine Einwände erheben, machte sich die südkoreanische Diktatur daran, den bekanntesten liberalen Dissidenten des Landes, Kim Dae-jung, zu exekutieren. Auf Carters Ersuchen hin sandte Reagan seinen obersten nationalen Sicherheitsberater nach Seoul mit der Botschaft, er habe sehr wohl Einwände, und zwar erhebliche. So wurde Kim Dae-jungs Leben gerettet, und 18 Jahre später hatte ich das Vergnügen einer Begegnung mit ihm, im Anschluss an seine Wahl zum Präsidenten Südkoreas.

Hinsichtlich der Haltung der USA bei der Verteidigung der Menschenrechte verweise ich darauf, dass es nicht um eine »Haltung« geht. Die Frage lautet vielmehr: Wer hat die *Verantwortung*, die Menschenrechte hochzuhalten? Die Antwort: wir alle. Wäre ein Land allein schon deshalb als Verteidiger der Menschenrechte disqualifiziert, weil es in dieser Hinsicht selbst keine makellose Bilanz vorzuweisen hat, könnten Regierungen ihre Bürger terrorisieren, foltern und ermorden, ohne im Mindesten Kritik oder Sanktionen befürchten zu müssen. Eine solche Welt wäre weit weniger stabil und von viel mehr Leid erfüllt als unsere gegenwärtige. Warum sollten wir so etwas wollen? Sollten die Vereinigten Staaten in einem Glashaus sitzen, müssen wir es eben reparieren; aber es gibt im Konflikt zwischen Demokratie und Diktatur keine Entschuldigung für ein Verhalten nach dem Motto »nichts Böses hören, nichts Böses sehen«. Vorgeworfen zu bekommen, man messe mit zweierlei Maß, ist immer noch besser, als – angesichts unserer Tatenlosigkeit – dafür verurteilt zu werden, dass man überhaupt keinen Maßstab besitzt.

Jahrzehntelang hat unser Land den größten Diebstahl an Arbeitsplätzen in der Weltgeschichte erlebt. Ihr hier wisst das besser als andere in Pennsylvania. Unsere Fabriken wurden dichtgemacht, unsere Stahlwerke geschlossen, und unsere Jobs wurden geraubt und weit weg in andere Länder verfrachtet, deren Namen ihr zum Teil noch nie gehört habt. Politiker haben Truppen losgeschickt, um die Grenzen fremder Nationen zu schützen, aber Amerikas Grenzen weit offen gelassen für alle, die die Gesetze brechen wollen.

Wir haben Abermilliarden Dollar in ein globales Projekt nach dem anderen gesteckt, aber als Verbrecherbanden in unser Land hereingeströmt sind, konnten wir nicht einmal unserem eigenen Volk Sicherheit garantieren.

Unsere Regierung konnte gar nicht schnell genug internationalen Abkommen beitreten, bei denen die Vereinigten Staaten die Kosten zahlen und die Lasten tragen, während andere Länder die Vorteile genießen und nichts zahlen.[22]

Auslassungen, wie die hier zitierte, vorgetragen vor einem vernehmbar zustimmenden Publikum in Harrisburg, Pennsylvania, im April 2017, sind typisch für Trumps Rhetorik. Wieder ein düsteres Bild. Der Präsident macht seinen Zuhörern weis, die Vereinigten Staaten seien »viele, viele Jahre lang von Leuten respektlos behandelt, verspottet und über den Tisch gezogen worden, die schlauer, geschäftstüchtiger und durchsetzungsfähiger waren«.[23] Er will, dass sich seine Landsleute als Opfer von Verhandlern sehen, die ohne Gegenleistung Ausländern Zuwendungen gegeben und leichtgläubig eklatant unfaire Handels- und Klimaabkommen unterschrieben haben. Mit Pfeifen und Klatschen wird dieser düstere Befund von den vielen Amerikanern begeistert aufgenommen, die sich zurückgesetzt fühlen, ob das nun aus wirtschaftlicher Not, aus der Unzufriedenheit über soziale und kulturelle Veränderungen oder der Überzeugung herrührt, dass die meisten Staatsbediensteten inkompetent, korrupt oder beides sind.

Trump äußert solche Ansichten schon seit Jahrzehnten. Man kann also kaum bezweifeln, dass es ihm damit ernst ist, aber seine Methode ist die eines Demagogen. Seine Zustandsbeschreibungen basieren auf idiotischen Behauptungen, vorgetragen im Brustton der Überzeugung, und sie sind darauf angelegt, Unsicherheit und Ressentiments zu schüren. Ein Redner mit einer eher die tatsächlichen Fakten berücksichtigenden Sichtweise hätte vielleicht erwähnt, dass die Arbeitslosenquote in Pennsylvania vor einigen Jahren noch bei acht Prozent lag und inzwischen auf unter fünf Prozent gesunken ist und dass mehr als 200 000 Jobs in dem Bundesstaat von Exporten abhängig sind, die hauptsächlich nach Kanada, Mexiko und China gehen. Zwischen 2009 und 2016 blieb im ganzen Land die Inflation auf einem niedrigen Stand; die Arbeitslosenquote sank um mehr als die Hälfte, und die Zahl der Beschäftigten stieg um zwölf Millionen. Trump erbte eine Wirtschaft, die – unter den Ländern, die größer sind als die Schweiz – zu den weltweit wettbewerbsfähigsten gehört: Verbesserungen sind immer möglich, aber das Bild, das der Präsident malt, wonach die USA von Verhandlung zu Verhandlung immerzu verloren haben, ist schlicht und einfach falsch. Offensichtlich will er die Wut nicht dämpfen, sondern anheizen.

Die Architekten der trumpschen Außenpolitik beschreiben ihr Konstrukt mit zwei Begriffen: »prinzipienfester Realismus« und »Amerika an die erste Stelle setzen«. Prinzipienfester Realismus ist eine inhaltsleere Floskel, »America First« hingegen eine mit Vergangenheit. Das 1940 gegründete America First Committee (AFC) war ein Sammelbecken für Pazifisten, Isolationisten und Nazi-Sympathisanten, die den Eintritt der USA in den Zweiten Weltkrieg verhindern wollten. Das AFC opponierte gegen den Selective Service[24] und das von Roosevelt initiierte Leih- und Pachtgesetz, das ermöglichte, die Briten bei ihrem Kampf gegen das nationalsozialistische Deutschland mit Lebensmitteln und Waffen zu versorgen. Bereits ein Jahr nach seiner Gründung zählte das AFC 800 000 Mitglieder und erhielt Unterstützung aus dem gesamten politischen Spektrum – von Unternehmensbossen ebenso wie von Sozialisten. Zur Popularität des Komitees trug hauptsächlich der berühmte Flieger Charles Lindbergh bei, nach dessen Ansicht der jüdische Einfluss das Land in einen Krieg führen konnte, an dem teilzunehmen es keinen Grund gebe.

Vier Tage nach dem japanischen Angriff auf Pearl Harbor erklärte Hitler den Vereinigten Staaten den Krieg. Das AFC löste sich bald danach auf, und in den Jahrzehnten seither trug sein Name das Stigma der Naivität und moralischen Verblendung. Jetzt ist »America First« wieder auf dem Tapet – aber was bedeutet das?

Der Präsident sagt, »jede Entscheidung zum Handel, zur Besteuerung, zur Einwanderung, zur Außenpolitik wird zum Wohl der amerikanischen Arbeiter und amerikanischen Familien gemacht«.[25] Vor den Vereinten Nationen erklärte er: »Ich werde Amerika immer an die erste Stelle setzen, so wie Sie, die Führer Ihrer Länder, immer Ihre Länder an die erste Stelle setzen und es auch tun sollten.«[26] Dieser Leitfaden – wonach zu erwarten sei, dass jede Nation ihre Interessen verfolgt – ist wohl kaum eine Offenbarung. Wer würde denn etwas anderes vermuten? Worüber bei diesem Gemeinplatz hinweggesehen wird, ist der Anteil, den alle Länder am Schicksal der anderen haben. Lindbergh war bereit, ein von den Nazis dominiertes Europa hinzunehmen, weil ihm dies angesichts der Risiken und Kosten eines Krieges als bessere Alternative erschien. Was, wenn seine Ansicht sich durchgesetzt hätte und das »Dritte Reich« immer noch bestünde? Hätte dies wirklich den Interessen Amerikas gedient?

Trumps oberste Berater preisen ihn für seinen »scharfsichtigen Blick, dass die Welt keine ›globale Gemeinschaft‹ ist, sondern eine Arena, in der Nationen, nicht staatliche Akteure und die Wirtschaft engagiert um Vorteile konkurrieren«.[27] Diese Formulierung verstört, auch wenn man einräumen muss, dass die Welt nicht gerade der Sesamstraße ähnelt. Dennoch ist sie ein Ort, an dem die Menschen sämtlicher Länder gedeihlich miteinander auskommen müssen. Die Summe unserer Existenz auf einen Konkurrenzkampf zwischen mehr als 200 Nationen um Vorteile zu reduzieren ist deshalb nicht scharf-, sondern kurzsichtig. Völker und Nationen konkurrieren miteinander – wohl wahr, aber das ist nicht das Ende vom Lied. Man stelle sich eine Kleinstadt in Amerika oder ein Dorf in Afrika oder eine Metropole in Asien vor, wo kein Gemeinschaftsgeist herrscht, wo es keine geteilte Verantwortung gibt, keine Fürsorge für andere, sondern nur einen täglichen verbissenen Kampf um den »Gewinn« auf Kosten der Nachbarn. Wessen Interessen stünden da an erster Stelle?

Global gesehen gibt es in der Wirtschaft, in Sicherheitsfragen, in der Technologie, im Umweltschutz und im Gesundheitsbereich kaum ein Problem, mit dem ein Land alleine besser zurechtkommt als durch Zusammenarbeit mit anderen. Es ist die Aufgabe der Diplomaten, eine solche Kooperation zu fördern. Trumps Sicht auf das Leben als eine darwinistische Wildnis des gegenseitigen Gefressenwerdens entspricht nicht der kompliziert ineinander verflochtenen Welt, in der wir oft unsere Kräfte bündeln müssen, wenn wir das Beste aus unserem Schicksal machen wollen.

Verantwortungsvolle Regierungen wissen das, aber verantwortungsvolle Regierungen sind auch nicht diejenigen, die den größten Schaden anrichten. »Unser Land an die erste Stelle setzen« zur goldenen Regel der internationalen Beziehungen auszurufen ist eine universelle Rechtfertigung für Tyrannen, nach Lust und Laune zu agieren. Lautet Pjöngjangs Begründung für den Bau von Atomraketen etwa nicht, dass es Nordkoreas Interessen an die erste Stelle setzt? Mit der Annexion der Krim hat Putin Russlands Interessen über das Völkerrecht gestellt. Warum, wenn nicht zu seinem eigenen Nutzen, mischt sich der Iran in die Angelegenheiten seiner Nachbarn ein? Jahrhundertelang verübten die imperialistischen Mächte zur Verherrlichung ihrer Länder und Monarchen physische und wirtschaftliche Verbrechen an den Bevölkerungen ihrer Kolonien. Hitler schickte seine Truppen in die Tschechoslowakei, um dem deutschen Vaterland einen Vorteil im Konkurrenz-kampf der Völker zu verschaffen. Dem Faschismus liegt die Vorstellung zugrunde, die Nationen seien ermächtigt, zu tun, was sie für nötig halten, und zwar aus keinem anderen Grund als dem, dass sie es für nötig halten. Es gibt bessere goldene Regeln.

Dass Trumps Sichtweise so trübselig ist, liegt auch daran, dass sie keinen Anreiz für Freundschaft bietet. Wenn jede Nation nur im Sinn hat, alle anderen zu übertrumpfen, kann es kein Vertrauen geben, keine besonders engen Beziehungen, keinen Lohn für Hilfsbereitschaft und keine Strafe für Zynismus – weil Zynismus das Einzige ist, was wir versprechen und was alle erwarten. Diese Haltung erklärt die merk-würdige Sicht des Präsidenten auf die NATO als ein Schutzsystem, für das den USA Milliarden Dollar »zustehen«, da sie angeblich ihre Streitkräfte für die Sicherheit anderer zur Verfügung stellen. In meiner Wahrnehmung war die NATO niemals ein Geschäftsmodell, sondern etwas viel Wertvolleres. Diese Allianz ist ein einzigartiges politisches und militärisches Bündnis, das seit mehr als sieben Jahrzehnten Europa und den Vereinigten Staaten ermöglicht, sich gemeinsam gegen Gefahren zu wappnen. Sie ist ein Eckstein des Weltfriedens und ein lebendiges Zeugnis unseres kollektiven Willens; das ist nicht mit Geld zu beziffern.

Das Seminar, das ich an der Georgetown University leite, beschäftigt sich mit den Instrumenten der Außenpolitik und wie man sie anwen-det. Danach zu urteilen, was ich über den jetzigen Präsidenten weiß, hätte er große Schwierigkeiten, das Seminar zu bestehen. Er sieht sich selbst als Meister des Gepolters und Bluffs, was durchaus eine wir-kungsvolle Taktik sein kann, wenn man sie sparsam anwendet. Wäh-rend des Kalten Kriegs versuchte Henry Kissinger, den Sowjets Zuge-ständnisse abzuringen, indem er andeutete, Nixon wäre leicht verrückt und man könne nicht vorhersagen, wozu er imstande wäre, bekäme er nicht seinen Willen. Im Hinblick auf Trumps unbeherrschten Ha-bitus hätte eine ähnliche Strategie zweifellos den Vorteil, glaubwürdig zu erscheinen. Zuweilen wirkt Trump tatsächlich wie geistig umnachtet. Aber Unberechenbarkeit ist ein Wesenszug und keine Strategie. Die Frage lautet, ob die Beleidigungen und wüsten Drohungen, mit denen der Präsident so gern um sich wirft, Elemente eines Plans sind, darauf ausgerichtet, Fortschritte bei bestimmten Sicherheitsfragen zu erzielen.

Wenn dem so ist, erhebt sich die weitere Frage, wie gut dieser Plan funktioniert. Versuchen namhafte Staatschefs, Trump zu beschwichtigen, indem sie den USA bei ihren Vorhaben entgegenkommen, oder ignorieren sie ihn und handeln Kontrakte ohne ihn aus? Versucht der Präsident, sie zu überzeugen, ihm zu folgen, oder lässt er sich die Agenda anderer aufschwatzen, zum Beispiel von Saudi-Arabien dessen Konzept für den Nahen Osten? Wie schneidet Trump im Vergleich mit seinen Amtskollegen ab, wenn es um die Kunst geht, die Folgen heutigen Handelns für die Welt von morgen einzuschätzen, für die Erfahrung, ein solides Urteilsvermögen und Voraussicht unerlässlich sind?

Wie auf den meisten Gebieten trägt auch in der Außenpolitik die jeweilige Herangehensweise dazu bei, wie das Ergebnis ausfällt. Deshalb halte ich es nicht für ausgeschlossen, dass die dreiste Missachtung diplomatischer Gepflogenheiten, die der Präsident an den Tag legt, in gewissen Fällen genau das ist, was benötigt wird, um manche Leute auf neue Gedanken zu bringen. Niemand, der wie ich einmal eine Vertrauensposition bekleidet hat, kann auf seine Amtszeit zurückblicken, ohne zu bedauern, dass so viele Probleme ungelöst geblieben sind. Vielleicht bringt Trump tatsächlich, wie er behauptet, bessere Handelsabkommen, einen Friedensschluss zwischen den arabischen Staaten und Israel, die Beendigung des nordkoreanischen Atomprogramms und die Eindämmung des gewalttätigen Extremismus zustande. Hoffen wir es.

Manche meinen, es fehle Trump an Intelligenz. Diesem Urteil schließe ich mich nicht an. Aber mir bereitet seine mangelnde Beständigkeit und die offenkundige Wankelmütigkeit seines Ego Sorge. So dürftig seine öffentliche Erfolgsbilanz bisher auch ist, verkündet er unablässig, wie erfolgreich er sei. Gegenüber der *New York Times* erklärte Trump: »Da fliege ich also nach Polen und halte eine Rede. Meine Feinde in den Medien, also meine Feinde sagen, es war die großartigste Rede, die je ein Präsident im Ausland gehalten hat.«[28] Dem Sender Fox News vertraute er hinsichtlich der hohen Zahl unbesetzter hochrangiger Stellen im Außenministerium an: »Ich bin eh der Einzige, der zählt.«[29] Das Magazin *Time* ließ er wissen: »Ich bin ein sehr instinktgeleiteter Mensch, aber mein Instinkt erweist sich als richtig.«[30] Und via Twitter verkündete er der ganzen Welt, er sei »ein sehr stabiles Genie«.[31]

Genie oder nicht, es ist oft schmerzhaft, diese Präsidentschaft zu beobachten. Ich finde es schockierend, wenn ich jenseits des Atlantiks höre, dass Amerika als eine Bedrohung der demokratischen Institutionen und Werte angesehen wird. Einen Monat nach Trumps Amtseinführung zählte der Generalsekretär des Europarats die vier Gefahren für die EU auf: Russland, den Terrorismus, China und die Vereinigten Staaten. Nach einem Besuch Trumps sagte eine entnervte Angela Merkel: »Die Zeiten, in denen wir uns völlig auf andere verlassen konnten, die sind ein Stück vorbei.«[32] Seit dem Frühjahr 2017 zeigen Umfragen einen deutlichen Rückgang in der Wertschätzung der USA. In Deutschland sank die Überzeugung, man könne darauf vertrauen, dass der amerikanische Präsident das Richtige tue, von 86 Prozent unter seinen Amtsvorgängern auf 11 Prozent unter Trump. In Frankreich kam es zu einem Rückgang von 84 auf 14 Prozent, in Japan von 74 auf 24 Prozent, in Südkorea von 84 auf 17 Prozent.

Es stimmt, Trump hat im Amt dazugelernt. Manchmal zeigte sich, dass ihm die Tragweite seiner Verantwortung tatsächlich bewusst ist. Er verdient Lob, dass er die gegen Russland verhängten Sanktionen aufgrund der Krim-Annexion weiter bestehen ließ, der bedrängten Ukraine Waffen lieferte und wirksame militärische Maßnahmen gegen den IS anordnete. Im Dezember 2017 ließ er ein Gesetz verabschieden, den Global Magnitsky Act, das Strafen für Personen und Körperschaften vorsieht, die sich der Korruption und Menschenrechtsverletzungen schuldig gemacht haben. Viele Positionen auch zu anderen wichtigen Themen blieben stillschweigend unangetastet. Zu oft jedoch versucht Trump, Wahlversprechen einzulösen, die er besser nicht gemacht hätte. Auf dieser langen Liste steht unter anderem, das Pariser Klimaabkommen aufzukündigen, das Nordamerikanische Freihandelsabkommen ebenso wie das Atomabkommen mit Iran zur Disposition zu stellen, erhebliche Mittel für den Bau einer Mauer zu Mexiko zu verschwenden, die Zuwanderung von Muslimen zu verbieten und das Budget für Diplomatie, Entwicklung und Umweltschutz zu kürzen. Diese und andere Maßnahmen haben weithin Zweifel geweckt, ob die USA noch bereit sind, bei der Lösung globaler Probleme mitzuwirken, geschweige denn dabei eine Führungsrolle zu übernehmen. Wenn Größe das Ziel ist, befinden wir uns auf dem falschen Weg.

Oft werde ich gefragt, ob ich optimistisch oder pessimistisch bin. Meine Antwort: »Ich bin eine Optimistin, die sich viele Sorgen macht.« Nach wie vor glaube ich, dass die Vereinigten Staaten in der Zeit zwischen George Washington und Barack Obama genügend internationales Ansehen erworben haben, um sich von der gegenwärtigen peinlichen Lage zu erholen – aber ich bin mir nicht sicher, wie umfangreich oder dauerhaft der Schaden sein wird, deshalb meine Sorgen.

Der potenzielle Schaden könnte mehrfacher Natur sein. Allein Trumps Wahl hat in internationalen Kreisen Zweifel an der Urteilsfähigkeit der amerikanischen Bevölkerung und an der Verlässlichkeit des demokratischen Systems aufkommen lassen, was vertretbare Wahlergebnisse angeht. Das ist für Freiheitsaktivisten weltweit ein herber Schlag, hingegen eine gute Nachricht für Autokraten und andere Führer, die mit den Vereinigten Staaten über Kreuz liegen.

Die angeberische Gleichgültigkeit unseres Staatsoberhaupts, wie seine Worte ankommen, versetzt die Welt zuweilen in Erstaunen, darunter langjährige Verbündete in Europa und Asien. Unsere gemeinsamen Interessen sind jedoch tief verankert; deshalb erwarte ich, dass unsere Bündnispartner weiterhin, wenn möglich, mit Amerika zusammenarbeiten. Viele von ihnen befürchten jedoch – wie ich selbst auch –, dass die unilaterale Geisteshaltung, die Trump verficht, in den Vereinigten Staaten auch dann noch weiterwirkt, wenn dieser Mann eines Tages nicht mehr die Amtsgeschäfte führt.

Die Neigung des Präsidenten, andere Länder abzukanzeln, hat die USA enorm viel Ansehen gekostet und gleichzeitig die Wahlchancen jener ausländischen Politiker deutlich erhöht, die gegenüber Washington und der amerikanischen Politik eine feindselige Haltung einnehmen. Trumps Ressentiment gegen Muslime ist sogar noch verhängnisvoller, denn es bestätigt die von Terroristenführern aufgestellte Behauptung, die USA führten Krieg gegen den Islam und wollten sämtliche Muslime unterdrücken. Zu Beginn seiner Amtszeit besuchte der Präsident die Arabische Halbinsel, brandmarkte den Iran, verkaufte dem saudi-arabischen Regime Waffen und bezeichnete das Ganze dann als einen historischen Sieg im Kampf gegen den gewaltbereiten Extremismus. Es war alles andere als das. Ende 2017 erkannte Trump Jerusalem als Hauptstadt Israels an und erklärte, diese Entscheidung würde die Aussicht auf einen Frieden zwischen Israel und den Palästinensern stärken. Ich wünschte, es wäre so; aber wahrscheinlicher ist, dass damit die Glaubwürdigkeit von US-Diplomaten als ehrliche Makler in der Region komplett verspielt wurde.

Auch Trumps vorgestrige Ideen zum Handel haben einen hohen Preis. Der Präsident ist besessen davon, das Ungleichgewicht zwischen Exporten und Importen zu korrigieren, das jedoch kaum Auswirkung auf den Wohlstand insgesamt oder auf die Schaffung gut bezahlter Arbeitsplätze hat. Anstatt sich auf die Aktualisierung von Handelsabkommen, die Verbesserung von Arbeits- und Umweltstandards sowie die Umsetzung bereits verabschiedeter Regeln zu konzentrieren, wirft der Präsident mit Beleidigungen und Ultimaten um sich. Sein Ausstieg aus der von der Vorgängerregierung in die Wege geleiteten Transpazifischen Partnerschaft hat das Ansehen der USA in der dynamischsten Weltregion just in dem Moment beschädigt, da der chinesische Präsident Xi Jinping zum mächtigsten Führer seines Landes seit den Kaisern der Qing-Dynastie im 18. Jahrhundert aufsteigt. Bisher hatten die USA im asiatisch-pazifischen Raum versucht, ein Gegengewicht zur Omnipräsenz Chinas herzustellen, aber Trumps willkürliche Herangehensweise an internationale Beziehungen wirft dunkle Schatten auf das Bild der USA. Schon seit Längerem erweitert Peking systematisch seinen wirtschaftlichen Einfluss im pazifischen Raum ebenso wie in Zentral- und Südasien, Europa, im Nahen Osten, in Nordafrika und Lateinamerika – also eigentlich überall. Dank Trumps Fixiertheit auf »America First« kann China sich als Verfechter des Freihandels gerieren, obwohl es wesentlich höhere Zölle fordert sowie rigorosere Marktbeschränkungen und höhere Barrieren für ausländische Investitionen unterhält als die Vereinigten Staaten. Da sich der Einfluss in dem einen Bereich oft auf andere Bereiche ausweitet, befürchte ich, der nächste US-Präsident wird erleben, dass die Welt Peking nicht nur in wirtschaftlichen Fragen zu folgen bereit ist, sondern auch bei der Absenkung von Normen in Schlüsselbereichen wie den Arbeitsstandards, der Meinungs- und Religionsfreiheit und den Menschenrechten.

Man darf nicht vergessen, dass heute ergriffene Maßnahmen weitgehend von den Erwartungen an die Zukunft bestimmt sind. Falls sich ein Land von den USA im Stich gelassen fühlt oder an ihrer Führungsrolle zweifelt, könnte es sich veranlasst sehen, energischer – und womöglich in unkluger Weise – auf eigene Faust zu handeln. Bestenfalls sieht es eventuell keine andere Wahl, als in eine Art außenpolitische Versicherung zu investieren, indem es seine Bindungen zu anderen Staaten verstärkt und die USA dabei unberücksichtigt lässt. Zudem besteht das Risiko, dass unbesonnene Worte und vorschnelle Drohungen abrupt Spannungen hervorrufen, bei einer Seite Panik auslösen und alle Beteiligten an den Rand eines Krieges führen. Dabei gibt es gewiss schon genügend Konfliktherde – man denke nur an den Nahen Osten und die Koreanische Halbinsel –, die besorgniserregend sind. Während des Kalten Kriegs hatten wir Hotlines eingerichtet, damit der US-Präsident etwaige Missverständnisse durch ein direktes Gespräch mit seinem Gegenüber ausräumen konnte. Ich bin mir nicht sicher, wie sehr wir heute noch auf eine solche Möglichkeit zählen könnten.

Noch mehr befürchte ich eine Rückkehr zu einem internationalen Klima wie in den Zwanziger- und Dreißigerjahren, als sich die Vereinigten Staaten von der internationalen Bühne zurückzogen und überall die Länder das verfolgten, was sie als ihre eigenen Interessen betrachteten, ohne Rücksicht auf größere oder dauerhaftere Ziele. Vom italienischen Schriftsteller und Holocaust-Überlebenden Primo Levi stammt der Satz, jedes Zeitalter habe seinen eigenen Faschismus. Erreicht werden könne der kritische Punkt nicht erst, so Levi, wenn der Terror polizeilicher Einschüchterung um sich greift, sondern bereits, wenn »Informationen unterdrückt oder verzerrt werden, die Rechtsnormen nichts mehr gelten, das Bildungssystem versagt und auf tausenderlei Weise unterschwellig die falsche Sehnsucht nach einer Welt geweckt wird, in der Ordnung herrschte«.[33] Sollte Primo Levi recht haben – was ich glaube –, besteht angesichts der steigenden Zahl politischer und gesellschaftlicher Strömungen, die uns heute bedrängen, Grund zur Sorge – Strömungen, angetrieben von der dunklen Seite der technologischen Revolution, den destruktiven Wirkungen der Macht, dem mangelnden Respekt des US-Präsidenten vor der Wahrheit und der wachsenden Akzeptanz gegenüber menschenverachtenden Beleidigungen sowie islamophoben und antisemitischen Äußerungen, die in der öffentlichen Debatte immer öfter als legitime Meinungsbekundungen hingenommen werden. Wir sind noch nicht an dem von Primo Levi angesprochenen kritischen Punkt, aber all diese Zeichen fühlen sich an, als seien wir auf dem Weg zurück in eine Zeit, als der Faschismus reichen Nährboden fand und menschliche Tragödien millionenfach an der Tagesordnung waren.

16

Schlimme Träume

Das im Milieu des Chicagoer Gemüsehandels angesiedelte Theaterstück *Der aufhaltsame Aufstieg des Arturo Ui* ist eine Parabel, die verdeutlicht, wie der Faschismus in jeder beliebigen Gemeinschaft an die Macht gelangen kann. In dem Stück von Bertolt Brecht erpresst ein ehrgeiziger Gangster, angestachelt von skrupellosen Helfern, einen Politiker, damit dieser ihm in eine Machtposition verhilft. Dort angelangt, reichen einige Vertrauensbrüche, ein paar chirurgisch vollführte Gewalttaten, ein wenig schauspielerische Übung im öffentlichen Auftreten und etliche Drohungen, und schon sind sämtliche Rivalen aus dem Weg geräumt. Bevor der letzte Vorhang fällt, hat der Gangster die Öffentlichkeit erfolgreich manipuliert, die Presse zum Schweigen gebracht, die Gerichte eingeschüchtert und allen Widerstand ausgeschaltet, wenngleich er eingestehen muss, dass ihm nur »grimme Verachtung« entgegenschlägt.

Das 1941 entstandene Stück parodiert Hitlers Aufstieg und zeigt, dass sich der Faschismus neben anderen menschlichen Schwächen Kleinmut und Gier in hinterhältiger und raubtierhafter Manier zunutze macht. Brecht hebt noch einen weiteren Punkt hervor: Damit der Faschismus von der Straße bis in die hohen Staatsämter vordringen kann, benötigt er Rückendeckung aus vielerlei Teilen der Gesellschaft. Diese Erkenntnis ist auch heute noch bedeutsam hinsichtlich der zunehmenden Tendenz der Medien, den Faschismus als logischen Auswuchs des Populismus darzustellen und beide Phänomene einer unzufriedenen unteren Mittelschicht zuzuschreiben, als wären antidemokratische Haltungen ausschließlich in einer einzigen Gesellschaftsschicht beheimatet. Das ist nicht der Fall, und ein Populist ist nicht per se vorurteilsbeladen oder intolerant. Das englische Wörterbuch Merriam-Webster definiert einen Populisten als jemanden, der »an die Rechte, die Klugheit oder Tugenden der einfachen Leute glaubt«. Vor die Wahl gestellt, mich innerhalb oder außerhalb dieses weit gefassten Kreises von Populisten verorten zu müssen, würde ich mich ihm hinzurechnen.

In den Vereinigten Staaten tauchte der Begriff »Populismus« erstmals im Zusammenhang mit der 1890 gegründeten American People's Party auf. Diese Bewegung gewann landesweit Anhänger nicht nur unter der Arbeiterschaft, sondern auch bei Farmern, die über die Eisenbahngesellschaften erbost waren, weil sie zu hohe Gebühren für den Transport von Feldfrüchten verlangten. Der Präsidentschaftskandidat der Partei, James B. Weaver, versprach, die Reichen höher zu besteuern, Telefon- und Telegrafengesellschaften zu verstaatlichen und den »hochnäsigen Millionären, die die Reichtümer der neuen Welt an sich reißen«, Grenzen zu setzen.[1] Bei den Wahlen 1892 errang Weaver in fünf Bundesstaaten die Mehrheit.

Vier Jahrzehnte später, in den Dreißigerjahren, piesackte Huey Long, Senator aus Louisiana, aus der linken Warte Franklin D. Roosevelt. Unter dem Motto »Jeder Mensch ein König«[2] erhob Long den Anspruch, für die Familien zu sprechen, denen ihr gerechter Anteil am amerikanischen Traum verwehrt werde. Sein energischer Aufruf zur Einführung von Einkommensgarantien, Begrenzung von Eigentum und Versorgung alter Menschen mit Renten führte zur Gründung von mehr als 27 000 »Share Our Wealth«-Vereinen. Vor dem Hintergrund der Weltwirtschaftskrise hätte Long gute Chancen auf den Einzug ins Weiße Haus gehabt, wäre er nicht von einem seiner zahlreichen politischen Gegner 1935 ermordet worden.[3]

Ende der Sechzigerjahre machte der aus Alabama stammende George Wallace, Vertreter der gegen die Washingtoner Eliten opponierenden Rechten, mit gezielten Sticheleien gegen Reiche, Sozialhilfebetrüger, Hippies, Bürgerrechtler und »oberschlaue College-Professoren, die nicht einmal ein Fahrrad richtig parken können«,[4] von sich reden. Wie Long wurde Wallace oft als Faschist beschimpft, worauf er, der gegen Ende des Zweiten Weltkriegs als Unteroffizier im Army Air Corps gedient hatte, erwiderte: »Ich habe schon Faschisten gekillt, als ihr Scheißer noch in den Windeln stecktet.«[5] Im Jahr 1972 wurde er bei einem Wahlkampfauftritt in Maryland niedergeschossen; sein restliches Leben verbrachte er in einem Rollstuhl. Er entschuldigte sich schließlich für seine rassistischen Ausfälle in der Vergangenheit und wurde als Gouverneur wiedergewählt.

20 Jahre später attackierte der texanische Ölmilliardär Ross Perot das gesamte politische Establishment aus der Position eines sich volkstümlich gebenden, libertären und pfennigfuchserischen Nationalisten, der die Nase gründlich voll hatte. Als er 1992 bei den Präsidentschaftswahlen gegen Bill Clinton und George Bush senior antrat, erhielt er 19 Prozent der Stimmen. In seinem Programm forderte Perot ein Ende der Korruption, des Haushaltsdefizits und des »riesigen Sauggeräuschs«,[6] das er bei der Verlagerung von US-Unternehmen und Arbeitsplätzen nach Mexiko wahrzunehmen meinte. Beiden Parteien im US-Kongress warf er vor, ihre aufgeblähten Regierungen betrieben »in Washington eine Propagandamaschine, um die … Goebbels uns beneidet hätte.«[7]

Diese Beispiele von Populisten kratzen aber kaum an der Oberfläche des Phänomens.

Seit den frühesten Tagen der amerikanischen Republik bekräftigten Kandidaten für öffentliche Ämter immer wieder ihren tief verwurzelten Glauben an die »Rechte, Klugheit und Tugenden« der einfachen Leute. Warum? Weil die einfachen Leute die Mehrheit bilden, und die Mehrheit auf seiner Seite zu haben eine ziemlich gute Strategie für den Gewinn von Wahlen ist. Kein Wunder auch, dass bei den Rennen um das Präsidentenamt in den Vereinigten Staaten die Kandidaten sich gern volkstümelnde Spitznamen zulegen, von »Old Hickory« Jackson, »Young Hickory« James Polk und »Old Rough and Ready« Zachary Taylor bis hin zu »the Rail Splitter« Abraham Lincoln, »Unconditional«

Grant, »Boatman Jim« Garfield, »the Great Commoner« William Jennings Bryan, »Fighting Bob« La Follette, »Give 'Em Hell« Harry S. Truman und »the Gipper« Ronald Reagan. Absolventen von Elitehochschulen wie Barack Obama, George W. Bush und die beiden Roosevelts schlugen außerdem wann immer möglich populistische Saiten an, und selbst Richard Nixon behauptete, im Namen einer vernachlässigten Wählerschaft, der »schweigenden Mehrheit«, zu sprechen.

Historisch gesehen war demnach der Populismus schon immer ein weitverbreitetes Phänomen, doch heute scheinen viele Menschen entschlossen, ihn in Bausch und Bogen zu verdammen. Der Jahresbericht 2017 von Human Rights Watch trägt den Titel *The Dangerous Rise of Populism* (»Der gefährliche Aufstieg des Populismus«), als sei Populismus an sich schon eine Gefahr für die bürgerlichen Freiheiten. Die Medien verweisen oft auf Wladimir Putin als einen Bannerträger des weltweiten Populismus, obwohl sein innerer Zirkel mehrheitlich aus ehemaligen KGB-Agenten besteht und ihn nichts mehr ärgert als ein Demonstrant mit Megafon. Donald Trump wird regelmäßig als Populist bezeichnet, trotz seines Country-Club-Lebensstils, eines Kabinetts der Milliardäre und seiner Vorliebe, Ausländer als Personal in seinen Hotels zu beschäftigen und sie Kleider nähen zu lassen, auf denen sein Firmenlogo prangt. In Europa werden rechtsgerichtete Bewegungen aufgrund ihrer illiberalen Tendenzen als populistisch klassifiziert, obwohl nach diesem Maßstab Militärdiktaturen die populistischsten Staaten auf Erden wären.

Man bedenke, dass zwar Straßenproteste zurecht als Zeichen für Populismus verstanden werden, aber sich solche Demonstrationen meist gegen korrupte Regierungen richten, wie wir es zum Beispiel in Südkorea, Brasilien, Rumänien, Peru und Guatemala erlebt haben. An der Bloßstellung von Halunken ist nichts Illiberales. Auch der Widerstand gegen Zuwanderung wird oft als Merkmal des Populismus genannt, dabei weist die »Dreamer«-Bewegung[8] in den Vereinigten Staaten traditionelle Kennzeichen des Populismus auf: eine auf Gemeinschaftsebene unternommene Anstrengung, Stimmen Gehör zu verschaffen, die bislang nicht beachtet wurden. Auch ethnische Voreingenommenheit wird regelmäßig mit Populismus in Verbindung gebracht und in manchen Fällen durchaus zurecht; aber es war Reverend Martin Luther King, der mehr Amerikaner mit untergehakten Armen und Transparenten, auf denen ein Wandel gefordert wurde, auf die Straße brachte als irgendwer sonst. Im heutigen Europa stoßen oft rechte und linke Demonstranten aufeinander – wer von ihnen spricht für die einfachen Leute?

Es ergibt keinen Sinn: wenn in der entscheidenden Debatte um die Zukunft der Demokratie die Populisten die Bösen sind, wie manche meinen. Wer sind dann die Guten? Die Eliten? Das glaube ich nicht. Tatsächlich stellen die Eliten eine weitaus größere Gefahr für die Freiheit dar als die Populisten, aber keiner der beiden Begriffe ist präzise, und beide wurden so gründlich missbraucht, dass sie inzwischen so gut wie inhaltslos sind. Die Themen, die uns hier beschäftigen, müssen wir exakter umgrenzen.

Es gibt zwei Arten von Faschisten: jene, die Befehle erteilen, und jene, die sie ausführen. Seine Basis in der Bevölkerung verschafft dem Faschismus die Beine, die er zum Marschieren braucht, die Lunge zum Herausschreien seiner Propaganda und die Muskeln zum Drohen – aber das ist gleichsam der Faschismus vom Hals abwärts. Um aus den Ängsten und Hoffnungen von Durchschnittsbürgern eine Tyrannei zu erschaffen, sind Geld, Ehrgeiz und verquere Ideen nötig. Erst diese Mischung ist tödlich. Ohne ihre wohlhabenden Unterstützer hätten wir vom Unteroffizier Mussolini oder vom Gefreiten Hitler nie etwas gehört. Hätten sie nicht den Drang verspürt, die Macht zu erobern – koste es, was es wolle –, hätte keiner der beiden derart großen Schaden anrichten können.

Die meisten politischen Bewegungen von nennenswerter Größe sind in dem einen oder anderen Maße populistisch, aber das macht sie nicht schon faschistisch oder auch nur intolerant. Ob sie die Zuwanderung begrenzen oder ausweiten wollen, den Islam kritisieren oder verteidigen, für den Frieden eintreten oder zum Krieg aufrufen – alle sind demokratisch, sofern sie ihr Ziel mit demokratischen Mitteln verfolgen. Was eine Bewegung faschistisch macht, ist nicht die Ideologie, sondern die Bereitschaft, alles zu tun, was nötig ist – einschließlich Gewaltanwendung und der Missachtung der Rechte anderer –, um sich durchzusetzen und Gehorsam zu verschaffen.

Man sollte auch nicht vergessen, dass der erste Auftritt des Faschismus auf der Bühne der Öffentlichkeit meist recht unspektakulär ausfällt. Üblicherweise nimmt er mit einer scheinbar unbedeutenden Gestalt seinen Anfang – Mussolini an einer Straßenecke, Hitler in einem überfüllten Bierkeller –, die erst dann stärker Beachtung findet, wenn sich dramatische Dinge ereignen. Die nächste Phase beginnt, wenn sich bestimmte Handlungsmöglichkeiten eröffnen und nur die Faschisten entsprechend darauf vorbereitet sind. Dann erwachsen aus kleinen Aggressionen, sofern sie nicht auf Widerstand stoßen, größere, dann wird das vormals Anstößige hinnehmbar, dann werden oppositionelle Stimmen unterdrückt.

Hat eine Regierung erst einmal ein Presseorgan zum Schweigen gebracht, wird sie schnell feststellen, dass dies beim zweiten Mal schon viel einfacher ist. Ein Parlament, das eine politische Partei verbietet, schafft einen Präzedenzfall, mit dem sich auch die nächste Partei verbieten lässt. Eine Mehrheit, die eine Minderheit ihrer Rechte beraubt, macht an diesem Punkt noch längst nicht halt. Sicherheitskräfte, die Demonstranten misshandeln und damit ungestraft durchkommen, zögern nicht, es wieder zu tun; und wenn Repression einem Diktator im Land A die Macht sichert, werden die Herrschenden im Land B denselben Kurs einschlagen. Es dauerte nicht lange, bis Mussolinis Rezept Punkt für Punkt kopiert und das Huhn Feder um Feder gerupft war.

Man beachte die Ausführungen eines gebildeten, politisch aber wenig interessierten Deutschen, über den Aufstieg des »Dritten Reichs«:

Inmitten dieser Entwicklung zu leben heißt, sie überhaupt nicht wahr-
nehmen zu können – bitte versuchen Sie, mir zu glauben … Jeder ein-
zelne Schritt war so klein, so unbedeutend oder wurde so gut erklärt
oder gelegentlich auch »bedauert« … wenn man all das nicht von An-
fang an abgelehnt hat, wenn man nicht erkannt hat, wohin … diese
vielen »kleinen Maßnahmen«, gegen die kein »vaterlandsliebender
Deutscher« etwas haben konnte, einmal führen mussten, konnte man
diese allmähliche Entwicklung so wenig sehen, wie ein Bauer das Ge-
treide auf seinem Acker wachsen sieht …

Und eines Tages dann, aber zu spät, stürmen deine Prinzipien, so-
fern sie dir je bewusst waren, plötzlich auf dich ein. Dann wird die
Last der Selbsttäuschung zu schwer, und ein winziger Auslöser, in mei-
nem Fall mein kleiner Junge, damals fast noch ein Säugling, der »Ju-
denschwein« sagt, bringt alles mit einem Schlag zum Einsturz, und du
siehst, dass alles, alles sich verändert hat, komplett verändert, direkt
vor deinen Augen.[9]

Wenn sich der Faschismus eher Schritt für Schritt etabliert als mit einem einzigen großen Sprung, kann er dann in den Vereinigten Staaten sehr weit kommen, bevor man ihn in die Schranken weist? Sind
die USA immun gegen diese Krankheit oder dafür anfällig?

Bevor wir uns dieser Frage zuwenden, möchte ich, dass Sie sich
Uncle Sam in seinem langen weißen Nachthemd vorstellen, wie er sich
im Bett herumwälzt, weil ihn drei sehr schlimme Träume plagen.

Im ersten Traum verschwören sich reaktionäre Milliardäre, die Medien unter ihre Kontrolle zu bringen und mit ihrem vielen Geld den
Wahlkampf ihrer bevorzugten Kandidaten zu finanzieren, die, sobald
sie im Amt sind, für die Ernennung willfähriger Richter sorgen. Dann
werden entsprechende Gesetze erlassen – zum Ausschluss muslimischer
Zuwanderer, zur Kriminalisierung von Schwangerschaftsabbrüchen,
zur Einschränkung des Wahlrechts, zur Verlagerung der Finanzmittel
für die öffentliche Bildung an die Privatschulen und zur Genehmigung

von Ölbohrungen, egal wo. Der Präsiden erhält umfassende Befugnis, Sendelizenzen zu erteilen oder zu widerrufen, in Guantánamo künftig auch inländische Verdächtige zu internieren und jedwede Ermittlungen gegen seine Person zu unterbinden. Von der Wiege bis zur Bahre verbringt eine stetig steigende Zahl von Bürgern ihr Leben in einer konservativen Blase, in der sie nichts anderes zu sehen bekommen als Fox News, den Breitbart-Katechismus auswendig lernen und nur erfahren, was stechschritterprobte rechte Einpeitscher sie wissen lassen. Wenn schließlich katastrophale Überschwemmungen, hervorgerufen vom fortgeschrittenen Klimawandel, unsere Städte heimsuchen, bilden sich zum Schutz des Privateigentums schwer bewaffnete Milizen, die sich auf die Zusage des Präsidenten verlassen können, im Falle der »Selbstverteidigung« strafrechtlich nicht verfolgt zu werden.

Albtraum Nummer zwei: Reiche Liberale aus Hollywood und New York investieren Geld in ihre bevorzugten Kandidaten, die nach ihrer Wahl rigorose Standards der politischen Korrektheit in den wichtigsten Institutionen der Gesellschaft durchsetzen – in der Regierung, bei der Polizei, in den Medien, dem Sport, dem Theater, den Universitäten und Kindergärten. Jeder, der gegen diese vagen und ungeschriebenen Normen verstößt oder dieses Vergehens bezichtigt wird, wird als Fanatiker gebrandmarkt und verliert seine Stellung. Rechtsgerichtete Redner sind von öffentlichen Versammlungen ausgeschlossen, weil sie die Gefühle der Baseballschläger schwingenden Antifaschisten verletzen könnten. Genderspezifische Toiletten werden als diskriminierend verboten, und Terroristen strömen über die Grenzen in unser Land, weil ihre Abwehr ethnisches Profiling voraussetzen würde. Der zweite Verfassungszusatz[10] ist aufgehoben, fossile Brennstoffe sind verboten, und eine wachsende Zahl von Bürgern verbringt ihr Leben in einer sozialistischen Blase und erfährt nur das, was faschistische Liberale sie wissen lassen.

Albtraum Nummer drei: Die USA werden von zahlreichen Terrorangriffen erschüttert, die Tausende Opfer fordern. Zu den Angriffen bekennen sich einheimische muslimische Radikale. Ein erschütterter Präsident bittet die Bevölkerung, seiner Regierung zu vertrauen und das Gesetz nicht selbst in die Hand zu nehmen. Obwohl man im Weißen Haus weiß, dass harte Maßnahmen erforderlich wären, weigert sich die Regierung, Muslime massenhaft festzunehmen oder Moscheen zu schließen. Nach weiteren Terroranschlägen taucht im Fernsehen – und auf Twitter – ein charismatischer junger Redner auf und wirft den beiden großen Parteien im Kongress Feigheit vor. Er ruft zu einer Revolution auf; sie soll das Land von den Lügen befreien, die es lähmen und untergraben. Er verspricht, den Terroristen mit gleicher Münze heimzuzahlen, was sie unschuldigen Frauen, Männern und Kindern mit ihren abscheulichen Verbrechen angetan haben. Er verspricht eine Feuertaufe, die ein großes Erwachen bewirken werde, die Wiedergeburt des Amerika, wie es einst war – unabhängig, stolz, tapfer, rein und von Gott gesegnet. Seine Zuhörer ersucht er, sich mit Körper und Geist auf die künftigen Kämpfe vorzubereiten – nicht nur gegen die Terroristen, sondern auch gegen deren Sympathisanten und Unterstützer. Er warnt die Bevölkerung, ihre Feinde würden sich bereits für den Angriff rüsten, deshalb bestehe die einzige Chance darin, als Erste zuzuschlagen. »Wir dürfen nicht zögern«, ruft er. »Sie werden sagen, wir sind Barbaren, und sie haben recht. Wir *wollen* Barbaren sein. Es ist ein Ehrentitel. Verschließen wir unsere Herzen und holen uns unser Amerika zurück!«

Meinen Doktoranden an der Georgetown University habe ich diese Frage gestellt: »Kann eine faschistische Bewegung in den Vereinigten Staaten in nennenswertem Maße Fuß fassen?« Sofort antwortete ein junger Mann: »Ja, das ist möglich. Warum? Weil wir uns so sicher sind, dass es nicht möglich ist.« Er meinte also, die Amerikaner hätten so großes Vertrauen in die Widerstandskraft unserer demokratischen Institutionen, dass wir die schrittweise Erosion, die seit Langem stattfindet, nicht wahrnehmen. Anstatt dagegen vorzugehen, machen wir unbekümmert weiter wie bisher und erwarten nur das Beste, bis wir eines Morgens aufwachen, den Vorhang öffnen und uns in einem gleichsam faschistischen Staat wiederfinden.

Der besagte Student erklärte, seiner Ansicht nach wüssten weder die Führer der Demokraten noch die der Republikaner, wie man mit Trump umgehen soll. Sie hätten immer noch nicht verstanden, wie Trump nominiert und gewählt werden konnte, obwohl er jeden strategischen Rat hochrangiger Experten in den Wind geschlagen und genügend abstoßende Dinge getan oder gesagt hatte, die jeden anderen Kandidaten schon vorher ein Dutzend Mal aus dem Rennen geworfen hätten. Die Parteiführer verstünden nicht, warum Trumps politische Basis trotz der trübseligen Bilanz seines ersten Amtsjahres kämpferisch und standhaft geblieben ist – und was Politiker nicht verstehen, können sie auch nicht reparieren.

Die Beliebtheitswerte des Präsidenten sind in der Tat mittelmäßig, aber immer noch höher als jene der Kongressführer, die gezwungen waren, mit ihm die Klingen zu kreuzen. Diese Parlamentarier verheddern sich nach wie vor in dem Parteiengezänk, das Trump überhaupt erst die Türen geöffnet hat. Die Republikaner erscheinen als feige, weil sich nur wenige unter ihnen trauten, Einspruch zu erheben, als Leute ihre Partei vereinnahmten, die sie verachten; die Demokraten hingegen scheinen nicht zu merken, dass ihnen Ähnliches widerfahren könnte. Die lebendige Mitte aber, die in der Vergangenheit das Land trotz einer Fülle strittiger Fragen vor der Spaltung bewahrt hat, ist zu einem einsamen Ort geworden – historisch gesehen ein Omen, dass mit noch mehr extremen Problemen zu rechnen ist.

Was das Land braucht, ist ein offen und ehrlich abgelegtes Bekenntnis der Führungsriege beider Parteien, gemeinsam die sozialen und wirtschaftlichen Probleme anpacken zu wollen, begleitet von einem entsprechenden Aktionsplan. Doch stattdessen schirmen die Republikaner ihre rechte Flanke ab und die Demokraten ihre linke und reißen dadurch eine klaffende Lücke an der einzigen Stelle im ideologischen Spektrum, an der dauerhafte Übereinkünfte getroffen werden könnten. In einigen Jahren werden wir vielleicht auf Trump wie auf eine singuläre Absonderlichkeit zurückschauen, die uns eine unvergessliche Lektion über die Launen der Demokratie erteilt hat. Oder vielleicht werden wir ihn als einen Spalter in Erinnerung behalten, der einen politischen Schaden hinterließ, für dessen Behebung man Jahrzehnte benötigen wird – Jahrzehnte, in denen jeder Präsident scheitert, weil nur mehr Kandidaten zum Zuge kommen, die das Blaue vom Himmel versprechen. Viel hängt davon ab, welche Lehren die Politiker aus den jetzigen Erfahrungen ziehen – ob es besser ist, den Trumpismus zurückzuweisen oder ihn zu kopieren.

Allein das ist schon ein Grund zur Sorge. Aber es gibt noch weitere. Die Geschichte hat uns gezeigt, dass Faschisten durch Wahlen in hohe Ämter gelangen können. Dort angekommen, versuchen sie als Erstes, die Autorität konkurrierender Machtzentren zu untergraben, einschließlich der des Parlaments beziehungsweise, in den USA, des Kongresses. Wie ein anderer meiner Studenten anmerkte, befinden sich die Vereinigten Staaten seit 2001 im Kriegszustand, basierend auf einer sechzig Wörter umfassenden Bevollmächtigung durch den Kongress, Gewalt anzuwenden gegen jeden, der die Terrorangriffe des 11. September »plante, in Auftrag gab, durchführte oder dabei Hilfestellung leistete«. Diese schlicht formulierte Verfügung hat seither die Präsidenten Bush, Obama und Trump ermächtigt, Antiterroroperationen nicht nur in Afghanistan und Pakistan anzuordnen, sondern auch in Äthiopien, Dschibuti, Eritrea, Georgien, dem Irak, dem Jemen, Kamerun, Kenia, Libyen, Niger, den Philippinen, Somalia, Syrien und Uganda. Ein Großteil dieser Einsätze richtete sich gegen Gruppierungen, die es 2001 noch gar nicht gab. Ein Zusammenhang zwischen der ursprünglichen Bevollmächtigung und den nachfolgenden Operationen ist also inzwischen praktisch nicht mehr vorhanden.

Man könnte meinen, den Kongressmitgliedern wäre sehr daran gelegen, ihr verfassungsmäßiges Recht, Krieg zu erklären, wieder geltend zu machen und der Gewaltanwendung Grenzen zu setzen. Auf manche Abgeordnete trifft das sicherlich zu, aber die Mehrheit in beiden Parteien hat beschlossen, sich vor der Verantwortung wegzuducken. Die Falken befürchten, eine Revision der Vollmacht würde dem Präsidenten die Hände binden; die Tauben hingegen wollen dem Oberbefehlshaber nichts bewilligen, was sich als Blankoscheck herausstellen könnte. Deshalb legen alle seit Jahren die Hände in den Schoß. Was dazu führte, dass seit nunmehr fast zwei Jahrzehnten die Präsidenten zahllose Militärschläge angeordnet haben, ohne sie näher rechtfertigen zu müssen; es genügt, wenn sie sie für probat und notwendig erachten. Es ist kaum eine Vollmacht vorstellbar, die zu noch mehr Missbrauch einladen würde. Präsident Obama, der sich dessen bewusst war, versuchte vergeblich, den Kongress zu einer Korrektur zu bewegen. Der Kongress kommt bei diesem Thema seiner eigentlichen Aufgabe nicht nach, weil er inzwischen zu sehr parteipolitisch fixiert und zu wenig auf gemeinsame Lösungen bedacht ist, wie sich auf anderen Feldern zeigt, beispielsweise bei der Verabschiedung des Haushalts, den Ernennungs- und Ermittlungsverfahren, der Kontrolle der Regierungsbehörden und der Durchführung gründlicher Hearings zu Gesetzesvorhaben, die stattdessen rasch abgehakt werden.

Meine Studenten wiesen auf noch andere beunruhigende Entwicklungen hin. Der Faschismus speist sich aus sozial und wirtschaftlich bedingter Verbitterung, beispielsweise aus der Überzeugung, dass *andere Leute besser behandelt werden, als sie es verdienen, während man selbst nicht das bekommt, was einem zusteht.* Offenbar hat heute fast jeder Grund zur Klage: der arbeitslose Stahlkocher; die niedrig entlohnte Verkäuferin an der Fast-Food-Theke; der bis über beide Ohren verschuldete Student; der Geschäftsmann, der sich von gesetzlichen Regelungen gegängelt fühlt; der Ex-Soldat, der zu lange auf einen Arzttermin warten muss; der christliche Fundamentalist, der meint, es werde Krieg gegen das Weihnachtsfest geführt; die Mitarbeiterin, die sich ihrer Aufstiegschancen beraubt sieht; der Börsenmakler, der sich stigmatisiert wähnt; der Industriemagnat, der über seine vermeintlich zu hohe Steuerlast jammert.

Wie es scheint, gehört die Unzufriedenheit über die eigene Lage – ob berechtigt oder nicht – zur menschlichen Natur seit Kain einst beschloss, seine Neidgefühle an seinem Bruder auszulassen. Ein weiterer Anlass zur Sorge ist heutzutage der Mangel an wirksamen Mechanismen zum Abbau von Wut. Wie schon gesagt, neigen wir dazu, in Medien- und Informationsblasen zu leben, die unsere Verbitterung verstärken, anstatt uns zu zeigen, dass schwierige Fragen von ganz unterschiedlichen Seiten betrachtet werden können. Anstatt kritisch zu denken, suchen wir nach Gleichgesinnten, die uns anspornen, alle zu verachten, deren Vorstellungen und Überzeugungen mit unseren eigenen kollidieren. Auf vielen Ebenen ist die Verachtung zum Kennzeichen der amerikanischen Politik geworden. Sie hemmt unsere Bereitschaft, anderen zuzuhören, und zuweilen sogar, andere überhaupt zu Wort kommen zu lassen. Ein Lernprozess ist dann nicht mehr möglich. So entsteht ein ideales Publikum für Demagogen, die wissen, wie man verschiedene Gruppen der Verbitterten in Stellung gegen alle anderen bringt. Man beachte einmal diesen Aufruf: »Die Zeit ist reif für eine Bewegung, die sich aus den Besten der Linken und den Besten der Rechten speist, den unterschiedlichen Völkern Amerikas eine neue Identität schmiedet und sie zu einem einzigen Volk formt, zu einer vereinten Nation.«[11] So klingt der scheinbar harmlose Appell einer faschistischen Gruppierung, die sich als American Blackshirts bezeichnet.

An diesem Punkt der Diskussion brachten meine Studenten das Thema Vertrauen zur Sprache. Wie entsteht es? Gibt es Einzelne oder Institutionen, auf die alle Seiten hören? Das ist schwieriger zu beantworten, als man meint. Im politischen Bereich sind weithin angesehene Führungspersonen selten, gerade weil sie sich beim Versuch, eine Mitte zu etablieren, von extremen Positionen her angreifbar machen. Kandidaten mit besten Aussichten, ins Weiße Haus zu gelangen, schaffen es oft nicht über die Vorwahlen hinaus. Abgeordnete, die eine Zusammenarbeit über die Parteigrenzen hinweg anstreben, werden von der gegnerischen Seite ignoriert und von den eigenen Leuten als unloyal beschimpft. Laut einer kürzlich durchgeführten Umfrage von *Reader's Digest* sind die vier Amerikaner, denen am meisten Vertrauen entgegengebracht wird, allesamt Darsteller fiktionaler Rollen – Filmschauspieler –, mit Tom Hanks an erster Stelle. Offenbar vertrauen wir am meisten jenen, die nicht real sind.

Wie steht es mit der Presse? Als meine Generation aufwuchs, gab es drei abendliche Nachrichtensendungen im Fernsehen und die Late-Night-Show von Johnny Carson. Die Kommentare von so herausragenden Journalistinnen und Journalisten wie James Reston, Flora Lewis, Mary McGrory, William Raspberry und William Buckley boten uns reichlich Stoff für Diskussionen. Die Informationen, die sie vermittelten, stärkten den Zusammenhalt der amerikanischen Gesellschaft.

Wir waren nicht alle der gleichen Überzeugung. Im Gegenteil, es gab beträchtliche Trennlinien zwischen den großen Parteien, und an den Rändern konkurrierten Nazis, Kommunisten, Black Panthers, die John Birch Society, Yippies und der Ku-Klux-Klan miteinander. Aber die Medien spielten eine wichtige Rolle bei der Bewahrung unseres Gleichgewichts. Die Menschen studierten die Leitartikel der führenden Zeitungen. Fast jeder wusste, wer auf dem jüngsten Titelblatt von *Life, Time, Newsweek* und *Rolling Stone* abgebildet war. Gemeinsam versammelten wir uns in den Wohnzimmern und verfolgten im Fernsehen, wie ein Präsident zu Grabe getragen wurde, dann auch noch sein Bruder, und zwischen den beiden Martin Luther King. Wir verfolgten den ersten vom Fernsehen übertragenen Krieg, die erste Mondlandung und den ersten Rücktritt eines US-Präsidenten. Wir waren oft unterschiedlicher Meinung, aber zumindest argumentierten wir auf der gleichen allgemeinen Informationsgrundlage. Das ist heute nicht mehr der Fall. Heute beziehen die Bürger ihre Nachrichten aus einer Fülle unterschiedlicher Quellen, von denen manche verlässlich sind, viele jedoch nicht – und wir sind uns ziemlich sicher, dass es die anderen und nicht wir sind, die auf Parteipropaganda und Fake News hereinfallen.

Meine Studenten sind weit davon entfernt, die Zukunft in düsteren Farben zu malen. Einer meinte, ein hoffnungsvolles Zeichen seien die nicht militärischen Aspekte bei der Reaktion von George W. Bush auf die Terrorangriffe des 11. September gewesen. Bush hatte die Amerikaner ermahnt, nicht dem Islam oder dessen Anhängern die Schuld für die Aktionen einer kleinen Gruppe von Terroristen zu geben. An dieser Haltung hielt Bush während seiner ganzen Amtszeit couragiert fest. Er versuchte nicht einmal, auf Kosten der amerikanischen Muslime billigen Applaus zu erheischen; er verbreitete auch keine Lügen über sie und schwieg auch nicht, wenn manche von ihnen Hassverbrechen zum Opfer fielen. Das Beispiel, das er angesichts des schlimmsten Angriffs auf amerikanischem Boden seit Pearl Harbor setzte, ist aller Erinnerung wert.

Eine weitere Studentin pflichtete der zuvor ausgesprochenen Warnung ihres Kommilitonen vor der Selbstzufriedenheit bei, sah aber ein mögliches Gegenmittel in den Reaktionen auf Trumps Wahl. Unter ihren Altersgenossen habe sie ein enorm gestiegenes Interesse an öffentlichen Angelegenheiten und eine größere Bereitschaft zur Organisation und Teilnahme an Protesten und Aktionen wahrgenommen. Begeistert sei sie auch über die vielen klugen Frauen, die angekündigt haben, für Ämter zu kandidieren. Trump, so hoffte sie, ist vielleicht der Weckruf, den die amerikanische Demokratie braucht.

Ich teile diese Hoffnung, aber wir dürfen nicht vergessen, dass diese nervenzehrenden Kräfte, die heute in den Vereinigten Staaten und in der ganzen Welt am Werk sind, wohl kaum von einem einzigen Menschen in Gang gesetzt wurden. Diese Strömungen werden auch dann noch lange spürbar sein, wenn Trump dereinst die öffentliche Bühne geräumt haben wird. Früher glaubte ich, die Zeit arbeite für uns – als

Heilerin, als Lehrerin, als Schöpferin des Raums für Innovationen und bahnbrechende Ideen. Heute bin ich mir dessen nicht mehr so sicher. Mein Optimismus ist ungebrochen, aber vieles, was ich sehe, gefällt mir nicht. Was die Wirtschaft angeht, kommt mir ein Song der Beatles-Platte *Sgt. Pepper's Lonely Hearts Club Band* in den Sinn, in dem McCartney singt:»I've got to admit it's getting better«, und Lennon ihm entgegnet:»It can't get no worse.«[12] Allein die Perspektive entscheidet. Die Börsen mögen florieren, aber der Lebensstandard hat sich für die meisten Menschen seit Langem nicht verbessert, und eine große Zahl junger Menschen ist überzeugt, dass sie es nie so gut haben werden wie ihre Eltern.

Hätten nicht so viele das Gefühl, abgehängt zu sein, wären sie optimistischer und weniger geneigt, im Internet oder an der Wahlurne kleine Brandherde zu legen. Erwartungen spielen eine große Rolle. Die großen Steigerungen im Haushaltseinkommen, die nach dem Zweiten Weltkrieg in den USA stattfanden, mögen damals normal erschienen sein, aber tatsächlich waren sie beispiellos – eine Folge der Erholung nach der Weltwirtschaftskrise und dem Krieg in einem Land, das über einen übergroßen Anteil am weltweiten Reichtum verfügte. Wären die Menschen heute bereit, sich mit stetigen bescheidenen Erhöhungen zu begnügen, und würde die Steuer- und Haushaltspolitik dahingehend reformiert, dass die Zugewinne breiter verteilt würden, würden sich die Aussichten aufhellen. Aber darauf müssen wir wohl noch eine ganze Weile hoffen.

Insgesamt fürchte ich, dass wir unsere Ideale verlieren, die uns lange inspiriert und zusammengeführt haben. Wenn wir lachen, dann öfter übereinander als miteinander. Die Liste der Themen, über die man nicht sprechen kann, ohne in der Familie oder im Seminar an der Universität lauten Streit zu riskieren, wird immer länger. Wir sind nicht nur unterschiedlicher Meinung; wir sind perplex über die Ansichten der anderen, die sie wiederum für selbstverständlich halten. Wir leben in ein und demselben Land, aber anscheinend in unterschiedlichen

Galaxien – und den meisten von uns fehlt die Geduld, den Raum dazwischen zu erkunden. Dies schwächt uns und macht uns leicht beeinflussbar.

Die drei oben beschriebenen Albträume sind übertrieben, wie es Traumfantasien meistens sind. Die Emotionen und Haltungen jedoch, die sich in ihnen zeigen, sind real und Teil einer zunehmenden wechselseitigen Feindseligkeit, die wir anscheinend nicht mehr ablegen können. Es bedarf keiner besonderen Vorstellungskraft, um sich bestimmte Umstände auszumalen – eine weitere starke Rezession, einen Korruptionsskandal, Rassenunruhen, weitere Terrorangriffe, Mordanschläge, Naturkatastrophen, ein überstürzter Eintritt in einen unvorhergesehenen Krieg –, die womöglich einen so großen Riss verursachen, dass unsere Verfassung damit überfordert ist und man ihn mit der Nadel und dem Faden der Demokratie nicht mehr reparieren kann.

17

Die richtigen Fragen

Wer mit Ungeheuern kämpft, mag zusehn, dass er nicht dabei zum
Ungeheuer wird. Und wenn du lange in einen Abgrund blickst, blickt
der Abgrund auch in dich hinein.[1]
Friedrich Nietzsche

In jedem von uns regt sich ein nie versiegendes Verlangen nach Freiheit,
zumindest glauben wir Demokraten das gern. Jedoch scheint dieses Bedürfnis oft mit dem Wunsch zu konkurrieren, gesagt zu bekommen,
was zu tun sei. Wir sind hin- und hergerissen. In der Schule versuchen
wir, fortwährend das richtige Verhältnis zu finden zwischen der Aufgabe, den Kindern Disziplin anzugewöhnen, und dem Anspruch, ihrer
Wissbegier und Kreativität freien Lauf zu lassen. In religiösen Kreisen
ist für manche das Auswendiglernen der Königsweg zur Erkenntnis,
während sich für andere, ausgehend von der Heiligen Schrift, im Streben nach Weisheit der ganze Reichtum menschlicher Erfahrung und
Einsichten eröffnet. Hält man einem Rabbiner vor, er würde jede Frage stets mit einer Gegenfrage beantworten, entgegnet er üblicherweise:
»Und warum meinst du, dass es so ist?« In den Evangelien steht geschrieben, Jesus habe in der Bergpredigt durch kritische Fragen deutlich gemacht, dass scheinbar unverbrüchliche Gewissheiten falsch sein
können. Auch im Geschäftsleben und beim Militär gilt es, feste Regeln
einzuhalten, aber zugleich schale, dogmatische Konventionen hinter
sich zu lassen, um zu neuen Einsichten zu gelangen.

Wir alle schätzen das Recht, gegen Grenzen anzugehen und dorthin
vorzustoßen, wo vor uns noch keiner war; aber das ist nicht das Ein-

zige, was uns lieb und teuer ist. Vor allem in Phasen der Angst, Wut oder Ratlosigkeit sind wir womöglich gern bereit, als Gegenleistung für Orientierung und Ordnung unsere Freiheit partiell preiszugeben – oder, weniger schmerzhaft, die Freiheit anderer. Bill Clinton meinte einmal, wenn Menschen sich unsicher fühlten, ließen sie sich eher von starken Führern leiten, die das Falsche tun, als von schwachen, die das Richtige tun. Der Lauf der Geschichte zeigt, dass Demagogen es oft besser als ihre demokratischen Gegner verstehen, die Massen zu begeistern, und fast immer sind sie deshalb erfolgreich, weil man sie für entscheidungsfreudiger und urteilsstärker hält.

Sind die Zeiten relativ ruhig, fällt es uns nicht schwer, geduldig zu sein und zu akzeptieren, dass komplizierte politische Probleme gründliche Überlegung erfordern. Dementsprechend erwarten wir von unserer politischen Führung, dass sie Fachleute zurate zieht, alle verfügbaren Informationen berücksichtigt, Annahmen kritisch prüft und uns die Möglichkeit gibt, zu den vorgeschlagenen Optionen Stellung zu nehmen. Langfristige Planung und sorgfältiges Abwägen erscheinen uns unerlässlich. Doch sobald wir uns einbilden, es müsse sofort gehandelt werden, ist unsere Geduld mit dem umsichtigen Vorgehen am Ende.

Dann wollen viele von uns nicht mehr nach ihrer Meinung gefragt werden, sondern nur noch gesagt bekommen, wohin sie zu marschieren haben. Genau an diesem Punkt beginnt der Faschismus: wenn alle anderen Optionen unzulänglich erscheinen. Auch aus diesem Grund sind Selbstjustiz-Filme so beliebt. Wir alle kennen ihr Szenario: Ein gesetzestreuer Bürger wird direkt oder indirekt Opfer eines Verbrechens – jemand aus seiner Familie kommt durch einen Mord ums Leben, seine Tochter wird entführt oder ihre Vergewaltigung bleibt ungesühnt –, und die Polizei ist ratlos. Sofort identifizieren wir uns mit dem Racheengel, wie er auf der Leinwand zum Beispiel von Liam Neeson, Bruce Lee, Jodie Foster oder Batman verkörpert wurde. All der aufgestaute Zorn bricht sich nun Bahn, Rechtmäßigkeit hin oder her. Sind die Schurken schließlich eliminiert, applaudieren wir. Das liegt in unserer Natur, zumindest teilweise.

Auf nationaler Ebene muss der Zorn nicht aus einer persönlichen Verletztheit herrühren, um das Verlangen nach sofortigen Lösungen zu wecken. Mussolini und Hitler machten sich nach dem Blutbad des Ersten Weltkriegs die Nöte ihrer Landsleute zunutze. Kim Il-sung schwang sich zum Hüter und Lotsen seines Landes auf, das nach 40 Jahre währenden Konflikten in Ruinen lag. Milošević und Putin beuteten die nationalistischen Affekte aus, die sich nach dem Ende des Kalten Kriegs regten. Chávez und Erdoğan verdankten ihren Aufstieg zur Macht politischen und wirtschaftlichen Krisen, durch die Teile der einst vermögenden Mittelschicht in die Armut stürzten. Orbán und Konsorten auf der europäischen Rechten versprechen ihren Wählern, sie vor den psychischen Zumutungen zu bewahren, die eine religiöse, kulturelle und ethnische Vielfalt mit sich brächte. Und bereits in weit zurückliegender Vergangenheit flehten die alten, von Feinden umzingelten Israeliten den Propheten Samuel an, ihnen einen König zu geben, denn »auch wir wollen wie alle Völker sein. Unser König soll uns Recht sprechen, er soll vor uns herziehen und soll unsere Kriege führen«.[2] Daraufhin ermahnte sie der Prophet, sich das noch einmal gut zu überlegen. Ein König, nach dem sie verlangen, erklärte er, werde ihre Söhne zu sich rufen und sie zu Kriegern machen, aus ihren Töchtern würden seine Köchinnen, und ihre Weinberge und Äcker, ihr Vieh und ihre Schafe, ihre Mägde und Knechte werde er allein für sich beanspruchen. Doch das Volk der Israeliten beharrte darauf und bekam seinen Wunsch schließlich erfüllt. Hundert Jahre später war ihr Königreich gespalten und dem Untergang geweiht.

Es ist nicht anrüchig, sich eine starke Leitfigur zu wünschen – wer will schon eine schwache. Aber die Liste der Staatslenker, die man für aufrichtig hielt, bevor sie mehr oder weniger katastrophale Charakterschwächen offenbarten, gibt es schon seit Urzeiten, und sie wird stän-

dig länger. 1980 feierte man Robert Mugabe als Helden Afrikas, weil
er Rhodesien (das heutige Simbabwe) aus der weißen Kolonialherr-
schaft befreit hatte. Dann aber ruinierte er sein Land durch Miss-
wirtschaft, unternahm nichts gegen die Korruption, setzte sich rück-
sichtslos über die Menschenrechte hinweg, unterdrückte politisch
Andersdenkende und weigerte sich abzutreten, bis er schließlich im
November 2017 aus dem Amt gedrängt wurde, im Alter von 93 Jahren.
1985 schien Hun Sen der richtige Mann für die Führung Kambodschas
zu sein, das damals schwer unter den Folgen des von den Roten Khmer
verübten Völkermords litt. Aber in den mehr als dreißig Jahren seit
seinem Amtsantritt verwandelte sich Hun Sen in einen Diktator. In
Uganda versprach Yoweri Museveni umfassende Demokratie, als er
1986 nach einem brutalen Bürgerkrieg das Ruder übernahm. Viele sahen in ihm den Sendboten einer neuen und aufgeklärten Generation
afrikanischer Staatslenker; aber während andere Regierungschefs seines Alters wieder Platz machten für neue Köpfe, hielt Museveni an
seiner Macht eisern fest und wurde mit jeder Amtszeit noch autokratischer.

Leider könnte man diese Liste beliebig verlängern, angefangen bei
Daniel Ortega in Nicaragua über Paul Kagame in Ruanda und Ilham
Alijew in Aserbaidschan bis hin zu dem Mann mit dem längsten Namen von allen, Gurbanguly Berdimuhamedow, dem selbst ernannten
»Beschützer« Turkmenistans. Macht kann bekanntlich zu einer Sucht
ausarten, die zu Missbrauch verführt. Selbst jene, die mit den besten
Absichten ins öffentliche Leben treten, sind für ihre Verlockungen
empfänglich. Wir sollten uns deshalb unserer eigenen schlechten Gewohnheit gewahr sein – der Gewohnheit, einfache Antworten zu erwarten, selbst wenn die massiven Probleme, die uns bedrängen, alles
andere als einfach sind. Vielleicht hilft es, uns in Erinnerung zu rufen,
wie Hitler sich 1936 seine Popularität erklärte:»Nun, ich will Ihnen
verraten, was mich in meine Stellung hinaufgetragen hat. Unsere Probleme erschienen kompliziert. Das deutsche Volk konnte nichts mit

ihnen anfangen ... Ich dagegen habe die Probleme vereinfacht und sie auf die einfachste Formel gebracht. Die Masse erkannte dies und folgte mir.«[3]

Am 19. Oktober 2017 nahm ich in New York an der Feier zum »Geist der Freiheit« teil, zu der George W. Bush geladen hatte. Jahre zuvor – als Bush Präsident war und ich mich anschickte, eine neue Karriere als ehemalige Angehörige der Politprominenz einzuschlagen – hatten wir in politischen Fragen oft unterschiedliche Ansichten vertreten. Doch ich habe an ihm stets seinen unbekümmerten Optimismus und seinen persönlichen Anstand bewundert – Qualitäten, die im öffentlichen Leben leider viel zu selten sind.

Bei dieser Veranstaltung hatte Bush eine wichtige Botschaft zu verkünden. In ruhigem, aber bestimmtem Ton warnte der ehemalige Staatschef vor dem Verfall des politischen Dialogs in den Vereinigten Staaten und anderen Ländern. Er kritisierte die unnachgiebige Parteilichkeit, das Wiederaufleben isolationistischer und protektionistischer Haltungen, das Verdrehen des Nationalstolzes in nationalistischen Fanatismus und den einfältigen Glauben mancher Leute an Verschwörungstheorien und regelrechte Lügen. »Tief in unserem Inneren wissen wir«, sagte er, »dass Repression nicht das Mittel der Zukunft ist ... Wir wissen, nur freie Regierungen können dafür sorgen, dass die Starken gerecht sind und die Schwachen wertgeschätzt werden. Und wir wissen, wenn wir unsere Ideale aus den Augen verlieren, ist es nicht die Demokratie, die versagt hat. Es ist vielmehr das Versagen jener, die beauftragt sind, die Demokratie zu bewahren und zu schützen.«[4]

Als es an mir war, einige Worte zu sagen, äußerte ich meine Bestürzung – was ich oft tue – über jene, die heute verantwortungsvolle Positionen bekleiden und meinen, die Vereinigten Staaten kämen ohne die Hilfe ihrer Freunde zurecht. Meiner Ansicht nach müssen wir auf vielen Feldern mit anderen eng zusammenarbeiten, ob es nun darum geht, Terroristen das Handwerk zu legen, die Verbreitung von Atomwaffen zu stoppen, den Lebensstandard zu erhöhen, die Umwelt zu schützen, Epidemien zu verhindern, internationale Drogenhändler dingfest zu machen oder – ja, auch das – unsere Grenzen zu schützen. Es gibt keinerlei Grund, warum wir uns davor scheuen oder nicht willens sein sollten, uns konstruktiv einzubringen. Die Vorstellung, die Vereinigten Staaten seien eine Nation von Dummköpfen, die sich die letzten fünfzig Jahre von abgefeimten Ausländern über den Tisch haben ziehen lassen, halte ich für absurd. Zu denken, unser Land könne sich aus seiner Verantwortung zurückziehen – und dies ausgerechnet zu einem höchst gefährlichen Zeitpunkt –, ist schlichtweg traurig. Das ist nicht das Amerika, das ich kenne.

Als Außenministerin konnte ich mit Stolz den Präsidenten George H. W. Bush und Bill Clinton beipflichten, die die USA als »die unverzichtbare Nation« bezeichnet hatten. Heute beunruhigt es mich, dass unser Land aus eigener Schuld immer weniger gut angesehen und immer bedeutungsloser bei der Gestaltung internationaler Fragen wird. Auch deshalb, so meine Überzeugung, stellen der Faschismus und faschistische Politik inzwischen eine gefährlichere Bedrohung für Freiheit, Wohlstand und Frieden weltweit dar als je zuvor seit dem Zweiten Weltkrieg. Dies führt mich immer wieder zu meiner Schlussfolgerung, wonach ein Faschist jemand ist, der behauptet, für eine ganze Nation oder Gruppe zu sprechen, der sich nicht um die Rechte anderer schert und ohne Weiteres Gewalt einsetzt oder welche Mittel er auch immer zur Erreichung seines Ziels für nötig erachtet. Mein ganzes Leben lang war ich überzeugt, man könne sich darauf verlassen, dass Amerika jedem politischen Führer, jeder Partei oder Bewegung dieser Art den Weg versperrt. Nie hätte ich gedacht, ich würde mit meinen inzwischen achtzig Lebensjahren einmal daran zweifeln.

Der bedrohliche Schatten, der auf die Seiten dieses Buchs fällt, ist natürlich der von Donald Trump. Er wurde Präsident, weil er genügend Wählern in einigen US-Bundesstaaten weismachen konnte, er verkünde schonungslos die Wahrheit, sei ein meisterhafter Verhandler und vertrete mit starker Hand Amerikas Interessen. Dass in Wirklichkeit nichts von alledem stimmt, kann einem durchaus den Schlaf rauben, aber es gibt noch einen größeren Grund zur Besorgnis. Trump ist der erste antidemokratische Präsident in der neueren Geschichte der USA. Zu oft und von Anfang an hat er seine Verachtung für die demokratischen Institutionen zur Schau gestellt, für die Ideale der Gleichheit und der sozialen Gerechtigkeit, den bürgerschaftlichen Diskurs, die bürgerlichen Werte und Amerika selbst. In einem Land mit schwächeren demokratischen Sicherungen würde er sich zum Diktator aufschwingen, denn dorthin treiben ihn seine Instinkte. Allein dies ist erschreckend genug, aber es hat Folgen, denn auf dem internationalen Parkett ist die Herdenmentalität stark ausgeprägt. Die Staatschefs weltweit beobachten und imitieren einander. Sie registrieren genau, in welche Richtung ihre Amtskollegen steuern, womit sie ungestraft davonkommen und wie sie ihre Macht erhalten und ausbauen. Sie folgen einander in den Fußstapfen, so wie Hitler Mussolini gefolgt ist. Und heute bewegt sich die Herde in eine faschistische Richtung.

Aller Unterschiede zum Trotz gibt es Gemeinsamkeiten zwischen Gestalten wie Maduro, Erdoğan, Putin, Orbán, Duterte und – dem einzig wahren Faschisten unter ihnen – Kim Jong-un. Jeder von ihnen versucht, seinen Anhängern die Wertschätzung demokratischer Normen auszutreiben – Normen, für deren Durchsetzung jahrzehntelang gekämpft und zahllose Opfer gebracht wurden. Diese mutwillig agierenden Herrscher betrachten die Ausübung des höchsten Staatsamts nicht als zeitweiliges Privileg, sondern als Mittel, ihre Begierden so lange wie möglich zu befriedigen. In ihren öffentlichen Äußerungen demonstrieren sie Desinteresse an einer Zusammenarbeit außerhalb der spezifischen Gruppen, deren Stimme und Repräsentant sie angeblich sind. Sie nehmen für sich das Prädikat des »starken Führers« in Anspruch und behaupten, für »das Volk« zu sprechen, und suchen unter ihresgleichen Unterstützung, um ihren Status noch weiter zu erhöhen.

Gäbe es diesen Kreis von Staatschefs nicht, wäre Trumps unheilvoller Einfluss wahrscheinlich eine vorübergehende und handhabbare Malaise, von der sich eine gesunde Gemeinschaft schnell wieder erholt. Aber wenn die auf Recht und Gesetz begründete internationale Ordnung simultan mit der Abwehr einer Vielzahl von Krankheiten beschäftigt ist, schwächt dies das Immunsystem. Das ist die Gefahr, vor der wir stehen.

Einer meiner Zeitvertreibe in den letzten Jahren war die Teilnahme an Projekten von Denkfabriken, die beispielsweise die Aussichten für die Demokratie im Nahen Osten und die Gefahren für den politischen und sozialen Pluralismus in den USA und andernorts bewerten. Fast immer sind an einer solchen Aufgabe – die ich zugegebenermaßen genieße – kluge Leute beteiligt, die sich unter Zuhilfenahme großer Mengen von Kaffee um einen Tisch versammeln, diskutieren, an Kanapees knappern und Empfehlungen verfassen, die intern zirkulieren, gegebenenfalls noch einmal überarbeitet und schließlich veröffentlicht werden. Manche stellen sich jetzt womöglich vor, dass genau auf diese Weise die Eliten ihre machiavellistischen Pläne zur Weltherrschaft entwickeln. Für die an solchen Projekten Beteiligten jedoch ist es eher eine Übung in Demut. Nur sehr selten zeigen unsere mühsam erarbeiteten und gewissenhaft formulierten Berichte überhaupt irgendwelche Wirkung, obwohl ich meine, dass es der Welt nutzen würde, wären mehr Menschen bereit, sie zu studieren und etwas daraus zu lernen.

Da unsere Stellungnahmen veröffentlicht und somit erhältlich sind, will ich die Leser dieses Buchs nicht mit unseren umfänglichen Vorschlägen langweilen, wie man überschüssiges Geld aus der Politik abziehen, die politische Bildung verbessern, die journalistische Unabhängigkeit verteidigen, die Anpassung an die veränderten Bedingungen im Arbeitsleben erleichtern, den interreligiösen Dialog fördern und dem bockenden wilden Pferd, das wir Internet nennen, einen Sattel aufziehen könnte. Dies alles sollten wir tun; aber würde es denn genügen? Präsident Obama arbeitete acht Jahre daran, die Vereinigten Staaten auf den meisten dieser Themenfelder voranzubringen, und hatte dabei manchen Erfolg. Die Steuer- und Ausgabenpolitik seiner Regierung zielte unmittelbar darauf, das Einkommen der Menschen im niedrigen und mittleren Lohnsektor zu erhöhen. Das Bildungsministerium machte sich die Förderung des lebenslangen Lernens und der beruflichen Ausbildung zur Aufgabe und wirkte auf die Senkung der Studiengebühren hin, vor allem was einige elitäre, gewinnorientierte Universitäten betraf, die ihre Studenten regelrecht ausplünderten. Ein Hauptanliegen Obamas war, die ethnische Spaltung unserer Gesellschaft zu überwinden und dem Rassismus den Geist von *Amazing Grace*[5] entgegenzuhalten. Mehr als jeder seiner Amtsvorgänger zeigte er sich gegenüber den sozialen Medien und der komplexen Realität der Cyberworld aufgeschlossen. Er bemühte sich auch sehr darum, die Gesetzgebung zur Einwanderung zu verbessern und jenen Menschen rechtliche Möglichkeiten zum Erwerb der Staatsbürgerschaft zu eröffnen, die hierfür geeignet sind. Als Obama das Präsidentenamt antrat, war das Land wirtschaftlich stark angeschlagen; bei seinem Ausscheiden konnte er auf die längste nachhaltige Expansion der Beschäftigungsrate im Privatsektor zurückblicken, die es jemals in der Geschichte der USA gegeben hat.

Was daraufhin folgte, ist einfach nur absurd. Im November 2016 waren Obamas Beliebtheitswerte die höchsten während seiner gesamten Präsidentschaft – und dennoch hob das amerikanische Wahlmännerkollegium einen Kandidaten auf den Schild, der behauptete, die Vereinigten Staaten seien heruntergewirtschaftet.

Eine derartige Absurdität war nicht nur 2016 und nicht nur in einem Land zu beobachten. Der Aufstieg Putins in Russland lässt sich vielleicht noch durch die katastrophalen Entwicklungen in den Neunzigerjahren erklären. Und als Erdoğan 2002 erstmals für das Präsidentenamt kandidierte, erschien er im Vergleich zu den müden alten Sonderlingen, die die Türkei zugrunde gerichtet hatten, wie ein Retter.

In jüngerer Zeit aber sind die Gründe für die verbreitete Unzufriedenheit weit weniger ersichtlich oder schwerwiegend. Länder wie Ungarn, Polen und die Philippinen befinden sich in keiner ernsten wirtschaftlichen Notlage und haben nicht kürzlich ein historisches Trauma erlitten. Außerdem ist die Welt insgesamt in vielerlei Hinsicht in besserer Verfassung denn je. Die heute geborenen Kinder haben eine größere Wahrscheinlichkeit, ihr Leben in gesundem Zustand zu beginnen, die nötigen Impfungen zu erhalten, Zugang zur Schulbildung zu bekommen und ein hohes Lebensalter zu erreichen als die Kinder jeder vorangegangenen Generation. Den Zahlen der Weltbank zufolge ist die weltweite Rate der extremen Armut erstmals auf unter zehn Prozent gesunken. Partnerschaften zwischen Hilfsorganisationen und dem privaten Sektor haben immense Erfolge erzielt, was die Versorgung mit Arzneimitteln, die Bekämpfung von Malaria und HIV bzw. Aids und eine bessere Versorgung mit elektrischem Strom und modernen Kommunikationsmitteln angeht. Das internationale System weist zahllose Mängel auf, und die syrische Flüchtlingskrise hat die humanitäre Leistungsfähigkeit bis an ihre Grenzen belastet, aber die Fachleute in den Bereichen Entwicklung, öffentliche Gesundheit und Flüchtlingshilfe haben noch nie so viel Gutes an so vielen Orten für eine so große Zahl von Menschen geleistet wie heute.

Ja, die Löhne sind immer noch zu niedrig, und auf uns wartet viel Arbeit, wenn wir der nächsten und übernächsten Generation genügend Jobs bereitstellen wollen. Zur Zufriedenheit besteht demnach kein Grund, aber wir sollten auch nicht dem Irrglauben anheimfallen, ein autoritäres Regierungssystem sei die praktikablere Option. Man fragt sich vielleicht: Nun gut, aber was ist von China zu halten? Dessen Aufstieg hat viel zu den weltweiten Verbesserungen beigetragen, und dies ist darauf zurückzuführen, dass vor drei Jahrzehnten die Führungsriege in Peking beschlossen hat, ihre Wirtschaft zu öffnen und viele Prinzipien des freien Unternehmertums zu adaptieren. China ist heute ein Major Player, nicht weil es sein eigenes Spiel betreibt, sondern weil sein Volk mit dem Kapitalismus umzugehen versteht.

Man betrachte einmal all die Aufgaben, die eine Regierung zu bewältigen hat, und nehme sodann die gigantischen Veränderungen der letzten sieben Jahrzehnte in den Blick: das Ende des Kolonialismus, das Verschwinden des Eisernen Vorhangs, die Verringerung der Kluft zwischen Nord und Süd, die technologische Revolution und die Steigerung der allgemeinen Mobilität. Nach jedem objektiven Maßstab hat die Demokratie – wo auch immer – nicht versagt und versagt auch jetzt noch nicht. Aber warum meinen wir so oft, dass sie gescheitert ist?

In den mehr als zwanzig Jahren, in denen ich als Professorin tätig bin, habe ich, wenn ich keine guten Antworten erhielt, mich selbst gefragt, ob es vielleicht daran liegt, dass ich nicht an der richtigen Stelle danach gesucht habe. Waren wir als demokratische Bürger zu nachlässig, die richtigen Fragen zu stellen? Vielleicht haben wir uns zu sehr daran gewöhnt, von unseren Apparaten umgehend bedient zu werden, sodass wir angesichts des schwerfälligen Tempos der Demokratie zu ungeduldig geworden sind. Vielleicht haben wir zugelassen, dass wir von Marktschreiern manipuliert werden, die uns die Welt auf einem Silbertablett versprechen, aber keine Ahnung haben, wie sie das einlösen sollen. Womöglich haben wir zugelassen, dass Äußerlichkeiten – die Vorspiegelung von Entschlusskraft, das atemlose Berichten von Banalitäten, die falsche Dramatik des Reality-TV – uns in einem Maß täuschen und verwirren, dass wir nicht mehr erkennen, was wahr ist, und stattdessen felsenfest glauben, was nicht wahr ist. Es ist wohl an der Zeit, innezuhalten und sorgfältiger zu überlegen, was wir wirklich meinen, wenn wir über Begriffe wie Größe und Stärke reden.

Nur wenige designierte US-Präsidenten wurden zu ihrer Zeit derart verachtet wie Abraham Lincoln. Bei seinen Kritikern aus den Südstaaten war vorauszusehen, dass sie ihn beschimpfen würden; aber sogar führende Politiker aus dem Norden – auch aus seiner eigenen Partei – kanzelten ihn als »wankelmütig und ineffizient« ab, als »völlig energielos« und als »einen Versager auf der ganzen Linie, ohne Willen, Mut und Gestaltungskraft«.[6] Der Chor der Schmäher wurde noch lauter, als Lincoln um seiner persönlichen Sicherheit willen einen flachen Hut und einen weiten Mantel trug, damit er beim Umsteigen auf den Bahnhöfen während seiner Reise nach Washington zur Amtseinführung nicht erkannt wurde. Offenbar war der neue Präsident für viele nicht nur – um nur einige der zahlreichen Beleidigungen zu zitieren – ein Hinterwäldler, Rüpel, Affengesicht und Schwachkopf, sondern auch ein Feigling. Vier Jahre später titulierte ihn John Wilkes Booth, als er vom Balkon des Ford's Theatre sprang, als Tyrannen.

Was die Folgen seiner Regierungspolitik angeht, polarisierte kein Präsident der Vereinigten Staaten so sehr wie Lincoln. Dennoch zählt er heute zu der Handvoll US-Präsidenten, die von Republikanern, Demokraten, Historikern und Durchschnittsbürgern in allen Teilen des Landes und von vielen Millionen weltweit gleichermaßen verehrt wird. Schon seit Langem gilt er als starker Führer, aber nicht, weil er dies von sich behauptet hätte. Während er selbst oft verspottet wurde, hat sich Lincoln nie über die Schwachen lustig gemacht, sich nie seiner eigenen Erfolge gebrüstet oder einen Hang zur Grausamkeit gezeigt. Er war ein cleverer Politiker, der hart zur Sache gehen konnte und dessen Politik zu Kriegszeiten die bürgerlichen Freiheitsrechte gefährdete, aber sein wahres Ziel – die Nation vor der Hässlichkeit ihrer übelsten Leidenschaften zu bewahren – stand für ihn nie infrage.

Als Kommunikator war er einzigartig, und er forderte vom amerikanischen Volk mehr und sprach zu ihm mit größerer Offenheit als je ein Präsident vor oder nach ihm. Zu Kriegsbeginn appellierte er an die »besseren Engel unserer Natur«, und als das Ende des Bürgerkriegs in Sicht war, pochte er auf die Prinzipien des »Groll gegen niemanden« und »Nächstenliebe für alle«. Der gramgebeugten Nation riet er, den Gedanken zu erwägen, ob sie durch die lange Duldung der Sklaverei ihr eigenes Armageddon nicht selbst verschuldet habe. Jenen, die auf Revanche sannen, empfahl er, stattdessen lieber die

Wunden der Nation zu versorgen und sich um »den, der vom Schlachtfeld getragen wurde, und um seine Witwe und seine Waise« zu kümmern.

Ein Jahrhundert später und jenseits des Atlantik saß Nelson Mandela 27 Jahre lang – in der Blüte seines Lebens – im Gefängnis. Sein
Verbrechen bestand darin, dass er gegen die weißen Rassisten aufbe-
gehrt hatte, die sich in seinem Land ein Macht- und Privilegienmo-
nopol gesichert hatten. Der Dissident in seiner Gefängniszelle hätte
allen Grund zu Groll und Bitterkeit gehabt und Tausende Tage hinter Gittern Zeit, seinen Hass zu pflegen. Stattdessen beschloss er, mehr
über die Menschen zu lernen, die ihn ins Gefängnis geworfen hatten,
die Afrikaander. Er lernte ihre Sprache und studierte ihre Geschichte,
Vorurteile und Ängste. Als endlich der lang erwartete Tag der Freilassung kam, verstand Mandela nicht nur jene, denen er seine Haft zuzuschreiben hatte, sondern er konnte mit ihnen in Dialog treten, mit
ihnen Gemeinsamkeiten finden, ihnen vergeben und – was am er-
staunlichsten war – sie führen. Als Präsident zügelte Mandela die vielen in seiner Partei, die umgehend Vergeltung für die zahllosen Vergehen forderten, die an den Mitgliedern der Antiapartheid-Bewegung
verübt worden waren. Er berief eine Wahrheits- und Versöhnungs-
kommission ein, die Zeugen aller Seiten Gehör schenkte. Im Unterschied zu vielen anderen widerstand Mandela den Versuchungen der
hohen Position vollkommen und lehnte es ab, für eine zweite Amtszeit zu kandidieren. In seiner Abschiedsrede vor den Vereinten Nationen sagte er:

*Auch wenn ich dann in Qunu sitze und so alt werde wie dort die
Hügel, werde ich weiterhin an der Hoffnung festhalten, dass in meinem Land und in der Region, auf meinem Kontinent und in der ganzen Welt eine Gruppe von Führern entsteht, die nicht zulassen werden, dass einem Menschen die Freiheit verwehrt wird, wie sie uns
verwehrt wurde; dass ein Mensch zum Flüchtling gemacht wird, wie*

wir zu Flüchtlingen gemacht wurden; dass ein Mensch zum Hunger verurteilt wird, wie wir zum Hunger verurteilt wurden; dass einem Menschen seine Menschenwürde genommen wird, wie uns die Menschenwürde genommen wurde.[7]

Lincoln und Mandela kämpften beide gegen Ungeheuer; keiner der beiden wurde selbst zu einem.

Manche mögen dieses Buch und seinen Titel für alarmistisch halten. Das ist gut so. Wir sollten uns des Angriffs auf die demokratischen Werte bewusst sein, denn er hat in vielen Ländern an Stärke zugenommen und spaltet unser eigenes Land, die USA. Die Versuchung ist stark, die Augen zu verschließen und darauf zu hoffen, dass das Schlimmste einfach vorübergeht. Aber die Geschichte lehrt uns, wenn unsere Freiheit weiterbestehen soll, muss sie verteidigt werden, und wenn Lügen unterbunden werden sollen, muss man sie entlarven.

Selbst wenn Donald Trump nicht zum Präsidenten gewählt worden wäre, hätte ich dieses Buch in Angriff genommen. Ich hatte dies schon seit längerer Zeit vor, um dazu beizutragen, dass die Demokratie wieder mehr Schwungkraft erhält. Trumps Wahl hat mich nur in der Überzeugung bestärkt, wie dringend notwendig dies ist. Natürlich können wir nicht erwarten, dass jeder Staatsmann über die Weisheit eines Lincoln oder über Mandelas Seelengröße verfügt, aber wenn wir darüber nachdenken, welche Fragen die nützlichsten sein könnten, sollten wir vielleicht zuerst herausfinden, was unsere angehenden Führer für wert erachten, uns mitzuteilen.

Bedienen sie unsere Vorurteile, indem sie suggerieren, dass Menschen, die nicht unserer Ethnie, Glaubensgemeinschaft oder Partei angehören, weder Würde noch Respekt verdienen?

Wollen sie uns zur Wut gegen jene anstacheln, die uns vermeintlich Böses zugefügt haben, unseren Missmut schüren und uns zur Vergeltung aufrufen?

Animieren sie uns, die staatlichen Institutionen und das politische Wahlverfahren zu verachten?

Versuchen sie, unser Vertrauen in grundlegende Elemente der Demokratie wie die unabhängige Presse und die unabhängige Rechtsprechung zu zerstören?

Beuten sie die Symbole des Patriotismus aus – die Nationalfahne, den Treuschwur –, um uns gezielt gegeneinander auszuspielen?

Wenn sie Wahlen verlieren – akzeptieren sie dann das Ergebnis, oder beharren sie darauf, gewonnen zu haben, ohne irgendeinen Beweis dafür zu erbringen?

Werben sie nicht nur um unsere Stimmen, sondern brüsten sie sich ihrer angeblichen Befähigung, sämtliche Probleme und Ängste beseitigen und jedes Verlangen erfüllen zu können?

Buhlen sie um unseren Beifall, indem sie wie selbstverständlich und mit Machogehabe zur Anwendung von Gewalt gegen Opponenten aufrufen?

Klingt bei ihnen Mussolinis Parole »Die Masse muss nicht wissen, sondern glauben; sie muss sich unterwerfen und lenken lassen«[8] an?

Oder laden sie uns dazu ein, gemeinsam mit ihnen eine Gesellschaft zu erschaffen, in der Rechte und Pflichten gerecht verteilt sind, der Gesellschaftsvertrag gewürdigt wird und alle Menschen sich entfalten und ihre Träume verwirklichen dürfen?

Die Antworten auf diese Fragen werden uns nicht aufzeigen, ob ein angehender Führer links oder rechts steht, konservativ oder liberal gesinnt ist oder – im amerikanischen Kontext – der Demokratischen oder der Republikanischen Partei angehört. Aber sie werden uns ziemlich viel über jene verraten, die uns führen wollen, und ebenso über uns selbst. Jedem, der die Freiheit schätzt, werden die Antworten eine Bestärkung bedeuten oder eine Warnung, die wir nicht ignorieren dürfen.

Danksagung

Als im Januar 2001 mein Dienst als Außenministerin der Vereinigten Staaten zu Ende ging, freute ich mich darauf, meine Lebensgeschichte in einem Buch schildern zu können. Meine Biografie, *Madam Secretary*, erschien zweieinhalb Jahre später. Nachdem ich da bereits das übliche Ruhestandsalter erreicht hatte, meinte ich, meine Karriere als Autorin sei damit passé. Ein Trugschluss. Dies ist jetzt mein sechstes Buch. Entweder weiß ich nicht, wann aufzuhören ist, oder die Ereignisse haben mich verleitet, weiterhin meine Gedanken zu äußern – ich glaube, Letzteres trifft zu. Dieser Drang hängt in erster Linie mit aktuellen und anhaltenden Entwicklungen im öffentlichen Bereich zusammen, die vielleicht in manchen Einzelaspekten von dem überholt werden könnten, was in naher Zukunft geschieht. Doch ich vermute (und befürchte), dass die breiter angelegten Themen selbst dann noch relevant bleiben, da sie mit der menschlichen Natur zu tun haben und damit, wie Menschen unterschiedlichen Hintergrunds friedliche Möglichkeiten des Zusammenlebens finden oder an dieser Aufgabe scheitern.

Jedes Buch ist das Produkt eines Teams, und nachdem wir schon reichlich Erfahrung gesammelt haben, ist unsere Truppe inzwischen sehr routiniert. Wie stets gebührt mein großer Dank meiner Familie für ihre Hilfe und Unterstützung: meiner Schwester Kathy Silva, meinem Bruder und meiner Schwägerin John und Pamela Korbel, meinen drei Töchtern Anne, Alice und Katie, meinen Schwiegersöhnen und meinen sechs Enkelkindern. Es gibt wenig, was ich ohne sie tun könnte, und nichts, was ich ohne sie gern tue.

Das Phänomen, das wir als Faschismus bezeichnen, spielte eine zentrale Rolle in meinem Leben wie in dem vieler anderer Menschen in der jüngeren Geschichte. Dies zu wissen bedeutet jedoch noch nicht, den Ursprung des Faschismus und seine Methoden zu verstehen; dafür ist es unerlässlich, Forschungen anzustellen. Ich danke daher meinem langjährigen Co-Autor Bill Woodward für seine historischen Recherchen, seinen reichen Fundus an Ideen und seinen unermüdlichen Arbeitseinsatz. Elaine Shocas, ebenfalls eine langjährige Kollegin, leistete bei der Beurteilung der Manuskriptentwürfe unschätzbare Hilfe und war stets mit klugem Rat zur Stelle. Richard Cohen hat alle meine Bücher redigiert – selbst die wackeligen – und wertet sie stets mit seinen Verbesserungen auf, von den Kernthemen bis hin zur Kommasetzung. Die Arbeit mit ihm ist eine reine Freude, und hiermit verbiete ich ihm, in den Ruhestand zu gehen.

Eine Autorin wäre keine ohne einen Verlag, und wenn sie den besten Verlag der ganzen Branche an ihrer Seite weiß, darf sie sich überglücklich schätzen. Der Starbesetzung von HarperCollins schulde ich großen Dank – angefangen bei Jonathan Burnham und Jonathan Jao bis hin zu Sofia Groopman, die diesem Projekt so viele Stunden widmete, sowie dem gesamten Team von Harper, einschließlich Brian Murray, Michael Morrison, Tina Andreadis, Kate D'Esmond und Juliette Shapland. Dank an alle für ihr unerschütterliches Vertrauen und ihren Beistand.

Meine Rechtsberater Bob Barnett und Deneen Howell sind nicht zu übertreffende Meister ihres Fachs. Es gibt einfach keine klügeren und sympathischeren Anwälte. Ihre Hilfe ist mir ebenso wertvoll wie ihre Freundschaft.

Auf der Rückseite des Buches sehe ich deshalb so zufrieden aus, weil Timothy Greenfield-Sanders zu den talentiertesten Fotografen der Welt gehört. Ich selbst biete keine besonders gute Arbeitsgrundlage, und dennoch schafft er es, etwas Tieferes als den oberflächlichen Eindruck einzufangen. Es ist mir eine Ehre, dass ein weiteres der Portraits, die er von mir aufgenommen hat, den Weg in die Ständige Sammlung der Smithsonian National Portrait Gallery gefunden hat.

Wie die meisten Bücher durchlief auch dieses mehrere Entwicklungsphasen. Mein Dank geht deshalb an alle, die sich die Zeit nahmen, verschiedene Kapitel kritisch zu prüfen, darunter meine Kolleginnen und Kollegen Wendy Sherman, Jim O'Brien, Jacob Freedman und Fariba Yassaee und vor allem Ken Wollack, langjähriger Präsident des National Democratic Institute. Ken verdanke ich viele wichtige Erkenntnisse, und nicht vergessen möchte ich, Scott Hubli vom NDI dafür zu danken, dass er mir half, das Verhältnis von Informationstechnologie und Demokratie zu verstehen.

Eine Unternehmung dieser Art erfordert eine Menge Zeit, die dann für andere Verpflichtungen fehlt. Glücklicherweise genieße ich das Privileg, täglich mit der intelligenten und begabten Crew der Albright Stonebridge Group zusammenarbeiten zu dürfen. Jan Stewart und Liza Romanow waren während des ganzen Prozesses an meiner Seite, und ohne ihre Hilfe, ihre Geduld und ihr Fachkönnen hätte ich es nicht geschafft. Es gibt zu viele andere, als dass ich alle aufzählen könnte, aber besonderen Dank schulde ich Melissa Estok, Mica Carmio, Lauren Cotter und Nancy Sefko.

Anna Stolk investierte viele Stunden in die Nachprüfung und den Faktencheck. Ihr profundes Urteil und ihr sorgfältiger Blick trugen sehr zum Gelingen des Projekts bei. Will Palmer leistete hervorragende Arbeit als Korrektor, und ich kann ihn nur weiterempfehlen.

Eine der Freuden in meinem Leben ist, dass ich meine Reisen zu Treffen mit alten Freunden oft mit einem politischen Zweck verbinden kann. 2003 kam mir der Gedanke, mit einigen der ehemaligen Außenminister in Kontakt zu bleiben, mit denen ich als Außenamtschefin zusammengearbeitet hatte. Den ursprünglichen Namen für unsere Gruppe – »Madeleine und ihre Ex« – gibt es noch immer, aber die offizielle Bezeichnung lautet The Aspen Ministers Forum. Wir treffen uns ein- bis zweimal im Jahr, nehmen ständig weitere ehemalige Amtskollegen in unsere Runde auf und veröffentlichen oft Erklärungen oder Artikel zu unseren Überlegungen. Kürzlich diskutierten wir über die Lage in Europa und die politische Landschaft in den Vereinigten Staaten und deren mögliche Folgen für die übrige Welt. Natürlich war auch vom Thema dieses Buchs die Rede, und mehrere der ehemaligen Minister ließen mich an ihren Gedanken hierzu teilhaben. Dafür und für die Zeit, die sie mir geopfert haben, möchte ich mich besonders bei meinen Freunden bedanken, bei Lloyd Axworthy (Kanada), Lamberto Dini (Italien), Erik Derycke (Belgien), Jan Eliasson (Schweden), Joschka Fischer (Deutschland), Jaime Gama (Portugal), Susana Malcorra (Argentinien), David Miliband und Malcolm Rifkind (Großbritannien), Ana Palacio (Spanien), George Andreas Papandreou (Griechenland), Hubert Védrine (Frankreich) und Knut Vollebæk (Norwegen). Es sei jedoch eigens betont, dass die in diesem Buch vertretenen Standpunkte allein von mir verantwortet werden.

Last not least bin ich den Studentinnen und Studenten meines Doktorandenseminars an der Georgetown University dankbar für ihre provokativen Überlegungen zum Faschismus und dafür, dass sie sich für dieses Buch freudig als Versuchskaninchen zur Verfügung gestellt haben. Die Lasagne war dafür nicht Lohn genug. Hier die Anwesenheitsliste: Die Assistentinnen und Assistenten Friederike Kaiser, Shannon Mizzi und Kirby Neuner; die Studentinnen und Studenten Hadeil Abdelraouf, Bassima Alghussein, Katherine Ayanian, Daniel Bishop, Dainis Butners, Yanique Campbell, Samuel Denney, Shane Feifer, Anthony Johnson, Melissa Karakash, Ted Kenyon, Annie Kowalewski, Jennifer Lincoln, Amelie Lohmann, James Lowe, Gayle Martin, Alexandra Memmott, Sarah Oldham, Yusuke Saito, Sonny Santistevan, Samta Savla, Sally Scudder, Amanat Thind, Amanda Thoet und Patrick Zimet. Ich danke jedem Einzelnen von ihnen.

Anmerkungen

Kapitel 1

[1] Mohandas K. Gandhi, zitiert in Surendra Bhana und Bridglal Pachai (Hg.), *A Documentary History of Indian South Africans,* Kapstadt 1984, entnommen dem Beitrag »Gandhi Explains ›Satyagraha‹« in South African History Online, www.sahistory.org.za/archive/44-gandhi-explains-satyagraha.

[2] George H. W. Bush, Rede zur Lage der Nation vor dem 102. US-Kongress, Washington, 29. Januar 1991.

[3] Václav Havel, Rede an die Nation, Prag, 1. Januar 1994.

[4] *Freedom in the World 2018: Democracy in Crisis,* Washington: Freedom House 2018, S. 1.

[5] Donald J. Trump, zitiert in »Trump Calls the New Media the ›Enemy of the American People‹«, *New York Times,* 17. Februar 2017.

[6] Trump, zitiert in *Washington Post,* 3. November 2017.

[7] Robert Paxton, *Anatomie des Faschismus,* München 2004, S. 11.

[8] Woodrow Wilson, Rede auf der ersten Jahresversammlung des Bundes zur Förderung des Friedens, 27. Mai 1916, American Presidency Project, www.presidency.ucsb.edu/ws/?pid=65391.

Kapitel 2

[1] Thomas Edison, zitiert in Richard Collier, *Der Duce. Aufstieg und Fall des Benito Mussolini,* München 1974, S. 97.

[2] Mahatma Gandhi, zitiert in ebd., S. 97.

[3] Winston Churchill, zitiert in ebd., S. 97.

[4] Jahre später, als Mussolinis in einer Zeitung abgedruckter Fortsetzungsroman *Claudia Particella, die Geliebte des Kardinals* in englischer Übersetzung erschien, schrieb Dorothy Parker: »Das ist kein Buch, das man leichthin beiseitelegt; man sollte es von sich fortschleudern, mit aller Kraft.« Eine Kostprobe

daraus: »Ich werde dir einen geheimen Altar in den Tiefen meines Gewissens errichten. Du wirst die Madonna meines inneren Tempels sein und ich dein Sklave. Schlage mich, verachte mich, misshandle mich, öffne meine Venen mit einem zarten Dolch, aber gewähre mir deine Hüllenlosigkeit.«

5 Mussolini, zitiert in Paxton, *Anatomie des Faschismus,* S. 32.

6 Mussolini, zitiert in Denis Mack Smith, *Mussolini,* München, Wien 1983, S. 93.

7 Die Beschreibung der Marschierer stammt aus Collier, *Der Duce,* S. 21 f.

8 Seit dem 18. Jahrhundert wird der Gruß mit ausgestrecktem Arm, Handfläche nach unten, von europäischen Künstlern dem klassischen Rom zugeschrieben. Es gibt aber keinen Beleg dafür, dass die alten Römer dies tatsächlich so praktizierten. Mussolinis Faschisten übernahmen den Gruß offiziell 1923. Schon 30 Jahre zuvor war diese Grußgeste beim täglichen Fahneneid amerikanischer Schulkinder allgemein gebräuchlich. Nach Beginn des Zweiten Weltkriegs wurde diese Grußform allmählich aufgegeben, und seither sind Zivilpersonen dazu angehalten, bei entsprechenden Anlässen die rechte Hand aufs Herz zu legen.

9 Mussolini, zitiert in Collier, *Der Duce,* S. 67 f.

10 Mussolini, zitiert in ebd., S. 68.

11 Benito Mussolini, »*La dottrina del fascismo*«, in *Enciclopedia italiana di scienze, lettere ed arti,* Rom 1932.

12 Mussolini, zitiert in Smith, *Mussolini,* S. 184.

13 Mussolini, zitiert in ebd., S. 309.

14 Mussolini, zitiert in Collier, *Der Duce,* S. 136.

15 Herbert Matthews: »Mussolini Declares War Unnecessary; Present Problems Do Not ›Justify It‹« *New York Times,* 15. Mai 1939.

16 Der auf dem Transparent verwendete Slogan wird zitiert in Collier, *Der Duce,* S. 94. Die Sentenz wird dem französischen General Henri de La Rochejaquelein (1772–1794) zugeschrieben.

17 Monatszeitschrift *Gerarchia,* zitiert in Smith, *Mussolini,* S. 262.

18 Mussolini, zitiert in ebd., S. 177.

Kapitel 3

1 Patrick Leigh Fermor, *Die Zeit der Gaben. Zu Fuß nach Konstantinopel: Von Hoek van Holland an die Mittlere Donau. Der Reise erster Teil,* Zürich 1977, S. 95.

2 1920 wählten die Nazis das Hakenkreuz zum Symbol ihrer Bewegung. Es hat seinen Ursprung in der indoeuropäischen Kultur und galt dort als Glücksbringer.

3 Zitiert aus den Reichstagsprotokollen 1933: http://www.reichstagsprotokolle. de/Blatt2_w8_bsb00000141_00041.html.

[4] Eduard Hümer, zitiert in Alan Bullock, *Hitler. Eine Studie über Tyrannei,* Düsseldorf 1971, S. 7.

[5] Hümer, zitiert in ebd., S. 51.

[6] Nietzsche, zitiert in Karl Dietrich Bracher, *Die deutsche Diktatur. Entstehung, Struktur, Folgen des Nationalsozialismus,* Köln 1969, S. 68.

[7] Adolf Hitler, *Mein Kampf,* Band 2, München 1941, S. 557.

[8] Hitler, zitiert in Bullock, *Hitler,* S. 98.

[9] Bullock, *Hitler,* S. 143.

[10] Hitler, zitiert in Bracher, *Die deutsche Diktatur,* S. 51.

[11] Hitler, zitiert in Bullock, *Hitler,* S. 258.

[12] Ernst Röhm, zitiert in »Night of the Long Knives«, *The Triumph of Hitler,* The History Place, 2002, www.historyplace.com/worldwar2/triumph/tr-roehm. htm.

[13] Hitler, zitiert in Bullock, *Hitler,* S. 617.

[14] Martin Bormann jun., zitiert in Erna Paris, *Vergangenheit verstehen. Wahrheit, Lügen und Erinnerung,* München 2000, S. 76.

[15] Winston Churchill, *Great Contemporaries,* New York 1990, S. 170 (Erstveröffentlichung 1937).

[16] Hitler, zitiert in Bullock, *Hitler,* S. 618.

Kapitel 4

[1] Chaplin, dessen Schnurbart nicht echt war, finanzierte seinen Film *Der große Diktator* mit eigenen Mitteln, weil die amerikanischen Studios nicht den Eindruck erwecken wollten, sie würden politisch Stellung beziehen. Die Behörden in Großbritannien überlegten, die Vorführung des Films zu verbieten, um Hitler nicht zu reizen. Doch als der Streifen abgedreht war, hatte der Krieg bereits begonnen.

[2] Smith, *Mussolini,* S. 286.

[3] Mussolini, zitiert in Collier, *Der Duce,* S. 155.

[4] Hitler, *Mein Kampf,* S. 774.

[5] Graf Galeazzo Ciano (Schwiegersohn Mussolinis und italienischer Außenminister), zitiert in Bullock, *Hitler,* S. 665.

[6] Mussolini, Rede vor der italienischen Abgeordnetenkammer, 28. April 1939.

[7] Mussolini, zitiert in Peter Wyden, *The Passionate War: The Narrative History of the Spanish Civil War, 1936–1939,* New York 1983, S. 446.

[8] Hitler, zitiert in Bullock, *Hitler,* S. 511.

[9] Mussolini, zitiert in Collier, *Der Duce,* S. 186.

[10] General Emilio Mola, zitiert in Wyden, *Passionate War,* S. 108.

[11] Während der Machtprobe 1961 in Berlin waren die Hoheitszeichen der russischen Panzer verdeckt und die russischen Soldaten trugen schwarze Uniformen ohne irgendwelche militärischen Insignien. Der CBS-Reporter Daniel Schorr bezeichnete sie deshalb spöttisch als »Nicht-Panzer« und kommentierte: »Eines Tages wird man uns vielleicht erzählen, es seien einfach nur Russisch sprechende Freiwillige, die ein paar überzählige Panzer gekauft hätten und aus eigenen Stücken gekommen seien.«

[12] Hitler, zitiert in Bullock, *Hitler,* S. 593.

[13] Hitler, zitiert ebd., S. 594.

Kapitel 5

[1] Oswald Spengler, *Der Untergang des Abendlandes,* München 1990, S. 1102.

[2] Jennie Lee, zitiert in John Simkin, »Oswald Mosley«, Spartacus Educational, http://spartacus-educational.com/PRmosley.htm.

[3] William Joyce, zitiert ebd.

[4] Houston Stewart Chamberlain, *Arische Weltanschauung,* München 1938, S. 8.

[5] Sprecher der Hindu-Partei, 25. März 1939, zitiert in Marzia Casolari, »Hindutva's Foreign Tie-up in the 1930s: Archival Evidence«, *Economic and Political Weekly,* 22. Januar 2000, S. 224, http://www.sacw.net/DC/CommunalismCollection/ArticlesArchive/casolari.pdf.

[6] Äußerung eines Mädchens in einem Nazi-Jugendlager in Milwaukee, Wisconsin, zitiert in Mark D. Van Ells, »Americans for Hitler«, *America in WWII,* August 2007.

[7] Fritz Kuhn, zitiert in Van Ells, »Americans for Hitler«, ebd.

[8] Meyer Lansky, zitiert in Michael Feldberg, »But They Were Good to Their People«, My Jewish Learning, www.myjewishlearning.com/article/but-they-were-good-to-their-people/2.

Kapitel 6

[1] Prokop Drtina, *Československo můj osud,* Prag, 1991, S. 573.

[2] Hermann Göring, Kriegsdirektive vom 23. Mai 1941, zitiert in Bullock, *Hitler,* S. 628.

[3] David F. Crew (Hg.), *Nazism and German Society, 1933–1945,* London 1994, S. 180.

⁴ Slogan, zitiert in Crew, *Nazism and German Society*, S. 3.

⁵ Dino Grandi, zitiert in Collier, *Der Duce,* S. 229.

⁶ König Vittorio Emanuele, zitiert in ebd., S. 241.

⁷ Smith, *Mussolini,* S. 435.

⁸ *Der große Diktator,* Regie: Charles Chaplin, Hollywood, Charles Chaplin Film Corporation 1940. Text nach der deutschen Synchronfassung.

Kapitel 7

¹ Mussolini, »Doktrin des Faschismus«.

² Joseph Stalin, zitiert in Michael Geyer und Sheila Fitzpatrick (Hg.), *Beyond Totalitarianism,* New York 2009, S. 319.

³ Jugoslawischer Armeeoffizier, zitiert in Josef Korbel [Körbel], *Tito's Communism,* Denver 1951, S. 124 f.

⁴ Russischer Bürger, zitiert in I. F. Stone, *The Haunted Fifties: 1953 – 1963,* Boston 1963, S. 80.

⁵ McCarthys einfallsreicher jesuitischer Freund, Father Edmund Walsh SJ, war Dekan der Georgetown School of Foreign Service, die später zu seinen Ehren nach ihm benannt wurde. Ich lehre seit mehr als 20 Jahren an der Walsh School. In der Fakultät wird nicht viel über das Dinner von Father Walsh mit McCarthy gesprochen.

⁶ Joseph McCarthy, zitiert in Jack Anderson und Ronald W. May, *McCarthy: The Man, the Senator, the »Ism«,* Boston, S. 194.

⁷ McCarthy, zitiert in ebd., S. 237.

Kapitel 8

¹ Harry S. Truman, Rede auf der Gründungsversammlung der Vereinten Nationen, San Francisco, 26. Juni 1945.

² General der japanischen Armee, schuf von 1941 bis 1944 als Premierminister eine Militärdiktatur; 1948 wurde er als Kriegsverbrecher hingerichtet.

³ Slobodan Milošević, zitiert in Stephen Engelberg, »Carving Out a Greater Serbia«, *New York Times,* 1. September 1991.

⁴ Der Prozess gegen Milošević begann 2002, endete aber 2006 ohne Schuldspruch, nachdem der Angeklagte einem Herzanfall erlegen war. Im Jahr 2016 wurde in einem davon unabhängigen Gerichtsverfahren die Rolle Miloševićs bei der Finanzierung der bosnischen Serben beleuchtet, aber auch festgestellt,

dass es keine ausreichenden Beweise für seine Beteiligung an der Planung der Gräueltaten der bosnischen Serben gäbe. Im Jahr 2017 wurde Radko Mladić, der verantwortliche serbische Armeechef während des Massakers von Srebrenica, wegen Völkermords und Kriegsverbrechen verurteilt.

Kapitel 9

[1] Adolf Hitler, zitiert in Karl D. Bracher, *Die deutsche Diktatur. Entstehung, Struktur, Folgen des Nationalsozialismus,* Köln 1993, S. 211.

[2] Helmut Kasten (Hg.), *Cicero. Atticus-Briefe,* Berlin 1980, S. 459.

[3] Michael Gove im Interview mit Faisal Islam, *Sky News,* 3. Juni 2016.

[4] Tomáš Masaryk, zitiert in Karel Čapek, *Talks with T. G. Masaryk,* North Haven 1995.

[5] Milton Meyer, *They Thought They Were Free. The Germans, 1933–45,* Chicago 1955, S. 51.

Kapitel 10

[1] Brian Palmer, »Why Did Hugo Chávez Hate the United States so Much?«, *Slate,* 6. März 2013.

[2] Gabriel García Márquez, zitiert in Rory Carroll, *Commandante: Hugo Chávez's Venezuela,* New York 2013, S. 4f.

[3] Hugo Chávez, ebd., S. 188.

[4] Lisa Sullivan, »Yo Soy Chavez, Tu Eres Chavez, Todos Somos Chavez«, Chicago Religious Leadership Network on Latin America, https://www.crln.org/reflection-on-the-death-of-hugo-chavez.

[5] »Spendengelder fließen«, Song aus dem Musical *Evita,* Andrew Lloyd Webber und Tim Rice, dt. Fassung von Michael Kunz.

[6] Nicólas Maduro, zitiert in Mariana Zuñiga and Nick Miroff, »Venezuela's Opposition Holds Its Biggest Protests in Years. Will They Change Anything?«, *Washington Post,* 12. April 2017.

Kapitel 11

[1] Recep Tayyip Erdoğan, Wahlrede, 6. Dezember 1997, unter Verwendung eines Zitats des Dichters Ziya Gökalp, *Die Welt,* 22. September 2004.

² Stephen Kinzer, *Halbmond und Stern. Die Türkei zwischen zwei Welten,* Weinheim 2010, S. 63.

³ Necmettin Erbakan, zitiert in Soner Çağaptay, *The New Sultan. Erdogan and the Crisis of Modern Turkey,* London 2017, S. 69.

⁴ Hitler 1933 nach der »Machtergreifung« in einem Interview mit der türkischen Zeitung *Millyet,* zitiert nach Christian Staas, »Nazis im Türkenfieber«, *ZEIT online,* 17. Juli 2015, http://www.zeit.de/2015/27/mustafa-kemal-atatuerk-adolf-hitler-vorbild-fuehrerkult.

⁵ Madeleine Albright, Pressekonferenz mit Valdis Birkavs, Außenminister von Lettland, Washington, 13. Juni 1997.

⁶ Markus Dreßler, »Erdoğan und die ›Fromme Generation‹. Religion und Politik in der Türkei«, *bpb,* 2017, http://www.bpb.de/apuz/243029/erdoan-und-die-fromme-generation-religion-und-politik-in-der-tuerkei?p=all.

⁷ Erdoğan, zitiert in »Erdoğan Strengthens Grip with AKP Return«, *Financial Times,* 21. Mai 2017.

⁸ »Freedom in the World 2017«, Freedom House, März 2017, https://freedomhouse.org/report/freedom-world/2017/turkey.

⁹ Erdoğan, zitiert in »Brave ›New Turkey‹: The Legacy of an Attempted Coup«, *The Economist,* 15. April 2017.

¹⁰ »Erdoğan rückt Merkel und Schulz in die Nähe von Nazis«, *ZEIT online,* 6. September 2017, http://www.zeit.de/politik/ausland/2017-09/tuerkei-eu-beitritt-recep-tayyip-erdogan-nazivorwuerfe.

¹¹ Erdoğan, zitiert in Steven A. Cook, »Five Myths About Turkey«, *Washington Post,* 17. März 2017.

¹² »Wir werden diesen Verrätern den Kopf abreißen«, *ZEIT online,* 16. Juli 2016, http://www.zeit.de/politik/ausland/2017-07/tuerkei-recep-tayyip-erdogan-putschversuch-jahrestag.

¹³ »Erdogan nennt Israel ›barbarischer als Hitler‹«, *Welt online,* 20. Juli 2014, https://www.welt.de/politik/ausland/article130351366/Erdogan-nennt-Israel-barbarischer-als-Hitler.html.

Kapitel 12

¹ Wladimir Putin mit Nataliya Gevorkyan, Natalya Timakova und Andrei Kolesnikov, *First Person,* New York 2000, S. 41 f.

² Putin, zitiert in Madeleine K. Albright, *Madam Secretary,* S. 528.

³ Putin, zitiert in ebd.

⁴ Albright, *Madam Secretary,* S. 528

⁵ Putin, zitiert in ebd., S. 529.

⁶ Putin, Rede auf der 43. Münchener Sicherheitskonferenz, München, 10. Februar 2007.

⁷ Nikita Orlow, zitiert in Neil MacFarquhar und Ivan Nechepurenko, »Across Russia, Protesters Heed Navalny's Anti-Kremlin Rallying Cry«, *New York Times*, 12. Juni 2017.

⁸ Putin, Ausführungen auf der jährlichen Pressekonferenz, Moskau, 18. Dezember 2014, https://www.fit4russland.com/geo-politik/696-pressekonferenz-mit-wladimir-putin-vom-18-dezember2014-in-moskau-18-dezember-2014.

⁹ Eduard Schewardnadse, zitiert in James A. Baker, *Drei Jahre, die die Welt veränderten. Erinnerungen*, Berlin 1996, S. 553.

¹⁰ *The Wire*, Staffel 5, Folge 8, »Klarstellungen«, Regie: Anthony Hemingway, Buch: Dennis Lehane und David Simon.

¹¹ Putin, zitiert in Albright, *Madam Secretary*, S. 530.

¹² Mussolini, zitiert in Collier, *Der Duce*, S. 119.

Kapitel 13

¹ Viktor Orbán, Rede auf dem Heldenplatz, Budapest, 16. Juni 1989, https://www.herder-institut.de/no_cache/bestaende-digitale-angebote/e-publikationen/dokumente-und-materialien/themenmodule/quelle/1548/details.html.

² Carol Giacomo, »A Democracy Road Trip Through Hungary«, *New York Times*, 1. Juli 2017.

³ Ferenc Gyurcsány, zitiert in Pablo Gorondi, »Hungary's Prime Minister in Trouble over Leaked Recording«, Associated Press, 18. September 2006.

⁴ George Soros, zitiert in Palko Karasz, »George Soros Accuses Viktor Orban of Turning Hungary into ›Mafia State‹«, *New York Times*, 1. Juni 2017.

⁵ Jarosław Kaczyński, zitiert in Henry Foy, »Poland's Kingmaker«, *Financial Times*, 26. Februar 2016.

⁶ Kaczyński im polnischen Nachrichtensender TVN24, 9. Oktober 2011.

⁷ Kaczyński, zitiert in Rick Lyman, »In Poland, an Assault on the Courts Provokes Outrage«, *New York Times*, 19. Juli 2017.

⁸ Kaczyński, zitiert in Monika Scislowska, »Divisive Polish Party Leader Kaczynski Pulls the Strings«, Associated Press, 7. Februar 2017.

⁹ Paulina Wilk, zitiert in Isaac Stanley-Becker, »Led by Populist Law and Justice Party, Polish Parliament Moves to Strip Supreme Court of Independence«, *Washington Post*, 23. Juli 2017.

¹⁰ Jean Monnet, *Erinnerungen eines Europäers*, München 1980, S. 284.

[11] Jean-Claude Juncker, Ausführungen vor der Parlamentarischen Versammlung des Europarats, Straßburg, 19. April 2016.

[12] Alexander Gauland, zitiert in Guy Chazan, »Gauland Struggles to Tame Germany's Wayward AfD«, *Financial Times*, 22. Juli 2017.

[13] Robert O. Paxton, *Anatomie des Faschismus*, München 2006, S. 271.

[14] Miloš Zeman, zitiert in Griff Witte, »›Czech Trump‹ Wins Second Term as President«, *Washington Post*, 28. Januar 2018.

[15] Viktor Orbán, Rede zum ungarischen Nationalfeiertag, Budapest, 15. März 2016.

[16] Josef Goebbels, zitiert in Rory Sutherland, »The Hitler Guide to Rigging a Referendum«, *The Spectator*, 11. Mai 2013.

[17] Mary Beard, *SPQR: Die tausendjährige Geschichte Roms*, Frankfurt am Main 2016, S. 251.

[18] Orbán, Rede in Budapest, 15. März 2016.

Kapitel 14

[1] Kims Aufrichtigkeit wird zudem durch ein Kindergedicht infrage gestellt, das mit Unterstützung der Regierung vier Jahre später entstand und in dem es heißt: »*Dann werde ich Soldat und nehme ein Gewehr, nehme eins und zwei und drei und schieße auf alle amerikanischen Bastarde, bis sie tot sind. Ach, wenn ich doch nur schon groß wäre, wenn ich doch nur schon groß wäre!*«

[2] Mun Hyok-myong, zitiert in Nicholas Kristof, »War Drums Inside the North«, *New York Times*, 8. Oktober 2017.

[3] Donald J. Trump, Rede vor der Vollversammlung der Vereinten Nationen, 19. September 2017.

Kapitel 15

[1] Zusammenkunft der Vertreter der 13 Neuengland-Kolonien zur Vorbereitung der Unabhängigkeit vom Mutterland.

[2] Benjamin Franklin, zitiert in Stacy Schiff, *A Great Improvisation: Franklin, France, and the Birth of America*, New York 2005, S. 64.

[3] Mit dieser Proklamation erklärte 1862 die Regierung Lincoln die Sklaverei in den Südstaaten für abgeschafft.

[4] Giuseppe Garibaldi, zitiert in Don H. Doyle, *The Cause of All Nations: An International History of the American Civil War*, New York 2015, S. 299.

[5] Adolf Hitler, zitiert ebd., S. 10.

[6] Hitler, zitiert in James Whitman, »Why the Nazis Loved America«, *Time,* 21. März 2017.

[7] John Quincy Adams, Rede vor dem Repräsentantenhaus, 4. Juli 1821.

[8] Donald J. Trump, Ansprache auf der Kundgebung »Make America Great Again« in Harrisburg, Pennsylvania, 29. April 2017, http://transcripts.cnn.com/TRANSCRIPTS/1704/29/se.02.html.

[9] Franklin D. Roosevelt, Rundfunkansprache, Washington, 6. Juni 1944.

[10] Rodrigo Duterte, zitiert in *The Duterte Manifesto,* Quezon-Stadt 2016, S. 40.

[11] Trump, zitiert in Michael Gerson, »Trump's Embrace of Strongmen Is a Very Bad Strategy«, *Washington Post,* 22. Juni 2017.

[12] Trump, zitiert ebd.

[13] Trump, zitiert ebd.

[14] Trump, Wahlkampfkundgebung in Raleigh, North Carolina, 6. Juli 2016.

[15] Trump, Wahlkampfkundgebung in Ottumwa, Iowa, 9. Januar 2016.

[16] Trump, zitiert in Jeremy Diamond, »Timeline: Donald Trump's Praise for Vladimir Putin«, CNN, 29. Juli 2016.

[17] Trump, zitiert in Anthony Faiola, »The Germans Are ›Bad, Very Bad‹: Trump's Alleged Slight Generates Confusion, Backlash«, *Washington Post,* 26. Mai 2017.

[18] Nikki Haley, Pressekonferenz, Weißes Haus, 14. September 2017.

[19] Phay Siphan, zitiert in Mike Ives, »Cambodian Government Cites Trump in Threatening Foreign News Outlets«, *New York Times,* 28. Februar 2017.

[20] *Volkszeitung* (VR China), zitiert in »Autocrats Across the Globe Echo Trump's ›Fake News‹ Swipes«, *New York Times,* 13. Dezember 2017.

[21] Trump im Interview mit David E. Sanger und Maggie Haberman, »Donald Trump on NATO, Turkey's Coup Attempt and the World«, *New York Times,* 21. Juli 2016.

[22] Trump, Äußerungen auf der Kundgebung »Make America Great Again« in Harrisburg, Pennsylvania, 29. April 2017.

[23] Trump, im Interview mit David E. Sanger und Maggie Haberman, »Donald Trump Expounds on His Foreign Policy Views«, *New York Times,* 26. März 2016.

[24] Im Selective Service System werden alle männlichen US-Bürger im Alter von 18 bis 25 Jahren erfasst, um sie gegebenenfalls für den Wehrdienst heranziehen zu können.

[25] Trump, Rede zur Amtseinführung, Washington, 20. Januar 2017, http://www.zeit.de/politik/ausland/2017-01/rede-amtsantritt-donald-trump-inauguration-komplett/seite-2.

²⁶ Trump, Rede vor der Generalversammlung der Vereinten Nationen, New York, 19. September 2017.

²⁷ H. R. McMaster und Gary Cohn, »America First Doesn't Mean America Alone«, *Wall Street Journal*, 30. Mai 2017.

²⁸ Trump im Interview mit Peter Baker, Michael S. Schmidt und Maggie Haberman, »Excerpts from the Times's Interview with Trump«, *New York Times*, 19. Juli 2017.

²⁹ Trump im Interview mit Laura Ingraham, *The Ingraham Angle*, Fox News, 2. November 2017.

³⁰ Trump im Interview mit Michael Scherer, *Time*, 23. März 2017.

³¹ Trump, zitiert in David Nakamura und Karen Tumulty, »Trump Defends Fitness for Office«, *Washington Post*, 7. Januar 2018.

³² Angela Merkel, Rede in München-Trudering beim Wahlkampf der CSU, 28. Mai 2017, http://www.zeit.de/2017/23/angela-merkel-rhetorik-deutschland-usa.

³³ Primo Levi, zitiert in Stanislao Pugliese, »A Specter Haunting America: Trump and Italian Fascism«, *La Voce di New York*, 20. November 2016.

Kapitel 16

¹ James B. Weaver, *A Call to Action*, Des Moines 1892, S. 6.

² Huey P. Long, »Share Our Wealth«, landesweite Rundfunkansprache, 23. Februar 1934.

³ Huey Long soll für die Figur des Senators Berzelius »Buzz« Windrip Modell gestanden haben, den zum US-Präsidenten gewählten Faschisten in Sinclair Lewis' 1935 erschienenem satirischen Politroman *Das ist bei uns nicht möglich*.

⁴ George Wallace, zitiert in Ken Ringle, »The Enduring Symbol of an Era of Hate«, *Washington Post*, 15. September 1998.

⁵ George Wallace, zitiert in Federico Finchelstein, *From Fascism to Populism in History*, Berkeley 2017, S. 221.

⁶ Ross Perot, zweites Rededuell im Präsidentschaftswahlkampf, Richmond, Virginia, 15. Oktober 1992.

⁷ Ross Perot, zitiert in Jeff Noonan, »Lessons from History IV: Right Wing Populism in America: Too Close for Comfort«, Blog *Jeff Noonan: Interventions and Evocations*, www.jeffnoonan.org.

⁸ Benannt nach dem Dream Act von 2001: junge Menschen ohne US-amerikanische Ausweispapiere, die im Kindesalter von ihren Eltern illegal in die USA gebracht wurden.

[9] Deutscher Bürger, zitiert in Milton Mayer, *They Thought They Were Free: The Germans, 1933–1945,* Chicago 1981, S. 166–173.

[10] Der zweite Zusatzartikel zur Verfassung der USA garantiert das Recht auf den Besitz und das Tragen von Waffen.

[11] »Who We Are«, American Blackshirts, https://www.americanblackshirts.com/about.

[12] McCartney: »Ich muss zugeben, es wird besser.« Lennon entgegnet: »Es kann ja gar nicht schlimmer werden.«

Kapitel 17

[1] Friedrich Nietzsche, *Jenseits von Gut und Böse,* in Friedrich Nietzsche, *Werke in drei Bänden,* Band zwei, München 1966, S. 636.

[2] 1. Samuel 8,20, in *Einheitsübersetzung der Heiligen Schrift,* Stuttgart 2016, www.bibleserver.com/text/EU/1.Samuel8.

[3] Hitler, zitiert in Bullock, *Hitler,* S. 363.

[4] George W. Bush, Bush Institute National Forum on Freedom, Free Markets, and Security, Lincoln Center, New York, 19. Oktober 2017.

[5] Der äußerst populäre Gospel-Song über die Barmherzigkeit gilt als Aufruf zur Überwindung des Rassenhasses. Präsident Obama stimmte ihn 2015 während der Trauerfeier für die Opfer des Anschlags von Charleston an.

[6] Senator Zachariah Chandler (Republikaner, Michigan), Senator William Fessenden (Republikaner, Maine), William M. Dickson (Republikaner, Ohio), zitiert in Mark Bowden, »»Idiot‹, ›Yahoo‹, ›Original Gorilla‹: How Lincoln Was Dissed in His Day«, *Atlantic,* Juni 2013.

[7] Nelson Mandela, Rede vor der Generalversammlung der Vereinten Nationen, 21. September 1998.

[8] Mussolini, zitiert in Smith, *Mussolini,* S. 201.

Register

317